本书是“国家安全与社会治理”研究丛书之一，受到国家社会科学基金项目“数字时代公众参与小流域环境治理效能提升研究”（编号：24BZZ037）、湖北省社科基金一般项目（后期资助项目）“中国式现代化湖北实践的数据安全治理研究”（编号：HBSKJJ20243234）的资助

“国家安全与社会治理”研究丛书

丛书主编◎彭庆军

我国基层政府数据安全治理研究

胡新丽◎著

长江出版传媒
湖北人民出版社

图书在版编目（CIP）数据

我国基层政府数据安全治理研究 / 胡新丽著.-- 武汉 : 湖北人民出版社, 2024. 10. -- ISBN 978-7-216-10919-2

Ⅰ. D63-39

中国国家版本馆CIP数据核字第202440G57Q号

责任编辑：刘天闻
封面设计：刘舒扬
责任校对：范承勇
责任印制：杨　锁

我国基层政府数据安全治理研究　WOGUO JICENG ZHENGFU SHUJU ANQUAN ZHILI YANJIU

出版发行： 湖北人民出版社　**地址：** 武汉市雄楚大道268号
印刷： 湖北云景数字印刷有限公司　**邮编：** 430070
开本： 787毫米×1092毫米 1/16　**印张：** 16.75
字数： 282千字　**插页：** 2
版次： 2024年10月第1版　**印次：** 2024年10月第1次印刷
书号： ISBN 978-7-216-10919-2　**定价：** 68.00元

本社网址：http://www.hbpp.com.cn
本社旗舰店：http://hbrmcbs.tmall.com
读者服务部电话：027-87679656
投诉举报电话：027-87679757
（图书如出现印装质量问题，由本社负责调换）

总　序

风调雨顺，是几千年来中国人民年年岁岁的期盼；国泰民安，是几千年来中国人民最基本、最普遍的愿望。维护国家安全，是中国特色社会主义事业顺利推进的保障，也是实现国家长治久安和中华民族伟大复兴的前提。2014年4月15日，习近平总书记在中央国家安全委员会第一次会议上指出，“当前我国国家安全内涵和外延比历史上任何时候都要丰富，时空领域比历史上任何时候都要宽广，内外因素比历史上任何时候都要复杂，必须坚持总体国家安全观，以人民安全为宗旨，以政治安全为根本，以经济安全为基础，以军事、文化、社会安全为保障，以促进国际安全为依托，走出一条中国特色国家安全道路”。2024年是“总体国家安全观”提出十周年，为更加深入系统地学习和贯彻总体国家安全观，策划出版“国家安全和社会治理”研究丛书，正逢其时，意义重大。

总体国家安全观的关键是“总体”，根本是人民安全，突出的是“大安全”理念，不再局限于传统的军事、国土、政治等研究领域，而是拓展到经济、文化、社会、技术、网络、生态等近20个领域。要全景式地深入探讨每一个领域的国家安全，实属本丛书力所不逮。因此，集中选取政治安全、社会安全、技术安全、生态安全、应急管理等具有研究基础和现实需求的重点领域进行剖析，不失为给国家安全问题研究和国家安全学学科建设添砖加瓦的更优路径。

中南民族大学是一所直属于中华人民共和国国家民族事务委员会、特色十分鲜明的综合性高等学府，在涉民族、宗教、边疆因素的国家安全思想与理论、国家安全战略、国家安全治理等问题上有着长期深厚的学术积累。同时我校地处湖北武汉，在武陵山区和长江中游的资源、能源、生态、生物安全等问题的研究上也有着鲜明的地域特色和丰硕的学术成果。因此，本丛书坚持以总体国家安全观为指导，以人民安全为宗旨，立足长江中游战略腹地，紧盯边疆、网络、社会、生态等战略前沿，选题上覆盖了古代中国国家安全思想与当代中国国家安全政策、城乡基层公共安全治理、国土安全与生态安全、边境交通安全、政府网络数据安全等诸多方面，并试图在此基础上，不断出版相关研究成果，为国家安全问题研究贡献绵薄之力。

国家自诞生起就存在国家安全问题，但国家安全学则是一门新兴的交叉学科，2021年才正式成为独立的一级学科。2024年，中南民族大学以公共管理学院为牵头单位，有效整合全校相关学科力量，成功获批国家安全学一级学科硕士点，正式开启了国家安全学学科建设。我们期待本丛书的出版能为我校以及兄弟院校的国家安全学高层次人才培养提供有益资源，能为各国家安全领域的研究人员、政策制定者、实务工作者提供有益启示，也为普通读者了解国家安全知识、增强国家安全意识起到积极作用。限于编著者水平，书中错漏和不足之处在所难免，敬请各位读者批评指正。

古语云："君子安而不忘危，存而不忘亡，治而不忘乱，是以身安而国家可保也。"习近平总书记更是多次强调，要常怀远虑、居安思危。当前中华民族伟大复兴战略全局与世界百年未有之大变局交织叠加，中国国家安全面临着一系列的新形势、新任务、新挑战，亟需我们更好地处理好外部安全与内部安全、国土安全与国民安全、传统安全与非传统安全、发展与安全、自身安全与共同安全的辩证统一关系，需要我们更加深入、系统、全面研究国家安全问题。我们期待本丛书能够激发读者的兴趣，促进知识的交流与传播，为国家安全的理论与实践贡献力量。

是为序。

彭庆军

2024年11月

（作者系中南民族大学公共管理学院院长）

目 录

第一章　绪　论

2022年6月，习近平总书记主持中央全面深化改革委员会第二十六次会议，强调维护国家数据安全，保护个人信息和商业秘密，促进数据高效流通使用、赋能实体经济，会议审议通过了《关于构建数据基础制度更好发挥数据要素作用的意见》。同月国务院出台的《关于加强数字政府建设的指导意见》指出，全面强化数字政府安全管理责任，落实安全管理制度，加快关键核心技术攻关，加强关键信息基础设施安全保障，强化安全防护技术应用，切实筑牢数字政府建设安全防线。[①]2022年12月，习近平总书记再次强调，数据基础制度建设事关国家发展和安全大局。中共中央、国务院联合印发《中共中央国务院关于构建数据基础制度更好发挥数据要素作用的意见》（“数据二十条”），明确了数据要素市场制度建设的基本框架和工作重点，对于数据基础制度、数据要素市场建设具有重要意义。2023年2月27日，中共中央、国务院印发了《数字中国建设整体布局规划》，数字中国建设按照“2522”的整体框架进行布局，即夯实数字基础设施和数据资源体系“两大基础”，推进数字技术与经济、政治、文化、社会、生态文明建设“五位一体”深度融合，强化数字技术创新体系和数字安全屏障“两大能力”，优化数字化发展国内国际“两个环境”。在数字中国关键能力中，筑牢可信可控的数字安全屏障。切实维护网络安全，完善网络安全法律法规和政策体系。增强数据安全保障能力，建立数据分类分级保护基础制度，健全网络数据监测预

① 国务院关于加强数字政府建设的指导意见[EB/OL].(2022-06-23)[2023-10-27]. https://www.gov.cn/zhengce/zhengceku/2022-06/23/content_5697299.htm.

警和应急处置工作体系。[①]

数字政府作为数字中国、数字经济的重要基础和先导，是提升国家现代化治理能力的重要战略举措，也是推进服务型政府建设的重要抓手。数字政府的全方位安全与我国的国家主权、国家安全与高质量发展息息相关。我国始终高度重视安全问题，党的十八大以来，习近平总书记提出国家总体安全观的思想，并强调重视传统安全（如政治安全、军事安全和国土安全等）和非传统安全（如网络安全、科技安全、资源安全、生物安全等）。非传统安全中的网络安全贯穿数字政府建设始终，从2016年11月通过的《中华人民共和国网络安全法》到2021年6月通过的《中华人民共和国数据安全法》；从2019年4月通过的《网络安全等级保护条例》到2021年4月通过的《关键信息基础设施保护条例》等，从2021年8月通过的《中华人民共和国个人信息保护法》到2022年5月通过的《数据出境安全评估办法》等，网络安全、数据安全、个人信息保护、跨境数据安全等上升至国家战略，反映了数字政府安全发展轨迹，我们需要基于国家总体安全观和数字政府安全发展轨迹，将安全制度和标准贯彻数字政府安全的整个生命周期，全方位多维度构建适合中国特色的数字政府安全体系。党的二十大报告指出，“以新安全格局保障新发展格局”，安全在发展中的作用愈发重要。有数据统计，十八大报告中，“安全”出现了35次，“发展”出现了296次；十九大报告中，“安全”出现了55次，“发展”出现了232次，首次出现“安全发展理念”；二十大报告简版中，“安全”出现了50次，“发展”出现了108次，首次出现“以新安全格局保障新发展格局”。

---

① 中共中央国务院印发《数字中国建设整体布局规划》[EB/OL].(2023-02-27)[2023-10-27].https://www.gov.cn/xinwen/2023-02/27/content_5743484.htm.

表1-1 党中央和国务院历次会议对网络安全的阐述

时间	会议名称	内容	重点
2014年2月27日	中央网络安全和信息化领导小组第一次会议	网络安全和信息化是事关国家安全和国家发展、事关广大人民群众工作生活的重大战略问题	网络安全、战略问题
2015年12月16日	第二届世界互联网大会	安全和发展是一体之两翼、驱动之双轮。安全是发展的保障,发展是安全的目的。网络安全是全球性挑战,没有哪个国家能够置身事外、独善其身,维护网络安全是国际社会的共同责任	安全和发展的关系
2016年4月19日	网络安全和信息化工作座谈会	网络安全和信息化是相辅相成的。安全是发展的前提,发展是安全的保障,安全和发展要同步推进	网络安全和信息化相辅相成
2018年4月20日	全国网络安全和信息化工作会议	没有网络安全就没有国家安全,就没有经济社会稳定运行,广大人民群众利益也难以得到保障	经济
2019年1月25日	中共中央政治局第十二次集体学习	没有网络安全就没有国家安全,过不了互联网这一关,就过不了长期执政这一关	国家安全、长期执政
2019年9月	网络安全宣传周	国家网络安全工作要坚持网络安全为人民、网络安全靠人民,保障个人信息安全,维护公民在网络空间的合法权益	个人信息安全
2020年11月	中央全面依法治国工作会议	网络犯罪已成为危害我国国家政治安全、网络安全、社会安全、经济安全等的重要风险之一	网络犯罪

续表

时间	会议名称	内容	重点
2021年9月	上海合作组织成员国元首理事会第二十一次会议	我们共护安全稳定，率先提出打击“三股势力”，坚决遏制毒品走私、网络犯罪、跨国有组织犯罪蔓延势头	网络犯罪
2021年10月	二十国集团领导人第十六次峰会	中国已经提出《全球数据安全倡议》，我们可以共同探讨制定反映各方意愿、尊重各方利益的数字治理国际规则，积极营造开放、公平、公正、非歧视的数字发展环境	数据安全、数字治理、数字发展环境
2022年4月	中央全面深化改革委员会第二十五次会议	要始终绷紧数据安全这根弦，加快构建数字政府全方位安全保障体系，全面强化数字政府安全管理责任	数据安全
2022年6月	中央全面深化改革委员会第二十六次会议	数据基础制度建设事关国家发展和安全大局，要维护国家数据安全，保护个人信息和商业秘密	数据安全
2023年7月	上海合作组织成员国元首理事会第二十三次会议	要提升本组织安全合作水平，严厉打击“东突”等“三股势力”、毒品走私、网络和跨国有组织犯罪，拓展数据安全、生物安全、外空安全等非传统安全领域合作	网络犯罪
2023年7月	网络安全和信息化工作	深入贯彻党中央关于网络强国的重要思想，坚持党管互联网，坚持网信为民，坚持走中国特色治网之道，坚持统筹发展和安全，坚持筑牢国家网络安全屏障	网络安全

第一节 问题的提出与意义

一、数据安全是国家安全的重要组成部分

习近平总书记指出："没有网络安全就没有国家安全，就没有经济社会稳定运行，广大人民群众利益也难以得到保障。"数据安全治理与国家网络安全、国家安全紧密相关。对电子政务数据安全风险进行分析是电子政务数据安全的首要任务，采取问题导向的方式是解决电子政务数据安全隐患的有效方法。电子政务数据安全治理框架的提出，从顶层设计的角度给出了治理的方法和途径，作为实现电子政务数据安全的必经之路，对电子政务数据安全有着至关重要的作用。采用电子政务数据安全治理框架，可在实现安全治理的基础上提高社会的治理效率，推进国家治理体系的建设，提升政府治理能力的现代化发展。

数字政府作为G2G（政府与政府之间）、G2B（政府与企业）、G2C（政府与公众）、G2E（政府与公职人员）的信息交流和办事平台，涉及公文流转、网上审批等业务工作，其安全贯彻数字政府始终。数字政府中的G2G、G2B、G2C、G2E不同于商务活动，它关系到党政军各部门、国民经济各系统乃至整个国家的利益，其掌握了个人、企业等大量数据。我们一方面需要提供优质的"一门一窗一网一号"办事，推行"一趟一站一码一次"成事，需要将数据打通和共享；另一方面又对数据的安全和保密性提出了更高的要求。在提供高质量政务服务、数据安全和隐私保护之间如何保持平衡？目前我国一方面出台数据安全的法律法规，另一方面鼓励数据开放，充分发挥数据价值，让数据共享流通，积极打造数据要素市场。但在制度层面和实际操作层面还缺少数据安全和数据开放如何平衡的相关研究。

2023年全球网络安全排名榜中，我国在全球排名的声誉方面大幅度提升，位列全球网络安全排名第2位，技术成熟度排名第18位，这与我国网络安全行业的增长以及相关政策出台有关。在当前国际国内局势复杂多变，风险叠加的背景下，数字政府的数据安全作为践行总体国家安全观的题中之义，不论对保障国家主权、安全与发展利益，抑或对保护个人、组织的合法权利等都具有基础性作用。通过梳理分析和研判，我们认识到：一是网络战成为现代战争的重要手段，

网络空间已成为现代战争的重要领域，军事战与网络战、经济战、舆论战、信息战等交织。二是关键信息基础设施是网络战的首要攻击目标，大规模拒绝服务攻击、高级可持续攻击、漏洞利用、钓鱼攻击、供应链攻击等多种攻击方法组合，对关键信息基础设施构成致命打击。三是重要情报信息是网络战双方争夺的焦点，为军事打击、经济战、舆论战提供强大支持。四是网络空间安全是新时期国家安全的重要领域，各单位各部门应守土有责、守土尽责，采取超常规举措，大力加强网络空间安全，捍卫国家安全。因此，建设我国国家安全制度的大背景，建立数字政府安全制度维护我国的网络安全，也是维护国家安全的应有之义。

二、数字政府安全治理存在空间梯度差序格局

我国区域经济发展不平衡，各地对数字政府的重视度和资源投入存在较大差异，从而导致数字政务安全发展不平衡。一方面，数字政府安全治理存在空间梯度差序格局，呈现出空间上的纵横捭阖的套嵌网络结构。纵横捭阖的套嵌网络结构是自上而下科层制度与自下而上集体行动逻辑相结合的产物，这一套嵌网络结构覆盖了牵头地区或牵头部门对不同维度网络结构的关联，横向维度上形成差序格局关系，纵向维度的交替循环、圈层逐级收缩的梯度格局，最终形成网中有权威、网内有资源，横向有差序、纵向有梯度的数字政府安全治理网络结构。如珠三角地区在广州、深圳等核心城市的带动下领跑国内数字政务建设，成渝、京津冀、长三角地区紧随其后，逐渐形成数字政务区域协同一体化发展趋势。而欠发达地区仍然存在建设不足的情况，省域横向间和省市县域纵向间数字政务建设不协调，严重制约了我国数字政务区域协同治理。区域性失衡制约协调发展，协同治理能力有待提高。另一方面，数字政府安全防御能力存在“东高西低”梯度差异。如果以不同省份为边界， 行政层级的辖区范围内也存在差序格局。空间梯度差序格局的数字政府安全治理网络根植于我国本土化的安全治理语境中，有别于西方安全治理网络对结构的单一概括，这一格局反映了对顶层设计、中层协作、基层主观能动性的整合塑造，最终形成复合套嵌的结构形态。

三、数字政府建设中的数据安全风险

各级政务部门的数据呈现出数据高度聚集、高频流动和数据开放的特征，这些特征在数字政府建设中面临潜在的安全风险。第一，数据高度汇聚加大数据泄

露风险，在“放管服”改革和优化营商环境等改革中，政务数据大规模整合存储，涉及国家安全的数据、个人敏感信息、重要数据等高度汇集，在发挥数据价值的同时，存在数据泄露的风险。而数据泄露推动了网络犯罪的产业化，据IBM《2022年数据泄露成本报告》报告显示，2022年全球数据泄露规模和平均成本均创下历史新高，数据泄露事件的平均成本高达435万美元，全球数据泄露成本在过去两年间上涨近13%。[①]第二，数据流转环节复杂增加了数据保护难度。政府数据流转环节复杂，流转过程参与者多，易引发数据泄露事件，加大数据保护难度。一方面数据泄露风险来自系统本身的漏洞和短板。在复杂的数据流转环节，安全防护能力重点取决于系统短板，攻击者对任何一个短板的突破，都可能实现系统的破坏或控制。数据流转中可能出现不同部门的调取、使用或存储等，存在数据非授权访问、数据存储本地、数据暴露面增加等问题，这些都加大了数据泄露风险。第三，数据开放和共享加大了数据泄露风险。数据开放和共享带来政府流程变革和效率提升的同时，也为政府数据安全带来威胁。政府部门拥有比例最大的数字设备和数字资源，有些数据涉及政府核心政务，关系到政府部门甚至整个国家的利益，成为各国争夺和利用的焦点。数据开放和共享中包含多行业、多层级、多部门的数据流动和访问，加大了数据泄露的风险，任何部门或操作者的安全疏忽或误操作等行为都可能导致数据安全问题。

四、基层政府数据安全风险增大

数字技术理应成为推动国家治理体系与治理能力现代化的重要科技手段，而不应成为政府工作的掣肘与负担。但在基层调研中发现，基层政府数据安全风险呈现出增大的趋势，这主要是由于以下原因：

（1）基层部门容易成为黑客攻击的目标。由于基层工作人员的信息安全意识和技术水平都相对较低，而基层在技术方面投入有限，安全设备和防护措施缺乏，安全措施不足，数据存储位置不合理，密码管理不严格等安全隐患，使得黑客攻击更加容易得逞。黑客利用漏洞或者网络钓鱼等方式进行攻击，窃取敏感信息就成了

① 2022年数据泄露成本报告[EB/OL].(2022-07-28)[2023-03-25].https://www.ibm.com/security/data-breach.

一件很容易的事情。这对于个人的隐私、著作权和商业机密来说都是巨大的危害。

（2）基层数字平台的不可持续性。基层政府数字治理中存在一些昙花一现的政务公众号和政务新平台，这些平台中包含了大量的敏感信息，这些敏感信息的泄露可能会给个人、企事业单位或者国家带来不可挽回的损失。在武陵山片区调研时，恩施市委组织部为建立智慧社区网格员、下沉党员等线上管理平台，联系市政务局，在恩施小渡船街道的官坡社区试点智慧社区项目，通过外包网络技术公司，社区提出需求等方式，由政府投入20多万元建设“硒都一家亲”App，经过半年的建设，App上线运行时，社区的工作人员感觉这个App未满足其工作需求，没有动力推广使用，这就导致App建设后知晓群体和使用群体较少。后来在网络安全演练中，发现刚开发的App还存在安全漏洞，市委组织部、市政务局考虑到网络安全问题，使用人群少以及每年几万元的系统维护费用无法预算等多重原因，最终停掉了“硒都一家亲”App，这个尚未真正推广的App就此夭折。

（3）基层单位内部员工的非技术性操作失误也会导致数据泄露。很多员工缺乏基本的信息安全意识，甚至会将重要信息存放在没有加密保护的移动设备、电脑或者互联网上，这样就给黑客造成了攻击的机会。此外，由于横向和纵向部门缺乏有效打通和整合，导致各个部门根据自己的业务需求建设系统，在系统建设后，受到基层的技术人员和财力等资源的限制，缺乏可持续维护的人员，缺乏不断更新和维护的预算，同时员工的密码保护和数据备份等操作也相对薄弱，使得一旦受到攻击，数据泄露的风险就相当高。同时，基层有一些劳务合同工，这些人员频繁变动，也造成政府数据泄露的风险。

（4）基层政府数据安全问题还与相关法律法规存在空洞和缺乏严格执法有关。目前国内的网络安全法律法规并不完善，存在一些短板，加之执法力度不足，使得黑客在攻击后很难受到惩处。这种情况对于基层单位来说尤为危险，因为黑客不仅可以窃取数据，还可以利用这些数据对于单位进行勒索或者敲诈。

总而言之，基层政府数据安全风险增大，不仅直接影响了个人的利益，还影响了国家和企事业单位的长远发展。目前，只有通过完善法律法规、加强信息安全培训和技术支持等多种方式来提高基层单位的信息安全水平，才能有效防范数据泄露的风险，保障信息安全。

第二节　国内外研究综述

随着科技水平提高、计算机技术的发展，大数据、人工智能和云计算逐渐运用于国家治理领域。数据已经成为影响生产的关键要素，成为各类组织以及个人生活中的重要资产，数据安全治理成为政府治理的重要内容，也是国家治理体系和治理能力现代化的重要体现。然而，随着数据大范围、大规模的应用，数据安全问题日益凸显，数据泄露、数据贩卖、网络诈骗等数据安全事件频发，为国家、企业、个人的发展带来了严重的威胁与隐患，因此研究数据安全问题、加强数据安全治理刻不容缓。

在此背景下，国内外学术界对数据安全治理问题愈发关注，涌现出诸多学术成果。本书基于文献计量学理论，使用可视化软件CiteSpace，通过对“数据安全治理”为主题的相关文献进行可视化分析，全面梳理分析国内外数据安全研究的脉络，剖析中外研究热点及其发展脉络，分析当前研究的不足及未来研究热点和重点，以期为后续数据安全领域相关研究提供参考。

一、数据安全问题研究

国内数据来源于中国知网（CNKI）数据库，以“数据安全”为主题进行高级检索，以2000年1月1日至2023年9月25日内的数据安全相关学术期刊文献作为研究对象，将文献来源类别设置为“SCI、CSSCI、北大核心、CSCD、EI”，共检索到文献题录4658篇，经笔者手动剔除科技成果、国内会议、与主题无关、无关键词等698篇非研究型文献后，最终获得有效文献3960篇作为本书文献计量统计与可视化分析的数据源。

国外数据来源于Web of Science（WOS）数据库，以“data security”为主题词，以2000年1月1日至2023年9月25日为时间检索范围，将文献来源类别设置为“SSCI”，文献类别为Article，语种设定为English，文献学科设定为管理学、政治学、公共管理学，共检索到文献2900篇。

（一）文献增长趋势分析

文献发表数量和时间分布可以直接反映出该领域的研究进展情况，对于评价该领域的研究现状和未来研究趋势具有重要意义。如图1-1文献的年度分布图可视，数据安全领域研究整体呈增长趋势，研究历程大致可分为三个阶段：第一阶段为2000—2012年，文献发文量少，中文文献年均发文约为59篇，外文文献年均发文约为49篇，整体呈缓慢增长态势；第二阶段为2013—2017年，文献发文量呈上升趋势，发文量增长速度加快；第三阶段为2018—2023年，文献发文量呈迅速增长趋势，中文文献年均发文约为391篇，外文文献年均发文约为268篇，在2022年国内外数据安全主题文献均达到峰值，国内突增至612篇，国外突增至356篇。国内相关研究的增长与2021年我国数据安全法的颁布有着极大的关联性，该法为我国维护数据安全、数据有序自由流动提供了法律依据，引起了国内学术界对数据安全领域的广泛关注。同时在全球背景下，2022年数据安全事件频发，包括三星电子150GB的机密数据和核心源代码泄露、宜家加拿大公司9.5万名客户的个人信息数据泄露、空港服务公司Swissport TB级用户数据泄露、英伟达1TB机密文件遭窃7万员工信息泄露、南非几乎所有公民征信数据泄露、医疗设备公司Shields泄露200万美国患者信息、学习通1.7亿条学生信息泄露……2022年已经披露的数据泄露事件，不管从规模上，还是从平均对每个单位造成的损失上，都创了新高。①

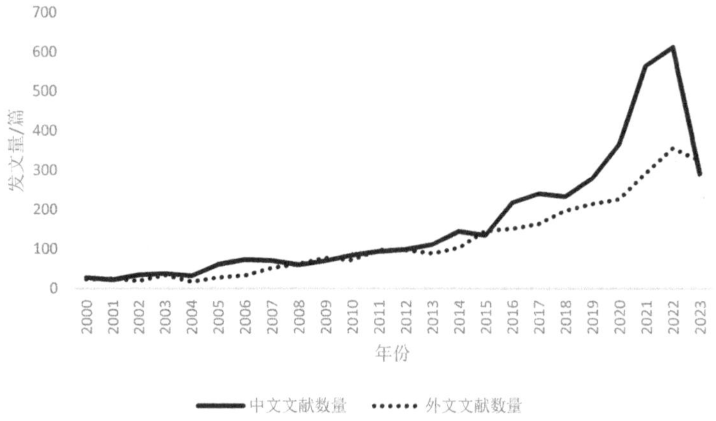

图1-1　数据安全领域样本文献的年度分布

---

① 中国信息通信研究院.数据安全治理实践指南1.0[EB/OL].(2021-07-20)[2021-12-27].http://www.caict.ac.cn/kxyj/qwfb/ztbg/202107/P020210720377857004616.pdf.

（二）研究热点及主题识别

关键词是文章重点内容和中心主题的重要表现，通过对文献关键词的统计和分析，可以对数据安全领域研究形成大概认识。因此，本书使用CiteSpace软件对数据安全研究文献进行了关键词共现分析（如图1-2所示），并得到数据安全研究关键词频次表（表1-1），关键词节点以及节点字体越大，则说明该关键词在数据安全领域出现频次越高，是领域的热点研究内容。根据图1-2和表1-1可以得出，在相关中文文献中，“数据安全”“大数据”“数据治理”是出现频次最高的关键词，“云计算”“区块链”“信息安全”“隐私保护”等关键词也位居前列；在相关英文文献中，“security”“impact”“politics”出现频次最高，“performance”“model”“management”“war”居其后。

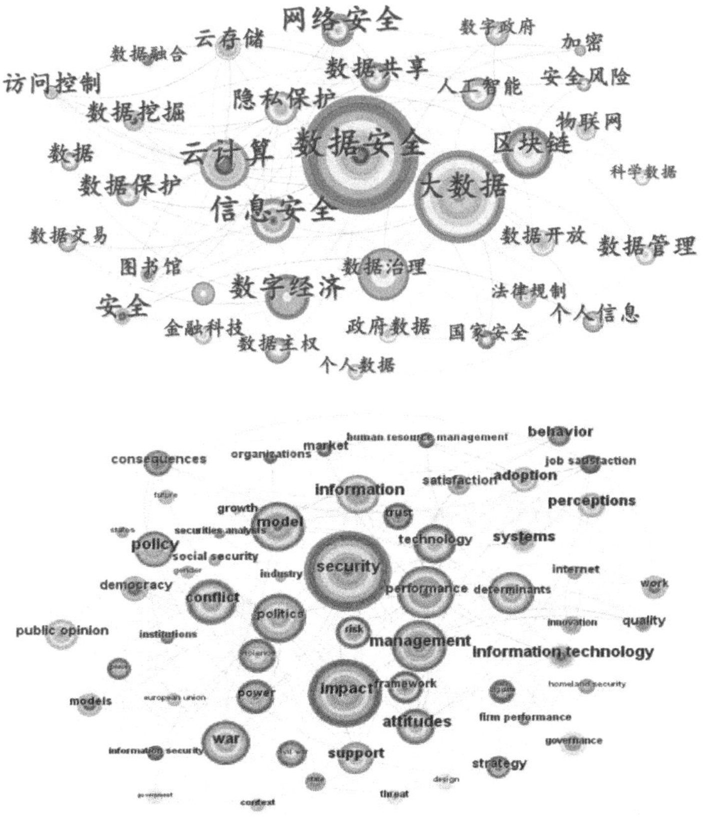

图1-2 数据安全关键词图谱

此外，中介中心性是表现网络中节点重要性的一个指标，可用来发现和衡量节点的重要性，关键词的中介中心性越大，表明该关键词在整个知识网络中的地位越重要。由表1-2可知，在国内相关研究中“数据安全”“网络安全”“云计算”关键词的中介中心性最高，“大数据”“信息安全”“数字经济”等关键词次之。在国外相关研究中，“security”“impact”“conflict”关键词的中介中心性最高。

表1-2　国内外数据安全研究关键词频次表

中文文献					外文文献				
序号	关键词	出现频次	中介中心度	最早出现年份	序号	关键词	出现频次	中介中心度	最早出现年份
1	数据安全	786	0.46	2000	1	security	312	0.22	2000
2	大数据	440	0.22	2013	2	impact	258	0.14	2001
3	数据治理	159	0.05	2018	3	politics	186	0.08	2001
4	云计算	154	0.23	2010	4	performance	185	0.04	2003
5	区块链	138	0.13	2017	5	model	181	0.1	2001
6	信息安全	130	0.22	2000	6	management	166	0.07	2003
7	隐私保护	123	0.07	2011	7	war	134	0.06	2003
8	网络安全	122	0.25	2000	8	conflict	119	0.13	2002
9	数字经济	100	0.16	2019	9	policy	114	0.09	2000
10	数据共享	83	0.11	2008	10	determinants	109	0.03	2003

本书根据过往学者的综述研究以及文献图谱分析对数据安全领域文献的梳理，分以下三个视角对研究主题进行归纳和整理。

1. 技术视角

数据安全技术是数据正常运行和安全应用的保障，为提升数据安全能力对数据安全技术的研究在学术界正广为展开。在不同的应用场景中，安全技术表现出不同的功能和用途，因此技术视角将从信息安全、网络安全、数据安全、人工智能这四个不同的应用领域进行文献归纳和总结。

(1) 信息安全。

信息安全的概念在20世纪初被提出，随着通信技术的发展在20世纪40年代以后引起重视，现在的信息安全概念主要强调在个人、企业和国家层面的信息空间、信息载体和信息资源不受来自内外各种形式的威胁、侵害，信息安全的主要问题表现为信息泄露与信息被破坏。①

信息安全技术所产生的产品大致可以分为3类，即集成了监控、扫描、检测、防病毒等功能的杀毒软件、深层次防御攻击的防火墙以及信息加密产品。②信息泄露与被破坏事件层出不穷，根本上是因为对信息的加密技术有待加强，因此在保障信息安全的诸多类型技术中，信息加密技术是信息安全保护技术的核心。目前，信息安全主要依靠密码为基础的可信计算技术。③在信息加密方面，数字信息加密主要采用密钥构造、分组加密、循环编码加密等的技术，运用PGP等数据加密系统对文件、通信进行加密。信息加密只解决信息泄露问题，数据实时监控与恢复技术则可以在密钥管理的基础上追踪到信息的到访者，明确是谁非法访问、妄图窃取机密甚至破坏数据，显示到访者的IP，一旦信息被破坏，该技术可以自动实施部分信息还原。④

在信息安全技术应用中，政府信息公开是研究界聚焦的一大热点，也是信息安全问题频发的领域。在互联网时代背景下，中国政府信息公开的主要渠道有政府网站和包括政务微信、微博在内的政务新媒体账号。政府信息公开工作涉及很多技术问题，其中管理平台的建设、公开目录体系的规划、信息的分类和核心元数据的描述是关键技术。⑤为保障信息安全，政府需要对公开信息进行分级分类处理，根据信息的不同隐私级别运用不同隐私技术进行处理。目前，隐私保护技术的方式主要有三种：失真、加密和匿名化。⑥信息安全的防护是一项长期工作，随着技术的更迭、信息安全事故的频发而不断向前发展，未来信息安全防护技术

① 段云所，魏仕民，唐礼勇，等．信息安全概论[M]．北京：高等教育出版社，2003：9.

② Dieter Gillman．计算机安全[M]．华蓓，等，译．北京：人民邮电出版社，2003：12.

③ 荆继武．我国网络信息安全发展的探讨[J]．中国科学院院刊，2022，37(11)：1543-1545.

④ 周朝晖，王红庆．关于信息安全技术的探讨[J]．网络安全，2006(4)：40-48.

⑤ 陈剑波．政府信息公开管理平台技术研究：以宁波市政府信息公开管理平台的建设为例[J]．图书情报工作，2009，53(23)：123-127.

⑥ 邢益精，康建光．政府强制公开个人信息的技术区分保护的策略[J]．浙江理工大学学报(社会科学版)，2020，44(2)：193-199.

仍然道阻且长。

(2) 网络安全。

随着互联网的普及，网络侵权、网络病毒、黑客攻击等各种不法行为以及对社会、政治、经济的安全威胁不断涌现①，人们逐渐聚焦于互联网以及网络社会发展所带来的各类安全问题，网络安全的重要性愈发凸显。

网络安全是网络运营者开展正常业务活动的基本需求，因而安全防御体系通常为其经营架构的原生性配置。②实际在构建设计计算机网络安全防御系统时，通常需要用到防火墙模块设计、入侵检测模块设计、安全隔离技术设计、传输加密系统设计等模块设计。传统的网络安全防御手段通常是系统遭受了攻击后，根据攻击情况采取行动，包括且不限于传统杀毒软件、基于特征库入侵检测、防御等手段，而特征检测、查杀技术有明显的弊端，即滞后于攻击手段，面对当下复杂的网络环境和各种安全威胁已经明显不足。③

在目前的网络安全防御体系构建研究中，大数据技术和人工智能技术为计算机网络安全防御系统的完善提供了新的契机，使其能够开展智能化分析处理，具备实时反应的能力，在网络攻击中可以高效处理发生的事件，并自动追踪入侵行为，对攻击主机的相关信息快速进行明确。④但同时在运用大数据和人工智能技术中需要注重模型和算法的不断更新，以便应对层出不穷的网络安全挑战。

(3) 数据安全。

我国数据安全法第三条指出，“数据安全指的是通过采取必要措施，确保数据处于有效保护和合法利用的状态”。政府数据安全是数据安全的一个重要组成部分，它是指使用数字信息技术对政府部门掌握的数据进行脱敏处理，还包括保

---

① 张新宝，许可．网络空间主权的治理模式及其制度构建[J]．中国社会科学，2016(8)：139-158+207-208.

② 张慧．嵌入式治理：网络安全防御体系的制度嵌入原理[J]．华侨大学学报(哲学社会科学版)，2023(2)：103-116+129.

③ 陈静．中文科技期刊的网络安全研究现状与前沿演进：基于CiteSpace可视化知识图谱分析[J]．福建师范大学学报(自然科学版)，2023，39(2)：49-57+79.

④ 刘王宁．大数据及人工智能技术的计算机网络安全防御系统[J]．网络安全技术与应用，2023(10)：67-69.

障数据在收集、存储、交换、传输等过程中免受泄露和非授权用户篡改、窃取的风险。[①]随着数据集规模的扩大、数据多样性和复杂性的增加，数据安全风险也随着增加。[②]

在现代政府信息化建设和数字化转型的背景下，政务数据开放共享成为促进民主参与、提升政府工作效率的重要保障。政府数据开放共享是大势所趋，但政府数据的开放性诉求给数据安全保护带来了新的挑战。随着数字技术的进一步发展，如今可以通过以云计算、大数据分级分类保护制度为代表的措施，从政务数据开放源头保护政务数据，通过安全沙箱等方式在政务数据开放中后端进行安全保护。此外，数据保护从依靠源头封闭的手段，发展到建立全过程全方位的监测预警机制、应急处置机制、安全审查制度、风险监测，从采集、传输、存储、共享及应用、销毁全流程保护数据安全。[③]但从整体上而言，数据安全技术仍处于探索阶段，需要进一步深化研究内容来提升数据安全风险化解能力。

(4) 人工智能。

数字时代人工智能技术高速发展对现在的经济社会发展造成了广泛而深刻的影响，也带来了新的机遇和风险。20世纪50年代以来，人工智能经历了符号主义、连接主义和进化主义三个不同的发展阶段，符号主义在处理大规模数据和复杂问题时面临困难，连接主义的缺点是可解释性不足，复杂的编程规则和知识、不确定的环境在一定程度上限制了人工智能的应用，第三阶段（21世纪初以来）的人工智能与深度学习算法在语音识别和视觉成像方面取得重大突破有关。[④]

当前，各互联网行业巨头纷纷布局生成式AI，引领着数字内容领域的全新变革。现实中人工智能应用所引发的“技术利维坦”、数字鸿沟、信息茧房、马太效应、伦理困境等问题，使得人工智能治理成为一项复杂工程。张广胜指出，应遵循科技逻辑，将“科学性”注入风险识别、风险预警、风险处置等环节，以

① 郝艳丽.大数据时代政府数据安全治理:文献综述与研究展望[J].网络安全技术与应用，2023(8):65-66.

② Kshetri N.Big data's impact on privacy, security and consumer welfare[J].Telecommunications Policy, 2014, 38(11):1134-1145.

③ 郑文阳.我国政务数据开放的价值面向及安全保障[J].行政管理改革，2023(9):70-80.

④ 赵志君，庄馨予.中国人工智能高质量发展:现状、问题与方略[J].改革，2023(9):11-20.

“工具理性”为导向，以生成式AI具体技术、产品、服务和内容为载体，强化防控生成式AI风险的“全周期”过程监管。①苏波提到要用技术进步解决安全风险难题，加强人工智能数据安全保护基础理论研究和技术研发，鼓励企业建设完善人工智能开源学习框架，增强框架内置学习数据和基础设施。②

2.制度视角

在大数据时代，数据泄露等问题层出不穷，从2018年Facebook用户数据泄露事件到2022年某大学生学习软件公开售卖数据信息库，数据安全事故发生在我们每一个人身边。数据安全事故的频频发生不仅损害了网民的个人隐私权，更是造成了公共安全危机乃至国家安全，为我们敲响了数据安全的警钟。因此，在制度视角上本书将从个人隐私和公共安全两个层面来展开学术界对于数据安全问题的研究。

（1）个人隐私。

在数据领域研究中，个人信息的保护一直是研究的重点内容。对于个人隐私的保护研究起源于19世纪90年代美国颁布的《论隐私权》，为保护个人信息权益、促进个人信息合理利用，我国于2021年通过并实施了个人信息保护法，规定自然人的个人信息受法律保护，任何组织、个人不得侵害自然人的个人信息权益。

关于怎样在制度背景下建构具体的个人隐私保护制度，不同学者提出了不同的观点。荷兰学者巴特·范德·斯鲁特等认为，应当对程序法进行修订，减少以个人权利和个人利益为中心，更多地以公共行动和社会利益为中心，赋予集体诉讼、公益诉讼在个人信息保护中更大的作用。③章宁等提出，应专门建立独立数据保护当局（DPA，Data Protection Authority）来负责处理一国与数据隐私保护相关的全部事务，防止多头监管相互推卸责任。④张媛媛认为我国亟须在法律法

① 张广胜.生成式人工智能的国家安全风险及其对策[J].人民论坛·学术前沿，2023(14)：76-85.

② 黄鑫.为人工智能发展系上“安全带”[N].经济日报，2023-08-16(6).

③ VAN DER SLOOT B，VAN SCHENDEL S. Procedural law for the data-driven society[J]. Information & Communications Technology Law，2021，30(3)：304-332.

④ 章宁，田力.个人信息保护制度的比较研究[J].情报科学，2020，38(7)：112-116+152.

规层面明确隐私保护计算技术的地位，并制定明确的监管文件及技术标准认可其安全可靠性，还要加强数字平台反垄断监管，压实互联网企业主体责任，为隐私计算技术创新打造良好法律环境。①

(2) 公共安全。

数据安全关乎国家安全和公共利益，是非传统安全的重要方面，已成为事关国家安全与经济社会发展的重大问题。在总体国家安全观的指引下，我国高度重视、不断推进数据安全保护工作，自2016年起，先后颁布实施网络安全法、数据安全法、个人信息保护法、数据出境安全评估办法，数据安全领域法制建设不断完善，构筑起了维护数据安全和促进数字经济健康持续发展的法律制度保障。我国现有的数据安全监管制度不仅包括对数据安全风险的事前预防及事后处置，还针对高风险领域创设了特异性监管制度，在实践中实现多种制度协同发力，共同应对来自各方的数据安全挑战。②

美国采取的是分散立法模式，根据数据类别分别立法，围绕“受控非密信息”（简称CUI）制定重要数据保护制度，同时根据数据行业新变化随时调整法律制度，数据监管上采取的是政府监管、行业自律模式。欧盟数据安全立法框架以《通用数据保护条例》（简称GDPR）为基础，法律规制重点在于个人数据安全保护，严格限制重要数据跨境流动，数据安全监管主要采取的是欧盟—成员国共同治理模式。③

3. 管理视角

数据可以被用来造福社会，也可以被用来对社会造成危害，因此加强对数据的管理至关重要。目前各国主要聚焦于数据分级分类管理制度、数据人才培养等多个维度进行数据安全管理体系的构建。

我国目前已经确立了个人信息和重要数据的基本分类。洪延青指出任何处理

① 张媛媛.论数字社会的个人隐私数据保护：基于技术向善的价值导向[J].中国特色社会主义研究，2022(1)：52-59.

② 梅傲，李梓鸿.总体国家安全观下的企业数据安全研究[J].中国刑警学院学报，2022(4)：110-117.

③ 徐玉梅，王欣宇.我国重要数据安全法律规制的现实路径：基于国家安全视角[J].学术交流，2022(5)：37-48+191.

数据的组织应当高度关注国家制定的“重要数据目录”，相应地调整组织内部对数据分类分级的实践，并根据国家制定的个人信息和重要数据安全保护规则，更新组织所采用的安全保护措施。[①]而面对政府数据开放的现实需要，美国采用了政府涉密数据和政府非涉密但敏感数据的分类分级管理制度，为我国完善政府数据分类分级管理的政策法规提供了参考。[②]

针对数据安全人才培养，我国目前才处于起步阶段。数据安全人才培养的现状和存在的问题，主要表现在：数据安全领域高端技术人才严重不足、数据安全相关学科建设师资力量不足、数据安全人才培养方案与社会需求不相符及基础设施建设不足等。对数据安全人才培养的建议，包括拓宽人才选拔渠道、建立完善的数据安全学科体系、注重职业培训和认证等。

（三）研究前沿

研究前沿是指某一研究领域中最新、最具有发展潜力的专业领域。突现词是指在较短时间内出现次数较多的词，突现词的词频变化是衡量研究前沿与趋势的重要依据。CiteSpace软件不仅可以呈现聚类视图，还可以选择时区视图和关键词突现分析来反映某一时间范围内研究主题的发展趋势和前沿研究。

从国内外数据安全领域样本文献的主要突现关键词图谱（如图1-3）和时间图谱（如图1-4）可以观察到国内外强度最大的关键词分别为“云计算”和“violence”，强度值分别为55.22和15.7；突现持续时间最长的词分别为“安全”“数据挖掘”和“satisfaction”，持续时间分别为12年和7年。最近两年突现的关键词有“数字经济”“数据治理”“数据要素”和“violence”“civil war”，表明这些研究主题自2021年以来在数据安全研究领域中一直比较活跃，有可能成为未来一段时间的研究前沿趋势。

① 洪延青.国家安全视野中的数据分类分级保护[J].中国法律评论，2021(5)：71-78.

② 完颜邓邓，陶成煦.美国政府数据分类分级管理的实践及启示[J].情报理论与实践，2020，43(12)：172-177+155.

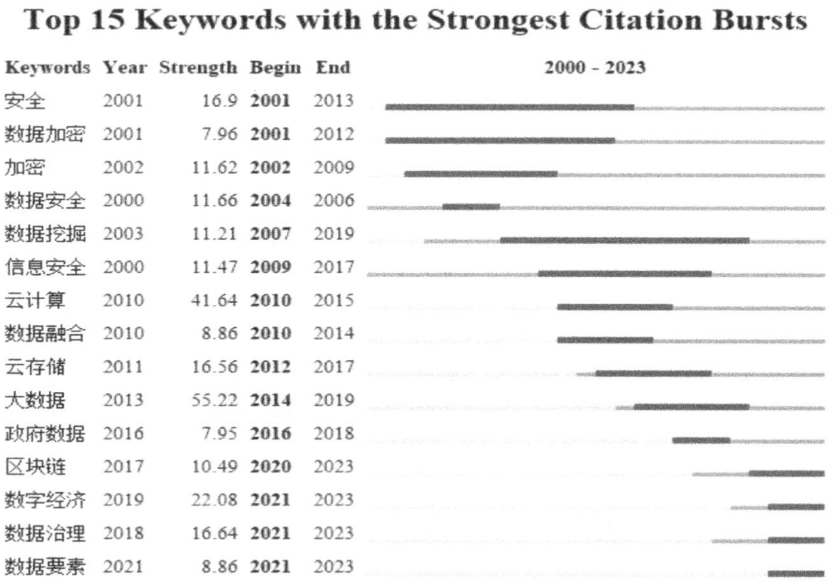

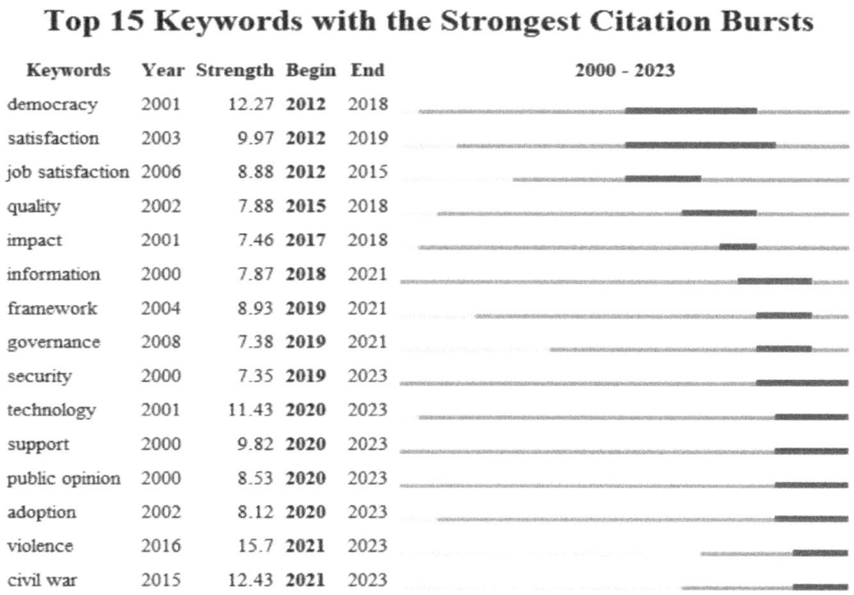

图1-3 国内外数据安全领域样本文献的主要突现关键词(前15位)

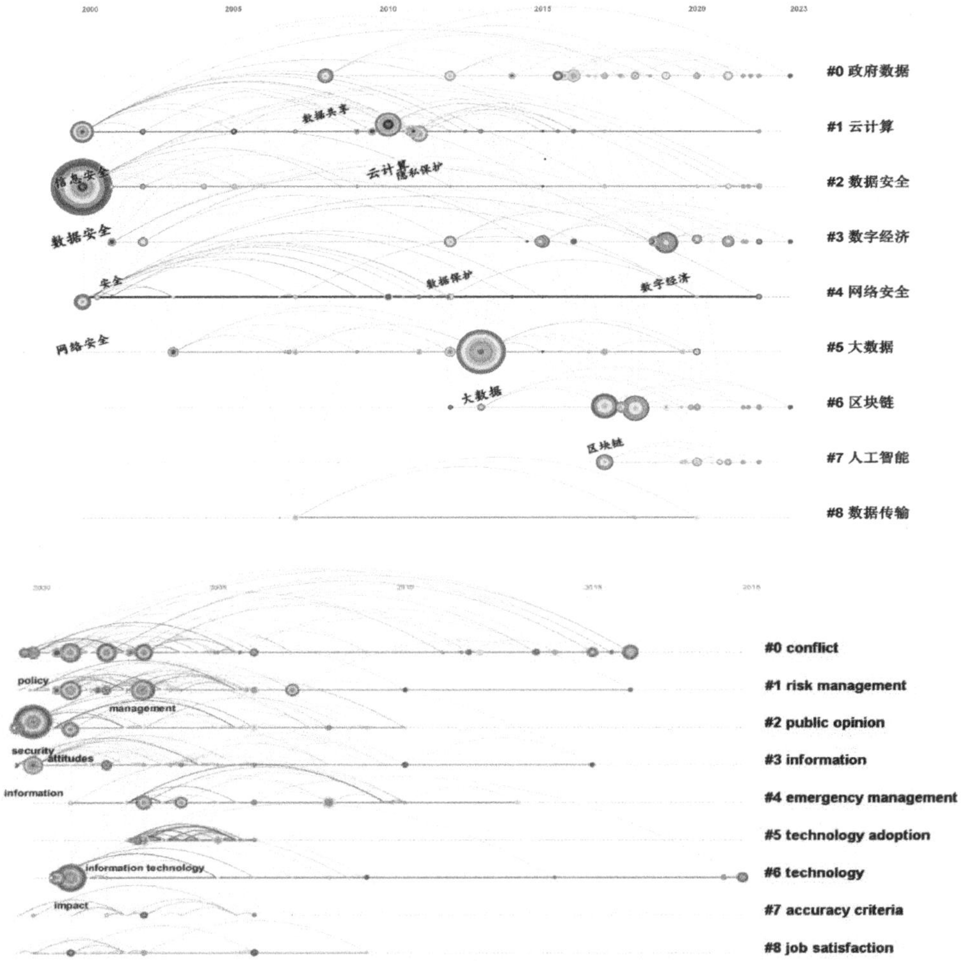

图1–4　国内外数据安全领域文献的关键词时间图谱

二、数据安全治理研究

在数字时代，数据安全已经成为各国发展数字经济的重要议题，我国正积极推进数据安全治理工作。在学术界，不同学者针对我国数据安全治理现状提出了各具特色的治理方案。

政府数据安全治理问题是指数字政府在运用数据治理过程中所面临的内外部环境变化，对政府数据搜集、整理、运用、经营、反馈、维护等各个领域、各个环节造成冲击，滋生重大数据安全治理问题。[①]随着政府数字化进程加快，政府数字风险与数据安全治理问题日益凸显。

薛晓源、刘兴华研究表明，数字全球化既为世界发展带来机遇，也容易诱发数字鸿沟、数字博弈、数字霸权、数字冷战、数字安全等诸多数字风险。[②]王欣亮等将数据安全风险类别归纳为系统性风险、广泛性风险、多样性风险和开源性风险4类，并针对4类风险提出了多元治理、全域治理、综合治理、动态治理4类具体的治理措施。[③]韩春晖指出政府数字化转型也存在技术风险，它传导到营商环境中可能引发侵犯商业秘密、增加企业负担、危及企业发展、影响企业信誉等法治风险。未来需更加积极地以世界银行指标引领数字政府建设，更加审慎地以数字政府法治化构建法治化营商环境，坚持技术维度与法治维度并重，加强数字政府建设的法律制度、法治机构、法治原则和权利保护机制建设。[④]王广辉、郭文博指出在数字政府建设中，面临着技术风险、管理风险、数据风险、安全风险。主要体现在关键核心技术发展滞后、体制革新不能适应发展需要、数据供给能力有限、相关法律法规与管理制度不完善、数字政府建设生态环境欠佳。[⑤]

另外一些数据安全领域的专家和学者则主要从观念、技术、管理、法律四个方面提出建议和措施：

(1) 观念方面。任晓刚提出，提升社会公众素养就是要提升社会公众的数字经济意识、数字经济知识、数字经济技能以及数字安全水平等，提高了这一整体的认识力、创造力和运用力，数字政府治理水平和效率将进一步上升。[⑥]王谦、

---

① 任晓刚.数字政府建设进程中的安全风险及其治理策略[J].求索,2022(1):165-171.

② 薛晓源,刘兴华.数字全球化、数字风险与全球数字治理[J].东北亚论坛,2022,31(3):3-18+127.

③ 王欣亮，任弢，刘飞.基于精准治理的大数据安全治理体系创新[J].中国行政管理，2019(12)：121-126.

④ 韩春晖.优化营商环境与数字政府建设[J].上海交通大学学报(哲学社会科学版),2021,29(6):31-39.

⑤ 王广辉,郭文博.数字政府建设面临的多重风险及其规避策略[J].改革,2022(3):146-155.

⑥ 任晓刚.数字政府建设进程中的安全风险及其治理策略[J].求索,2022(1):165-171.

陈放[①]和王欢喜[②]着重强调了强化电子政务环境下公务员的信息安全意识，他们提出通过大众传播媒介，增强公务员信息安全意识，并培养信息安全人才，从观念上提高公务员对于信息安全威胁的警惕性。陈洪梅、陈远也强调了从观念方面保障电子政务信息安全的要求。[③]

(2) 技术方面。米什拉等研究出了一种新颖的对称密码系统，该系统定义了有向图（明文、密文和密钥）的代数结构及新颖性的操作，以实现智慧城市数据治理中的机密性目标。[④]贾维德等提出了一种新颖的混合安全模型，该模型结合了集中式数据挖掘系统和分布式数据挖掘系统的优点，可为敏感数据提供安全性保障而不会影响数据质量。[⑤]郭晓武指出要确保技术能够保持先进性和可拓展性，针对信息安全产品的研发和应用问题，国家需要制定相关的产业扶持政策，加强核心技术的科研攻关和自主创新能力。[⑥]

(3) 管理方面。陈晓芳提出了安全管理方面的具体方案，包括制定安全管理工作的方案和规章制度；定期检查安全规章制度的执行情况；加强对内部操作人员的安全教育和监督等。[⑦]从外包管理制度上来看，王昕强调要不断完善外包管理制度。要规定外包工作人员的浏览权限，必要时签署保密协议，确保电子政务信息安全制度的真正贯彻执行。[⑧]沈费伟、曹子薇针对我国数字政府建设高质量发展中存在的政府治理理念不完善、政务信息共享难度大、业务数据安全隐患

---

① 王谦，陈放．我国电子政务信息安全及保障体系[J]．网络安全技术与应用，2006(4)：75-78+65.

② 王欢喜．电子政务信息安全风险分析与防范策略[J]．中国图书馆学报，2003(5)：48-50+72.

③ 陈洪梅，陈远．电子政务信息的安全要求和保障措施[J]．情报杂志，2004(5)：44-46.

④ MISHRA A K，PUTHAL D，TRIPATHY A K. GraphCrypto：Next generation data security approach towards sustainable smart citly building[J].Sustainable Cities and Society，2021(31)：95-110.

⑤ JAVID T，GUPTA M K，GUPTA A. A hybrid-security model for privacy-enhanced distributed data miningl[J].Computer and Information Sciences，2020(7)：50-67.

⑥ 郭晓武．电子政务的信息安全问题与对策[J]．信息网络安全，2006(7)：6-8.

⑦ 陈晓芳．我国电子政务信息安全问题研究[J]．管理世界，2007(12)：156-157.

⑧ 王昕．电子政务信息安全工作探讨[J]．信息系统工程，2010(8)：62+57.

高、多元主体参与程度低等诸多现实困境，提出未来需要优化政府治理理念、扩大政务信息共享范围、健全业务数据安全机制、拓宽多元主体参与渠道，最终促进数字政府实现高质量发展。[①]在借鉴并参考美德日韩四国数据安全治理经验后，吕明元、弓亚男提出要强化新型基础设施建设，重视区域配置平衡；更新完善现有数据保护相关法律法规，探索“双机制”保护模式，分区设立数据保护专职机构；在企业内部建立数据安全一体化工作机制，考虑行业特点，制定数据安全标准等等思路和举措。[②]

（4）法律与制度方面。谢先江指出法律是电子政务信息安全的第一道防线，要使电子政务安全运行，信息安全传递，需要加强必要的法律建设，同时要根据我国电子政务信息安全建设的实际需要，进一步确立信息安全法律保护观念，主动与国际信息安全法律体系接轨。[③]在电子政务信息系统安全保障体系结构中，应把强化电子政务信息系统安全的法制管理放在首位。[④]吕欣，吕汉阳发现了政府在采购促进自主创新方面的不足，呼吁要加快出台《政府采购法实施条例》，真正使政府采购促进自主创新有的放矢，发挥政府采购对我国信息安全技术发展的推动作用。[⑤]曹开研指出数据作为信息型生产要素在经济社会发展中发挥着重要作用，数据安全法的出台，依据数据竞争和保护关键问题制定适合我国国情和现状的规则路径，是提升数据风险治理能力的一把利器，有利于促进良好产业发展环境和全球数据治理新秩序的形成。[⑥]陈兵、胡珍提出要搭建多维度、多主体

---

① 沈费伟，曹子薇．社会质量视角下数字政府发展的现实困境与优化路径[J]．电子政务，2022(7)：1-12.

② 吕明元，弓亚男．我国数据安全治理发展趋势、问题与国外数据安全治理经验借鉴[J]．科技管理研究，2023，43(2)：21-27.

③ 谢先江．浅论电子政务信息安全问题与策略[J]．电子政务，2010(Z1)：84-89.

④ 陈兵，胡珍．数字经济下统筹数据安全与发展的法治路径[J]．长白学刊，2021(5)：84-93+2.

⑤ 吕欣，吕汉阳．构建自主可控的电子政务信息安全体系的对策建议[J]．信息网络安全，2010(5)：31+44.

⑥ 曹开研．《数据安全法》：新形势下数据风险治理的利器及实施展望[J]．青年记者，2021(17)：70-72.

共同参与数据安全与发展“共建共治共享”的法治框架，加快建设统筹数据安全与发展动态平衡的法治路径，实现两者的融合共进，以此推动新时代数字经济持续健康发展。[①]

在数据安全治理主体转变上，陈兵以“与数据相关行为”为核心，指出数据采集行为、数据计算与服务行为和数据应用行为的不当都会对市场监管产生巨大冲击，提出应持续推进市场化与法治化监管，加入科技监管，强调科技监管与法治监管的融合，布局从市场监管走向市场治理。[②]张成福、谢侃侃提出要从系统层面进行全面政府治理以推动政府的数字化转型发展，更好地达成政府施政的政策目标，为公民和社会创造更大的公共价值，其本质在于通过数字政府的转型，建立新的政府典范。[③]胡峰认为，要提升政府数据安全治理效能，必须实现政府数据安全的全流程治理。

从数据安全治理的模式来看，本书从公共安全、区域治理、智慧社会以及智慧监管的角度梳理了现有的数据安全治理模式。针对传统公共安全治理模式的单一主体、资源分割、难以协作等因素导致的预测能力不足、没有从源头处理事件等问题，许晓燕从公共安全的角度构造了数字治理模式的基本框架，并分为三个层次，第一个层次为资源层，主要用于整合公共安全治理相关的组织结构、人力、物力、信息等；第二个层次为组织层，以应急部门为基础，建立跨部门、跨领域的公共安全数字治理体系；第三个层次为运行层。[④]纵观各国数据安全立法与治理实践，范玉吉、张潇认为数据安全治理模式经历了从回应式治理到集中治理再到敏捷治理三种模式的演变，敏捷治理模式基本符合我国数据安全治理模式的需要，但还需要将敏捷治理模式（AGM）进行中国化应用和优化。[⑤]王操从智

① 陈兵，胡珍．数字经济下统筹数据安全与发展的法治路径[J]．长白学刊，2021(5)：84-93+2.

② 陈兵．数字经济发展对市场监管的挑战与应对：以“与数据相关行为”为核心的讨论[J]．东北大学学报(社会科学版)，2019，21(4)：388-397.

③ 张成福，谢侃侃．数字化时代的政府转型与数字政府[J]．行政论坛，2020，27(6)：34-41.

④ 许晓燕，李晶晶．基于大数据的公共安全智慧治理模式分析[J]．信息与电脑(理论版)，2018(9)：142-144.

⑤ 范玉吉，张潇．数据安全治理的模式变迁、选择与进路[J]．电子政务，2022(4)：114-124.

慧社会的角度将数据安全治理模式分为三个部分，第一部分是数据采集与处理数据；第二部分采用多元协商与决策方式；第三部分是综合管控与服务，通过自动化智能执行和人工执行两种模式，实现基础管理智能化、综合调控精准化和公共服务贴心化。①

三、文献述评

本研究采用文献计量和科学知识图谱可视化的方法，对CNKI、WOS核心合集数据库中2000—2023年数据安全和数据安全治理领域的文献进行统计分析，主要得出以下结论：

（1）随着数据安全事故频发，国内外对数据安全治理的关注度高涨，涌现出一大批研究成果，研究论文数量呈现出不断增长态势。《情报杂志》《电子政务》《计算机科学》以及IEEE Access、Multimedia Tools and Applications、Security and Communication Networks等杂志发表了大量相关文献，为进一步推进数据安全研究提供了重要载体。在研究分布的学科领域中，对数据安全治理的研究主要集中于计算机科学、公共管理、企业管理、公共卫生、图书情报与信息管理、法学等学科领域中，多为单一学科进行研究，较少出现跨学科交叉研究成果。数据安全治理属于跨学科、多主题综合治理领域，应加强多领域交叉合作，推动数据安全治理领域的全面发展。

（2）国内学界对于数据安全治理研究视角较为中观和微观，主要包括数据安全风险评估、数据安全影响因素分析、数据安全技术保障等，对数据安全治理体系建构的宏观性研究成果较为缺乏。所发布的研究成果更是重实践，而缺理论运用和创新。应注重理论研究和案例分析相结合，对国内外优秀数据安全治理经验进行总结和反思，凝聚出中国特色社会主义的数据安全治理方案。

（3）人工智能和区块链等技术的突破进展和不断发展为数据安全治理带来了新的机遇和危机，也对数据安全治理领域的研究学者们提出了新的要求，需要学术界能够与时俱进、迎难而上，迈出稳健的步伐提供新的治理方案，以减少新技术带来的负面影响，激发研究的创新活力。

---

① 王操．我国城市智慧社会治理的模式分析与系统实施建议［J］．城市观察，2018（5）：120-131．

第三节　研究思路和方法

（一）研究思路

本书重点是基于D-SCP模型深入剖析我国政府数据安全治理的实践运行、现实困境、实践路径，推进基层政府治理体系和治理能力现代化。数据安全治理结构框架、行为特征、绩效评价等是现实困境及行动指南的基础。本书分为九个章节，按照“基层政府数据安全治理的D-SCP模型构建—数据安全治理结构框架—数据安全治理行为特征—数据安全治理绩效评价—推进路径研究”思路展开研究，以全国各个省份的数据安全治理为研究对象，运用参与式观察和深度访谈等方式进行研究。

第一章是绪论部分。本部分从问题提出、选题意义，国内外数据安全治理的研究现状出发，运用CiteSpace分析数据安全治理的研究热点、关键词聚类，研究脉络等，梳理国内外政府数据安全治理的研究综述。

第二章是理论阐释：政府数据安全治理的D-SCP模型。这一部分从数据安全治理的界定、数据安全治理要素和模式等方面进行阐释，并重点介绍基层政府数据安全治理的核心理论——数据安全能力成熟度模型、数据生命周期安全理论、跨境数据安全理论、数字政府安全风险理论、D-SCP模型，为政府数据安全治理研究提供理论支撑。

第三章到第六章从D-SCP模型的四部分要素进行阐释。制度演化：基层政府数据安全治理的“注意力转移”中具体阐述基层政府数据安全治理政策演化路径，阐释信息安全—网络安全—数据开放—政策规范发展阶段。结构框架：基层政府数据安全治理的条块体制。这部分主要对数据安全治理结构框架、数据安全治理结构框架内容进行阐释。行为特征：基层政府数据安全治理的路径依赖。这部分主要对基层政府数据安全治理应用场景、行为特征进行阐释。绩效评价：基层政府数据安全治理的成效评价。这部分主要分析数据安全治理绩效评估研究现状、评估原则、评估指标设计依据等。

第七章基层政府数据安全治理转型：从“农民办事不出村”到“农民办事不出户”。这章从基层政府数据安全治理的宏观环境（D），基层政府数据安全治理的治理结构（S），基层政府数据安全治理的治理行为（C），基层政府数据安全治理的治理绩效（P）等四个部分进行阐释。

第八章现实困境：基层政府数据安全治理的“痕迹形式主义”。本章阐释基层政府数据安全治理的制度困境——条块权力体系碎片化；基层政府数据安全治理的组织困境——嵌入式协同能力不足；基层政府数据安全治理的技术困境——技术路径空心化；基层政府数据安全治理的人员困境——基层主体能力有限。

第九章路径选择：基层政府数据安全治理的“四维钻石模型”。本章强调数据安全治理制度完善——条块体制的权力整合、数据安全治理组织规范——多元主体的利益整合、数据安全治理技术变革——基于场景的数据整合和数据安全治理主体理念转变。

（二）研究方法

本研究的研究方法主要包括内容分析法、文献法和计量法。

1. 文献计量法

本研究搜集有关数据安全治理的相关文献，依托CNKI文献搜集与分析工具，并借助CiteSpace可视化分析软件等展开详细的分析，以有效梳理数据安全治理的内涵，准确把握数据安全治理的范畴、研究热点、研究走向等，为课题研究提出文献支撑。同时汇集有关数据安全治理的领导讲话、学者观点和实践报道，并对讲话文本、政策文件、学术文献、新闻报道等进行多维度、多侧面的归纳、分析和统计，以系统归纳和掌握数据安全治理的相关理论、观点，为理论框架的构建、案例分析和实践经验总结奠定基础。

2. 问卷调查法

本研究采用访谈法和问卷法两种调查方法。其中，访谈法是指通过拟定访谈计划和提纲，对恩施州典型地区智慧城市和智慧社区的智慧项目推动者、网络公司、市民、社区党组织、社区居民、社会组织开展焦点小组访谈，以识别出数据安全治理的行动者，存在的困境等重要因素。问卷法是向社区居委会、社区党组织、社区居民发放问卷，调查数据安全治理的应用状况与建设困境，尤其是数据安全治理在疫情防控中的应用情况和现实困境。

基层政府数据安全治理研究
研究基础
研究问题和国内外综述
研究起点
理论研究
理论模型:基层数字治理的 D-SCP 模型
理论前提
基层数字治理的界定和特征
基层数字治理相关理论
制度研究
理论阐释:基层政府数据安全治理模型
规范依据
制度演化:基层政府数据安全治理的“注意力转移”
组织框架:基层政府数据安全治理的条块体制
行为特征:基层政府数据安全治理的路径依赖
人员困境:基层政府数据安全治理的成效评价
经验研究
实践探索:基层政府数据治理的实践案例
现实基础
基层数据治理的宏观环境(D)
基层数据治理的治理结构(S)
基层数据治理的治理行为(C)
基层数据治理的治理绩效(P)
困境研究
现实困境:基层数据安全治理的发展制约
现实困境
制度困境:条块权力体系碎片化
组织困境:嵌入式协同能力不足
技术困境:技术路径空心化
人员困境:基层主体能力有限
对策研究
路径选择:基层数据安全治理的“四维钻石模型”
对策措施
数据治理制度完善
数据治理组织规范
数据治理技术变革
数据治理主体转变

图1-7　研究路线图

3. 内容分析法

通过收集数据安全治理的新闻资料、政策文本等，利用内容分析法确定分析单位、分析要素，构建分析类目、形成编码体系并进行编码、汇集编码数据并展开统计，从而较为具体和详细地了解基层政府数据安全治理的具体做法、创新举措和规范标准，从而对我国数据安全治理的现状展开较为客观的评价。通过对社会组织、政府组织、技术组织及专家学者、信息管理人员和系统操作人员进行深度访谈，并对这些访谈内容、座谈会及参与式观察等数据进行开放式编码、主轴编码和选择性编码及理论饱和度检验等几大步骤，借助Nvivo软件进行分析，从制度层面、技术层面、行动者层面三个方面厘清重大疫情防控中智慧社区建设中多元主体间的互动逻辑、行动策略及其困境破解之道，使智慧社区未来更快更准地响应突发公共事件。

第二章　理论阐释：基层政府数据安全治理模型

第一节　基层政府数据安全治理的界定和特征

1. 相关概念和要素

(1) 数字政府安全。

数字政府安全是一个复杂的系统工程。从安全类型来看，数字政府安全包括信息安全（information security）、网络安全（cyber security）和数据安全（data security）。信息安全是以信息为中心的安全体系与安全架构，主要包括信息以及信息系统的保密性、完整性、可用性，防止敏感信息的不当传播，构建安全管理体系等。网络安全是以网络空间为基础泛指整个网络空间安全，主要以网络空间为中心，包括网络安全域、网络访问控制、对应网络攻击行为等。数据安全包括信息安全与网络安全，是以数据为中心泛指整个安全体系，重点是保护数据，加密，脱敏，防控分隐私分析、同态加密等，数据作为关键生产要素，在实践中重点在于数据主体与权益保护，数据全生命周期的数据保护等。从安全维度来看，数字政府安全包括平台安全、数据安全、业务安全、终端安全等多维度。

表2-1　数字政府安全维度

安全服务	安全众测 安全管家 渗透测试 应急响应 合规咨询 等保测评
业务安全	风险识别 内容安全 实人认证 爬虫风险管理
数据安全	加密服务 敏感数据防护KMS 数据库审计 SSL证书
基础安全	云安全中心 网络安全防御 云防火墙 身份安全 主机安全
平台安全	云产品安全 物理安全 硬件安全 虚拟化安全

从安全需求来看，数字政府安全的内容包括物理安全、系统安全、数据安全和管理安全。物理安全是指保护计算机网络设备、设施以及其他媒体免遭地震、水灾、火灾等环境事故以及人为操作失误或错误及各种计算机犯罪行为导致的破坏过程，是整个系统安全的前提。系统安全包括硬件安全、软件安全以及网络安全。数据是核心资源之一，数据安全格外重要，数据安全具有完整性、保密性、可用性、可控性、不可否认性等特征。管理安全主要是要做好组织管理工作和人力资源管理工作。从安全威胁的来源来看，它可以分为内、外两部分。所谓“内”，是指政府机关内部；而“外”，则是指社会环境。内部威胁以及外部威胁的主要内容如下表所示：

表2-2　数据安全类型和表现形式

种类		主要表现形式
内部威胁	恶意破坏	破坏数据，转移资产，设置故障以及损毁设备
	内外勾结	出卖情报，透漏口令，入侵系统，破坏数据，设置故障以及损毁设备
	滥用职权	查看非职责的内部信息
	操作不当	数据损坏或丢失，硬件损坏及垃圾处理不当等
	安全意识不强	思想麻痹，经验不足，后果估计不当
	管理疏漏	制度不完善，人员组织不合理，缺乏监控措施及责权不清等
	软硬件缺陷	电磁泄漏，OS漏洞，数据库缺陷，协议漏洞，设备老化等
	自然灾害	温度，湿度，灰尘，雷击，静电，水灾，火灾，地震，空气污染等因素使得硬件设备被破坏或不能正常工作
外部威胁	病毒破坏	破坏文件，占耗内存，干扰系统运行等
	黑客攻击	网络窃听、系统入侵、密文破译，传输通道损坏等
	信息间谍	信息窃取，网络窃听，密文破译，电磁探测等
	信息恐怖活动	摧毁信息基础设施，制造并散布恐怖信息等
	信息战争	发布虚假信息、窃取军事情报，攻击指挥系统等

(2)数据安全治理。

数据作为经济社会发展的重要生产要素和核心引擎，成为我国总体国家安全观的重要组成部分，以数据安全治理为切入点，建立健全数据安全治理体系。数据安全治理（Data Security Governance）一词最早出现于《2015年数据安全技术成熟度曲线》报告中，之后高德纳公司将其定义为从决策层到技术层、从管理制度到工具支撑，自上而下贯穿于整个组织架构的完整链条。[①]2019 年 7 月，我国提出共同完善数据治理规则，确保数据的安全有序利用，“数据安全”已上升到了我国国家安全战略高度。数据安全治理的应用领域从公司治理、公共治理扩展到国家治理，从企业通过制度安排实现数据的安全防护，到推进数据安全治理的中国化。2021年4月第四届中国数据安全治理高峰论坛发布的《数据安全治理白皮书3.0》，从公共治理层面赋予了数据安全治理概念以全新的时代特点与中国特色，将数据安全治理视为以保护数据及其价值实现为目的而采取的风险评估和安全管控行为。[②]这进一步明确了数据安全治理在充分挖掘和利用数据价值、深入推进国家数字化转型方面的意义与价值。

表2–3　数据安全治理的界定

系列报告	对数据安全治理的界定	界定层级
《数据安全治理白皮书》	指导特定企业通过制度安排实现企业数据的安全防护	企业治理层面
《数据安全治理白皮书3.0》	数据安全治理不仅局限于组织内部，而是一个需要国家、行业组织、科研机构、企业和个人共同努力完成的课题	公共治理层面
《数据安全治理白皮书5.0》	明确了数据安全治理在充分挖掘和利用数据价值、深入推进国家数字化转型方面的意义与价值	国家治理层面

数据安全与网络安全在目标、对象、理念、技术等方面存在差异，具体如表2-4所示。

---

① 许可．放宽数据安全治理的视野[J]．中国信息安全，2019(12)：49-51.

② 中国(中关村)网络安全与信息化产业联盟数据安全治理专业委员会．数据安全治理白皮书3.0[EB/OL].(2021-05-18) [2021-09-23]. https://www.dbsec.cn/news/detail/4679.html.

表2-4　数据安全与网络安全

差异对比	数据安全	网络安全
目标	以数据安全使用为目标	以网络安全防护,免受攻击为目标
对象	内部人员或准内部人员行为的安全管控	以对外部黑客或入侵者防控为主要
理念	以数据分级分类为基础,以信息安全流动为目标	以区域隔离、网络安全域划分为目标
技术	以信息使用过程的安全管理和技术支撑	以边界防护为主要安全手段
融合	安全技术和流程深度结合	流程管理与安全技术相对分离

数据安全与数据治理在主体、目标、产出与管理方面存在差异，具体如表2-5所示。

表2-5　数据安全与数据治理

差异对比	数据安全	数据治理
发起部门	安全合规部门/业务部门驱动	数据管理部门/业务部门驱动
应用目标	让数据使用中更安全,保障数据的安全使用和共享,实质也是保障数据价值	数据驱动商业发展,发挥或发掘企业数据价值
产出内容	通过企业数据分级分类,针对性加强访问安全策略、数据合规安全措施	通过数据的清洗和规范的过程,提升数据质量
资产管理	明确数据分级分类的安全标准,识别敏感数据资产分布,呈现敏感数据资产的访问状况和授权报告	通过元数据管理,赋予数据上下文和含义的参考框架

《中华人民共和国数据安全法》的第三条指出，数据安全是指采取必要措施，确保数据处于有效保护和合法利用的状态，以及具备保障持续安全状态的能力。数据安全包括五大要素，数据的可用性、完整性、保密性、可控性和不可抵赖性。数据安全治理是一项复杂的系统工程，从治理内容看，数字安全治理包含数据跨境流动监管、个人信息保护、平台内容治理等组成部分；从治理层面看，数据安全治理包括数据安全法律法规、数据安全防护关键技术、数据安全产业基础三个层面；从治理过程看，数据安全治理包括数据的收集、存储、使用、加工、

传输、提供、公开等；从治理能力看，数据安全治理包括安全识别能力、安全防护能力、安全监测能力和安全响应能力等四类安全能力。数据安全治理应从数据安全风险着手，对数据分类分级，并实现数据的精细化管理和风险防控。数据分类分级是数据安全的基础，分类分级的标准主要依据法律法规、行业标准、企业标准等。

表2-6　数据安全的相关法律法规

领域	监管法律	监管部门	监管手段
网络安全	网络安全法	安全部	网络安全等级保护测评
数据安全	数据安全法、个人信息保护法	网信办	数据安全风险
密码	密码法	密码管理局	密码应用安全评估
涉密系统	保密法	保密局	涉密信息系统分级保护测评

总之，按照国家总体安全观，安全是数字政府建设前提和基础，是数字政府的必选项，相对其他行业和领域，数字政府面临着涉及范围广、安全风险大、复杂程度高、损失危害大等特征，尤其是在人工智能、云计算、物联网等一体化的数字政府背景下，安全风险和隐患更为广泛。因此，安全问题要贯穿数字政府建设全过程，从顶层设计、数据共享、数据治理到数据维护等，每个环节都面临潜在的安全风险，数字政府需从数据安全、网络安全、业务安全、平台安全等多维度进行系统考虑和设计，基于网络安全法、数据安全法等各类安全法律法规，加强一年一度的网络安全宣传周、护网行动等活动，提升各级政府和各级领导干部网络安全知识和安全意识，将安全意识和安全思维贯彻数字政府全过程，并增加安全预算，构建多维度立体化的数字政府安全保障体系。

第二节　基层政府数据安全治理的理论

数据安全治理作为数字政府安全和数字治理的一个分支，可从数字治理的相关理论中获得启示，为数据安全治理提供借鉴的理论包括数据安全能力成熟度模型、数据生命周期安全理论、跨境数据安全理论和数字政府安全风险理论等。

（一）数据安全能力成熟度模型

数据安全能力成熟度模型，即DSMM（Data Security Maturity Model），这一模型是基于能力成熟度模型（CMM，Capablitiy Maturity Model）的思想，以CMM的通用实践来衡量能力成熟度等级，定义数据安全全过程。这一模型有利于盘点数据资产，并明确数据权责与分类分级标准；清晰理解数据生命周期，评估各阶段潜在风险；分析并权衡数据可接受的风险及成本等，从而提升全社会、全行业数据安全水平；有助于确定安全评估标准以及能力建设参考；同时也为企业与政府评估自身数据安全水平，进一步提升数据安全能力，提供了较为合理科学依据。

表2-7　数据安全能力成熟度模型

等级	名称	特征
成熟度等级1	初始级	过程无序，进度、预算、功能、质量不可预测
成熟度等级2	可重复级	已制度化，有纪律，可重复
成熟度等级3	定义级	过程实现标准化，集成到一个协调的整体
成熟度等级4	管理级	产品具有可预期的高质量，已实现过程定量化
成熟度等级5	优化级	采取主动的措施去找出过程的弱点与长处，以达到预防缺陷的目标

数据按照对公民、法人或其他组织的权益损害程度，对社会秩序和公共利益损害程度等划分，可以分为L1到L5五个级别，其中L1数据安全级别较低，数据受到破坏后，会损害公民、法人与其他组织的合法权益；L2数据安全级别较高，数据受到破坏后，会严重损害公民、法人与其他组织的合法权益；L3数据安全级别高，数据受到破坏后，对社会秩序与公共利益造成损害，但不损害国家安全；L4数据安全级别很高，数据受到破坏后，对社会秩序与公共利益造成严重损害，或者对国家安全造成损害；L5数据安全级别非常高，对国家安全造成特别严重损害。

表2-8　数据安全级别及数据破坏后果

数据安全级别	数据破坏的后果
L1	损害公民、法人与其他组织的合法权益
L2	严重损害公民、法人与其他组织的合法权益
L3	对社会秩序和公共利益造成损害，但不损害国家安全
L4	对社会秩序和公共利益造成严重损害，或者对国家安全造成损害
L5	对国家安全造成特别严重损害

数据安全能力成熟度模型中不仅对重要数据分级为五个等级，还将个人与业务信息分级，包括安全、有限和严重三个级别。其中零级数据中的脱敏数据和社交数据属于安全级别。一级数据中的网络环境数据、衍生数据、个人财产数据、个人信用数据等属于有限级别，非授权用户获得这些数据对个人或群体造成有限的不良影响。二级数据中账户数据、唯一识别数据、联系信息、银行卡数据等都属于严重级别，非授权用户获得这些数据对个人或群体造成有限的严重影响，具体如表2-9所示。

表2-9　个人数据分级表

分级	类别	具体的使用示例
零级数据	L0—1脱敏数据	身份证号展示前4后2的数字，手机号展示前3后4的数字
	L0—2社交数据	社交网络头像，QQ微信昵称和签名档等
一级数据	L1—1网络环境数据	地理位置与信息，客户端IP，Wi-Fi，MAC等
	L1—2衍生数据	个人消费习惯，支付习惯，投资意愿等
	L1—3个人财产数据	个人收入状况，纳税额，拥有车辆状况，不动产状况，公积金缴存金额等
	L1—4个人信用数据	信用卡刷卡信息，还款情况，贷款偿还情况等
	L1—5个人金融交易	支付记录，金融相关浏览记录，贷款记录，信用卡使用记录等
	L1—6个人基本数据	性别，婚姻状况，国籍，职业家庭状况，住址，单位地址等

续表

分级	类别	具体的使用示例
二级数据	L2—1账户数据	账户与卡号,账户余额,账户交易情况等
	L2—2唯一识别数据	身份证号码和有效期,护照、驾驶证等信息
	L2—3联系信息	手机号,详细地址,姓名,社交网络账号,邮箱,通讯录等
	L2—4银行卡数据	银行卡号,CVV,有效期,磁道信息等
	L2—5生物认证数据	人脸,指纹,笔迹,虹膜,耳纹,掌纹等
	L2—6非生物认证信息	法定证件图片(如身份证图片),有效期内的身份验证Token(令牌),凭证等
	L2—7密码信息	登录密码,支付密码,取款密码,密码提示问题答案等

数据分类分级的基本流程主要包括三个步骤：第一步定义规则。运用流程审计日志，界定数据分级分类规则。第二步分类分级处理，运用数据分类分级工具，选定分级分类产品与服务。第三步监控与干预。通过自动与人工方式对结构化数据和非结构化数据进行处理。

（二）数据生命周期安全理论

根据数字政府建设的数据全生命周期，可以分为六个阶段：数据采集、数据传输、数据存储、数据处理、数据交换和数据销毁。数据生命周期安全理论包括数据采集安全、数据存储安全、数据传输安全、数据处理安全、数据交换安全、数据销毁安全。其中数据采集安全主要包括数据分类分级、数据采集安全管理、数据源鉴别及记录、数据质量管理；数据存储安全具体包括存储媒体安全、逻辑存储安全、数据备份与恢复；数据传输安全具体包括数据传数据加密、网络可用性管理；数据处理安全具体包括数据脱敏、数据安全分析、数据正当使用、数据处理环境安全、数据导入导出安全；数据交换安全包括数据共享安全、数据发布安全、数据接口安全；数据销毁安全包括数据销毁处置、存储媒体销毁处置。通过数据安全保障，确保数据周期过程安全。

表2-10　分析数据生命周期具体内容及核心技术能力诉求表

数据生命周期	具体内容	核心技术能力诉求
数据采集安全	数据分类分级、数据采集安全管理、数据源鉴别及记录、数据质量管理	数据分类和分级、身份认证、权限控制等
数据存储安全	存储媒体安全、逻辑存储安全、数据备份与恢复	敏感数据加密、密钥管理、软硬件数据加密、数据隔离存储、数据容灾备份等
数据传输安全	数据传数据加密、网络可用性管理	身份认证、传输通道加密等
数据处理安全	数据脱敏、数据安全分析、数据正当使用、数据处理环境安全、数据导入导出安全	访问控制、日志审计等
数据交换安全	数据共享安全、数据发布安全、数据接口安全	数据脱敏/水印
数据销毁安全	数据销毁处置、存储媒体销毁处置	安全擦除/消磁等

（三）D-SCP理论模型

D-SCP 模型由 SCP（structure—conduct—performance，结构—行为—绩效）模型和理论发展而来，SCP 理论模型是20世纪30年代由美国哈佛大学产业经济学权威贝恩、谢勒等人提出的重要理论模型，该模型提供系统逻辑体系的市场结构（Structure）—企业行为（Conduct）—经营绩效（Performance）的产业分析框架，其基本含义为市场结构决定企业在市场中的行为，而企业行为又决定市场运行在各个方面的经济绩效。以贝恩为代表的哈佛学派将产业组织理论划分为市场结构、市场行为和市场绩效三个基本范畴，将其归纳为 S—C—P 范式分析框架。这三者之间存在着顺向因果关系，即市场结构决定市场行为，市场行为决定市场绩效。以德姆塞茨、施蒂格勒为代表的芝加哥学派不认可哈佛学派 S—C—P 范式的逻辑顺序，他们认为三者存在逆向因果关系，即是市场绩效和市场行为联合决定了市场结构。哈佛学派和芝加哥学派对结构、行为和绩效的论证，对公共政策产生了重大影响。

本研究以 SCP 模型为理论基础，借鉴产业组织理论，进一步发展为 D—SCP 模型，即从数字化建设的制度、战略目标、技术环境等出发（D—Digital），剖析基层政府的主体结构、机制结构和实践结构（S—Structure）；从治理理念、创新行为、激励责任等角度分析基层政府数字治理的行为（C—Conduct）；从效率与公平、公众满意度和公众参与度视角分析基层政府数字治理绩效（P—Performance），最后得出基层政府数字治理能力，推动基层政府治理体系与治理能力现代化，如图2-1所示。

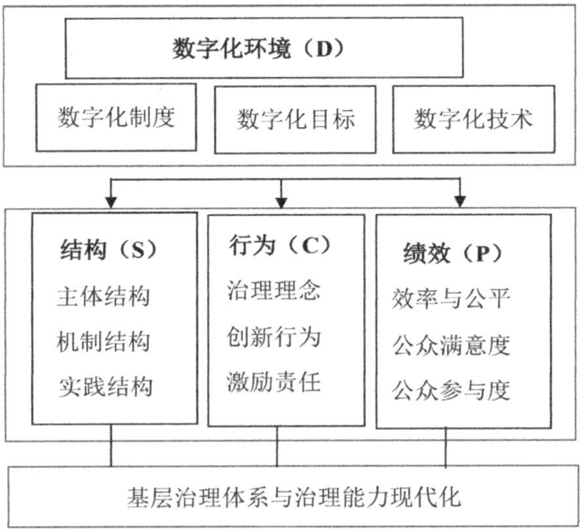

图2-1　基层政府数据安全治理的D-SCP模型

第三章　制度演化：基层政府数据安全治理的“注意力转移”

信息化安全、数字安全、数据安全、信息安全和网络安全是推动数据安全治理体系建设，面向全生命周期数据的技术支撑，影响了数据安全战略目标。本研究通过以下步骤获得湖北省有关数据安全治理的政策样本：截至2023年10月，从北大法宝和湖北省人民政府等官方网站中以“信息化安全”“数字安全”“数据安全”“信息安全”“网络安全”等关键词进行相关政策文件的搜集，仔细阅读相关文本，搜集整理我国2002—2023年间全国与信息化安全、数字安全、数据安全、信息安全和网络安全有关的政策。其中以“信息化安全”为标题进行检索，总共7篇，其中地方规范性文件3项，地方工作文件4项。以“数字安全”为标题进行检索，总共10篇，其中地方规范性文件3项，地方工作文件6项，行政许可批复1项。以“数据安全”为标题进行检索，总共105篇，其中地方性法规3项，地方政府规章1项，地方规范性31项，地方工作文件70项。以“信息安全”为标题进行检索，总共1036篇，其中地方性法规1项，地方政府规章2项，地方规范性196项，地方工作文件831项，行政许可批复6项。以“网络安全”为标题进行检索，总共1360篇，其中地方性法规4项，地方政府规章3项，地方规范性220项，地方司法文件14项，地方工作文件1113项，行政许可批复6项。依照其政策效力级别，将政策划分为A等级——地方性法规、B等级——地方政府规章、C等级——地方规范性文件，共3个层级，政策效力级别越高，政策的作用力度也就越强。综合以上的检索结果，本研究排除重复的政策文件，最终的全国基层政府数据安全治理政策样本为450项，其中，地方性法规数量8项，地方政府规章6项，地方规范性文件436项。

表3-1　2002—2023年间基层政府数据安全治理的相关政策总量表

年份	地方性法规	地方政府规章	地方规范性文件	文件总量
2002		B	10C	B+10C
2003		B	4C	B+4C
2004		B	5C	B+5C
2005			11C	11C
2006		B	9C	B+9C
2007			10C	10C
2008			18C	18C
2009	A		19C	A+19C
2010			16C	16C
2011			17C	17C
2012		B	26C	B+26C
2013			22C	22C
2014			22C	22C
2015			19C	19C
2016			22C	22C
2017	A		43C	A+43C
2018	A		23C	A+23C
2019	A		32C	A+32C
2020		B	35C	B+35C
2021	2A		39C	2A+39C
2022	A		20C	A+20C
2023	A		14C	A+14C
合计	8A	6B	436C	8A+6B+436C

图3–1　2002–2023年基层政府数据安全治理相关文件数量变化图

表3-1是按照时间顺序梳理的2002年至2023年间基层政府数据安全治理的发展过程，从文件总量可以看出关于信息化安全、数字安全与数据安全的政策数量大体上呈现增长趋势。图3-1呈现出我国数据安全政策演变过程的五个发展阶段。

第一节　数据安全治理的五阶段模型

（一）信息安全探索发展阶段

2001—2008年是电子化政策的探索时期，信息化的政策文件数量呈现先增后降的变化趋势。这一阶段属于电子化阶段，主要为计算机技术，政策重点是通过业务电子化，提高办公效率。这一阶段重点提出“信息化带动工业化”，“大力加强电子政务建设，转变政府职能，改进管理方式，提高行政效率”。2005年4月1日，《中华人民共和国电子签名法》施行。2006年5月8日，中共中央办公厅、国务院办公厅颁布了《2006—2020年国家信息化发展战略》，明确提出了我国信息化发展的战略依据、战略思路、战略内容和战略重点，相对明确的政策文件使2008年政策数量减少。因此，在政策探索发展阶段，信息化的政策文件数量呈现先增后降的变化趋势。

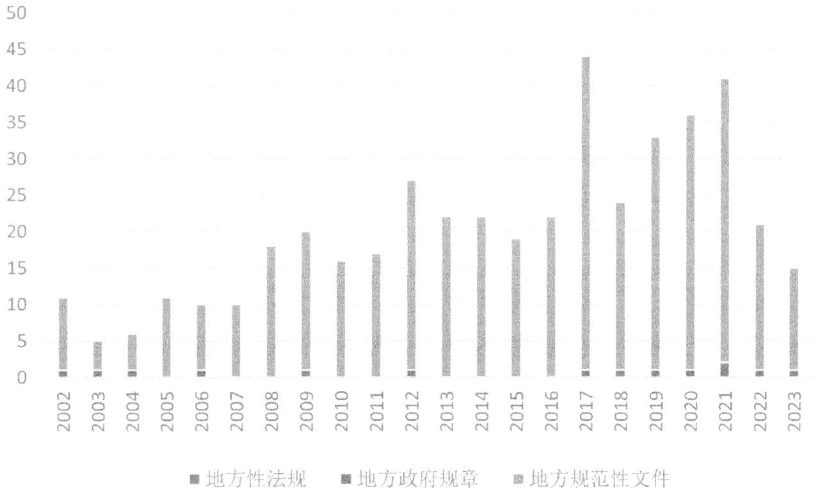

图3-2　2002-2023年间基层政府数据安全治理不同类型政策的数量变化图

在实践中，我国信息安全保障工作坚持"积极防御，综合防范"的方针，信息安全基础设施、信息安全法规、信息安全标准、信息安全应急处理体系等稳步推进，取得积极进展。

(1) 建成国家信息安全组织保障体系。2001年8月，中共中央、国务院批准成立国家信息化领导小组，下设政策规划组、网络与信息安全组、推广应用组、综合组、电子政务组、国家信息化专家咨询委员会秘书处等，具体业务工作由工业和信息化部承担。同年，我国成立国家计算机网络应急技术处理协调中心(CNCERT/CC)，是中国计算机网络应急处理体系中的牵头单位，其职责为开展互联网安全事件的预防、发现、预警和协调处置工作，保障关键信息基础设施的安全运行。

(2) 完善信息安全的法律法规。2003年7月，国务院信息化领导小组讨论并通过了《关于加强信息安全保障工作的意见》。2006年1月，国务院信息化工作办公室联合公安部、国家密码管理局和国家保密局等印发了《信息安全等级保护管理办法》。2007年8月，为加强国家电子政务工程建设项目管理，并保证建设质量，国家发改委下发《国家电子政务工程建设项目管理暂行办法》，明确要求电子政务工程建设中，必须按照信息安全风险评估和等级保护要求执行相关程序，并明确项目建议书编制要求、可行性研究报告、项目初步设计方案、项目验收标准等，这标志着电子政务项目建设风险评估和等级保护工作逐步标准和规范。我国先后制定了《中华人民共和国计算机信息网络国际联网管理暂行规定》《商用密码管理条例》《互联网信息服务管理办法》《计算机信息网络国际联网安全保护管理办法》《计算机病毒防治管理办法》《互联网电子公告服务管理规定》《电信网间互联管理暂行规定》、《中华人民共和国电子签名法》等有关信息安全管理的法律法规文件。

(3) 制定和引进一系列信息安全标准。这一阶段我国自主品牌信息安全技术和产品取得一定成绩，如我国在哈希函数等信息安全基础理论的研究方面取得了重要突破；企业自主研发成功的“恒智”安全芯片；具有自主产权的安全芯片在防火墙、防病毒产品等领域得到应用等。为推进我国信息安全管理工作，公安部主持制定中华人民共和国国家标准GB17895—1999《计算机信息系统安全保护等级划分准则》，并引进《BS 7799—2：2002：信息安全管理体系实施规范》《信息安全管理体系—规范与使用指南》《信息技术安全管理实用规则》等系列信息安全管理标准。

(二) 网络安全快速提升阶段

2009—2012年是网络化政策快速提升阶段，网络化政策整体上呈现出快速增长趋势。这一阶段主要是通过互联网技术促进政府网上服务。2009年工业和信息化部正式印发《政府网站发展评估核心指标体系（试行）》，将政府网站的评估指标体系重心放在政府信息公开、网上办事、政民互动三个环节。2010年3月，《通信网络安全防护管理办法》坚持积极防御、综合防范、分级保护的原则，提高通信网络安全防护能力和水平。2011年《国家电子政务“十二五”规划》，是推动国家电子政务发展的指导性文件，也是政务部门提升履行职责能力和水平的重要途径。2011年是“十二五”规划的第一年，使得大力推进国家电子政务发展是国家“十二五”的重要任务，是落实科学发展观、深化改革开放、加快转变经济发展方式的必然要求，是党委、人大、政府、政协、法院、检察院系统各级政务部门政务工作的组成部分，是政务部门提升履行职责能力和水平的重要途径，也是深化行政管理体制改革和建设人民满意的服务型政府的战略举措。在政策提升阶段，数据安全治理政策整体上呈现出快速增长趋势。

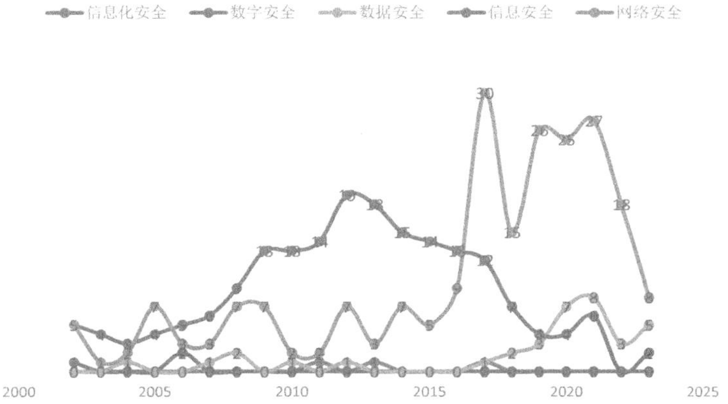

图3-3　2002—2023年间基层政府数据安全治理不同关键词政策的公布数量趋势

（1）政府网络安全问题日趋严重。国内政府机构和重要信息系统部门的网页篡改类事件较为突出。据CNCERT监测，2022年7月我国境内被篡改网站数量为3713个，其中被篡改政府网站数量为22个，境内被植入后门的网站数量为1960个，对境内网站的仿冒页面数量为38个，针对境内网站的仿冒页面数量为7740个。国家信息安全漏洞共享平台整理和发布安全漏洞2066个。其中，高危漏洞730个，可被利用来实施远程攻击的漏洞有1613个，影响着我国政务信息系统的安全，我们需要探索新的安全解决方案和安全技术。

（2）政务数据资源共建共享的安全保障问题凸显。我国政务公开程度不断加深，数据资源的开发利用和共享成为必然趋势，大量的政务数据事关国家政治安全、经济安全、国防安全和社会稳定，如果这些数据被泄露或被不正当利用，会对国家安全构成严重威胁，因此如何保证数据共享与数据安全的平衡是理论界和实践界的研究难题。

（3）政务信息化项目外包管理制度亟待完善。由于技术复杂、风险大、技术人员缺乏、长期运维包袱重等特点，外包逐步被政府信息化管理者所接受。政务信息化项目外包也给数据安全治理带来了诸多问题。由于外包制度的不完善，外包企业人员可以随意访问政府的重要数据资源，虽然政府部门与外包公司签订了外包合同，但是出台与政务信息化项目外包相关的规章和标准，是数据安全治理的迫切要求。

（4）政务数据隐私安全威胁和舆情分析短板。在政务系统中，政府各部门都收集了大量的个人和企业的信息和数据，如果这些信息被泄露或被不正当利用，会对公民个人隐私和企业商业经营构成威胁。我国互联网上信息资源和舆情掌控方面存在短板，境外敌对势力、国外反华势力加大对我意识形态和文化渗透；不良和有害信息屡禁不止，利用信息网络技术从事犯罪活动日益猖獗，网络群体事件层出不穷直接影响社会稳定。

总体上来说，近年来我国数据安全取得了进步，但是形势总体不容乐观，数据安全系数比较低。我国的政务系统大多分级、分域保护不明确；安全隔离不彻底，内外网承载业务划分与信息安全的要求不对等；密码与信任体系建设不完善；信息安全法律法规和标准不完善；全社会的数据安全意识不强；数据安全治理的人才缺乏；在政务网上传播的有害信息日益增多，敌对势力利用或针对政务信息网络进行破坏、颠覆和反动宣传活动猖獗；网络与信息系统的防护水平不够高，数据安全关键技术整体上比较落后，数据安全产业缺乏核心竞争力并尚未形成规模；呈快速上升趋势的病毒传播和网络攻击等犯罪活动使网络泄密事件屡有发生；应急处理的组织、技术能力不强；缺乏科学规范的风险评估体系，这些都成为数据安全领域一系列亟待解决的问题。

（三）数据开放发展阶段

2013—2016年是数据开放政策密集发展阶段，而数据安全政策文本骤降，主要原因是聚焦于网络安全和网络空间安全。这一阶段属于网络空间安全发展阶段，政策重点是坚持网络安全与信息化发展并重，通过大数据、物联网和云计算等智能技术应用，建立多边、民主、透明的网络治理体系。这一阶段重点提出“数据开放”，“社会信用体系建设和政府信息公开”。2015年7月1日《中华人民共和国国家安全法》（2015）明确提出实现网络和信息核心技术、关键基础设施和重要领域信息系统及数据的安全可控。2015年国务院办公厅印发《关于运用大数据加强对市场主体服务和监管的若干意见》将“大数据、云计算等现代信息技术”与“政府信息公开和数据开放、社会信息资源开放共享”结合，提高政府服务水平。2015年7月4日国务院印发《关于积极推进“互联网+”行动的指导意见》利用“互联网+”，创新政府服务模式，夯实网络发展基础，营造安全网络环境，提升公共服务水平。2015年9月5日，国务院发布了《促进大数据发展行动纲要》，上述文件的密集出台标志着我国大数据战略部署和顶层设计正式确立。2016年11月7日发布的《中华人民共和国网络安全法》，鼓励开发网络数据安全保护和利用技术，促进公共数据资源开放。《中华人民共和国网络安全法》是我国关于网络空间安全的基本大法，网络安全法的发布是我国网络空间法治建设的重要里程碑。

（四）数据政策规范发展阶段

2017—2019年关于数据安全政策文本数量逐年增加。这一阶段属于数据政策规范发展阶段，政策重点是明确开展数据活动的组织、个人的数据安全保护义务，落实数据安全保护责任。这一阶段重点提出“保障政务数据安全和推动政务数据开放”。2017年6月1日开始实施的《中华人民共和国网络安全法》，从网络运行安全、信息安全和检测预警等方面进行规范。2017年6月16日，以“数据安全治理 促进数据共享”为主题的首届中国数据安全治理高峰论坛2017顺利举办。同年，中国首个“数据安全治理小组”成立。2018年，全国首家数据安全领域的专项委员会——数据安全治理专业委员会正式成立。2019年5月28日国家互联网信息办公室发布《数据安全管理办法（征求意见稿）》，确立数据分级分类管理以及风险评估，检测预警和应急处置等数据安全管理各项基本制度。2019年11月28日《App违法违规收集使用个人信息行为认定方法》，覆盖“数据共享的界限、用户权利的保障”等六部分内容，为App运营者提供合规指引。2019年12月1日新的《网络安全等级保护标准》（简称“等保2.0”）正式实施，实现了两个全覆盖，贯彻落实了《中华人民共和国网络安全法》，标志着我国等级保护制度进入了一个新时代。

2020—2021年关于数据安全治理的政策文件呈爆发式增长，是《2006—2020年国家信息化发展战略》实现经济社会信息化基本普及的检验时期。这一阶段属于数据政策规范发展阶段，政策重点是个人信息保护和关键信息基础设施。这一阶段强调“保障关键信息基础设施供应链安全”，和“对数据实行分类分级保护”。2020年3月30日《中共中央国务院关于构建更加完善的要素市场化配置体制机制的意见》，将数据上升为与土地、劳动力、资本、技术并重的新型生产要素，明确将数据作为一种新型生产要素，加快培育数据要素市场。这一时期深化“放管服”、“证照分离”改革、优化营商环境“清、减、降”、“一事联办”、“一网通办”、“高效办成一件事”等政策相继出台。2020年5月28日《中华人民共和国民法典》，明确提出“自然人的个人信息受法律保护”，搭建了个人信息保护的基本制度框架。2020年9月8日中国在“抓住数字机遇，共谋合作发展”国际研讨会上提出《全球数据安全倡议》，向世界提出中国特色的数据安全治理方案。2021年4月27日国务院第133次常务会议通过的《关键信息基础设施安全保护条例》，提出保障促进措施，健全关键信息基础设施安全保护法律制度体系。2021年9月1日实施的《中华人民共和国数据安全法》和2021年11月1日实施的《中华人民共和国个人信息保护法》与2017年实施的《中华人民共和国网络安全法》，被称为数据安全的“三驾马车”（表3-2）。2021年11月16日《网络安全审查办法》文件，重点聚焦于数据的收集、存储、使用、加工、传输、提供、公开等数据处理活动。

表3–2　数据安全的“三驾马车”

	实施时间	治理内容	具体条例
《中华人民共和国网络安全法》	2017年6月1日	网络运行安全	第31~39条 关键信息基础设施运行安全
		网络信息安全	第40~50条 网络运营者、个人、部门及工作人员
		监测预警与应急处置	第51~58条 网络安全监测预警和信息通报制度
《中华人民共和国数据安全法》	2021年9月1日	数据安全与发展	第13~20条 统筹发展与安全、数据安全监测评估与认证等
		数据安全制度	第21~26条 数据分级分类保护、数据安全风险机制、数据安全审查制度等
		数据安全保护义务	第27~36条 数据收集、处理、使用、跨境数据等
		政务数据安全与开放	第37~43条 数据收集与使用、数据公开与开放
《中华人民共和国个人信息保护法》	2021年11月1日	个人信息处理规则	第13~37条 敏感个人信息的处理规则
		个人信息跨境提供规则	第38~43条 跨境个人信息保护标准

续表

	实施时间	治理内容	具体条例
《中华人民共和国个人信息保护法》	2021年11月1日	个人信息处理活动中的权利	第44~50条个人信息处理享有知情权、决定权
		个人信息处理者的义务	第51~55条个人信息处理者采取措施能够有效避免信息泄露、篡改、丢失

2022—2023年关于数据安全治理的政策文件数量有所下降，这是因为2021年已经颁布施行《中华人民共和国数据安全法》和《中华人民共和国个人信息保护法》，并且相继发布了《网络数据安全管理条例（征求意见稿）》、《中华人民共和国个人信息保护法（草案三次审议稿）》和《数据出境安全评估办法（征求意见稿）》等通知。因此，到2022年，我国数据安全治理的基础立法工作基本完成。这一阶段属于数字中国建设发展阶段，政策重点是数字中国、数字经济、数字社会规划和建设。这一阶段强调“夯实数字基础设施和数据资源体系”、“强化数字技术创新体系和数字安全屏障”。2022年1月12日，国务院发布《“十四五”数字经济发展规划》，明确了“十四五”时期推动我国数字经济健康发展的任务和目标。2022年12月19日，中共中央、国务院印发《关于构建数据基础制度更好发挥数据要素作用的意见》，通过将数据产权“三权分置”激活数据要素潜能。2022年12月21日《中共中央 国务院关于构建数据基础制度更好发挥数据要素作用的意见》从数据产权、流通交易、收益分配、安全治理等方面构建数据基础制度，提出20条政策举措。2023年2月27日中共中央、国务院印发《数字中国建设整体布局规划》提出了“2522”的数字中国建设的整体框架。同年，国务院设立了国家数据局，负责协调推进数据基础制度建设，统筹数据资源整合共享和开发利用。

第二节　数据安全治理的政策评价

数据作为新型生产要素，其安全的重要性愈发突出。对数据的掌控、利用以及保护能力，已成为衡量国家之间竞争力的核心要素。以欧盟、美国和新西兰为代表的发达国家都通过颁布政策法规、加强执法监管、提升安全治理技术能力等举措，全面强化数据安全保护。作为最大的发展中国家，我国的数据安全政策也呈现出一系列新特点新趋势，国务院《“十四五”数字经济发展规划》指出，要把数据作为基础性资源和重要生产要素，发挥数据安全政策的保障和指引作用。在国家顶层战略引导下，我国近年来相继出台了数据安全法、个人信息保护法等重磅法律政策，中国数据安全政策体系建设取得重大战略进展，数据安全保护工作迈入了新阶段。

数据安全不只是数据如何处理的问题，而是数据如何管理的问题。不但需要构建完善的管理框架，还必须通过出台数据安全政策的形式厘清使用数据的各方的权利和义务，协调各方共同参与数据安全管理。PMC（Policy Modeling Consistency）指数模型是一项政策计量模型，旨在科学的量化评估政策。源于瑞泽提出的Omnia Mobilis假说①，即世界万物都是运动和相互关联的，任何一个变量都同等重要。PMC指数模型不仅可以通过PMC指数多维度分析某项政策的内部异质性和优劣水平，而且可以通过PMC曲面图直观展示政策各维度的优势和缺陷。其主要包括四个基本步骤：变量分类与参数识别、构建多投入产出表、PMC指数测度、PMC曲面图绘制。通过多指标构建来评定京津冀数据安全政策的一致性，并使用三维可视化空间构造的方法来展现数据安全政策的优劣有助于明晰政策导向，把握政策内容，提升数据安全政策的执行效率和实施效果。

（一）PMC指数模型建模过程

1. 变量选取

本研究按照PMC指数模型的建模原则，采用ROSTCM6.0软件挖掘数据安全政策高频词表。参考胡峰等②，蔡冬松等③学者在相关研究中对PMC参数的设

① ESTRADA M R, YAP S F , NAGARAJ S . Beyond the Ceteris Paribus Assumption: Modeling Demand and Supply Assuming Omnia Mobilis[J]. Social Science Electronic Publishing, 2010.

② 胡峰，戚晓妮，汪晓燕.基于PMC指数模型的机器人产业政策量化评价：以8项机器人产业政策情报为例[J].情报杂志，2020，39(1)：121-129+161.

③ 蔡冬松，柴艺琳，田志雄.基于PMC指数模型的吉林省数字经济政策文本量化评价[J].情报科学，2021，39(12)：139-145.

定，并结合中央和京津冀地区数据安全建设的实际特点，对9个政策文本所包含的高频词进行梳理，去掉宽泛或无意义的评价指标，作为构建PMC指标体系部分一级、二级变量的依据，如表3-3所示。

表3-3 数据安全词频分析

词汇	频次	词汇	频次	词汇	频次	词汇	频次	词汇	频次
数据	1089	发展	90	终端	56	资源	40	落实	33
安全	486	建立	88	利用	55	形成	40	传输	32
政务	345	规定	86	组织	55	明确	39	全省	32
部门	323	国家	85	采集	55	处理	39	健全	32
共享	262	使用	84	依法	54	促进	38	实现	31
管理	258	目录	83	政府	53	市级	37	应急	30
感知	237	专区	81	基础	53	载体	37	编制	30
大数据	209	按照	80	法规	51	业务	37	监管	30
建设	188	运营	79	法律	50	需求	37	评估	30
应当	181	机构	67	规范	50	开发	36	统一	29
服务	168	技术	64	汇聚	50	申请	35	行政	28
公共	151	保障	63	人民政府	49	采取	35	办公室	28
应用	142	推进	62	措施	49	协调	35	支撑	28
平台	141	社会	61	机制	48	推动	35	分析	28
主管	135	加强	61	标准	48	根据	34	人民	27
体系	124	全市	61	系统	48	互联网	34	融合	27
开放	123	一体化	59	制定	47	制度	34	指导	27
单位	121	能力	58	办法	44	完善	34	不得	27
开展	99	统筹	58	经济	43	规划	33	原则	27
科学	94	保护	57	职责	40	领域	33	获取	26

为了解京津冀地区数据安全政策高频词汇间的内在联系和政策内容的分布重点，笔者利用ROSTCM6.0软件将数据安全政策中的高频主题词以网络形式组合起来，用图像形式直观反映各高频主题词之间的结构关系。高频主题词由节点表示，节点大小表示度数中心性强弱，一个节点连接其他节点的数量越多，该节点

的度数中心性越强，说明该节点越重要。[①]

根据图3-4内容，可见京津冀数据安全政策文本核心内容均围绕“数据”和“安全”展开。数据、安全、共享、政务和建设度数中心性最强，与其他主题词的连接最多，是数据安全政策文本的核心主题词；数据安全政策涉及主体主要为国家、政府和社会，直观地展示出京津冀地区数据安全政策文本的规划和建设主体；各地政府普遍关注大数据资源管理、平台建立、部门合作、公众参与和法律保障等在数据安全建设过程中的重要性，并将这些因素视为政策预期目标达成的关键影响因子。

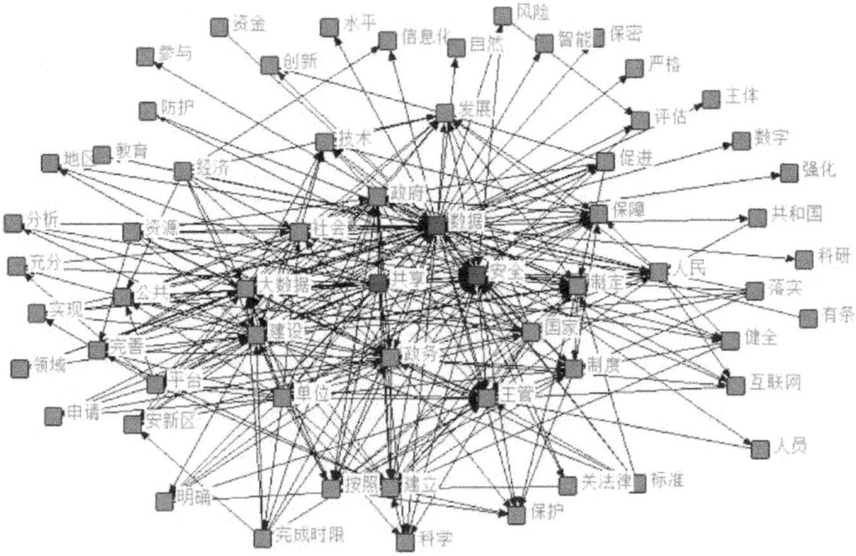

图3-4　2018—2023年9项数据安全政策文本挖掘网络图

2. 参数识别

研究政策模型时应将变量广泛考虑在内，对二级变量的数量不设限制，并充

① 孙清兰. 高频、低频词的界分及词频估计方法[J]. 情报科学，1992(2)：28-32.

分考虑各项二级变量的权重。[①]张永安等[②]、宋大成等[③]学者将PMC指数模型较早地应用到国内政策评估领域，主要通过Nvivo、python等软件对各项政策进行分类整理，提取高频词最终确认各项指标权重。结合以上政策高频词及王进富[④]等学者有关变量选取研究结果，本文通过筛选发现所选取的9项数据安全政策涉及数据管理、数据汇通、基础设施建设和法律保障等方面，最终确定了9个一级变量和45个二级变量，如表3所示。其中一级变量包括：(X_1) 政策性质、(X_2) 政策工具、(X_3) 政策领域、(X_4) 效力位阶、(X_5) 政策内容、(X_6) 政策客体、(X_7) 政策评价、(X_8) 激励措施、(X_9) 政策目标。

在明确一级变量的内涵之后，设定二级变量要尽可能考虑多方面影响因素，不忽视任何一个变量的作用，因此采用二进制系统方法对二级变量进行赋值评价。当政策内容包含或符合相关变量时，取值为1；若与变量无关，则取值为0，如表3-4所示。

表3-4 数据安全政策PMC指数模型变量及参数设定

一级变量	编码	二级变量	编码	二级变量参数设定
政策性质	X_1	预测	$X_{1:1}$	政策是否具有预测性,是记1,否记0
		建议	$X_{1:2}$	政策是否具有建议性,是记1,否记0
		反馈	$X_{1:3}$	政策是否具有反馈性,是记1,否记0
		监督	$X_{1:4}$	政策是否具有监督性,是记1,否记0
		描述	$X_{1:5}$	政策是否具有描述性,是记1,否记0
		引导	$X_{1:6}$	政策是否具有引导性,是记1,否记0
政策工具	X_2	供给型	$X_{2:1}$	政策工具是否为供给型,是记1,否记0

① 王世权,张伯瑞,姚钧瀚.经济劣势下人才竞争如何破局高端人才困境?——基于副省级城市的政策评价研究[J].软科学,2021,35(3):1-7.

② 张永安,郄海拓.“大众创业、万众创新”政策量化评价研究:以2017的10项双创政策情报为例[J].情报杂志,2018,37(3):158-164+186.

③ 宋大成,焦凤枝,范升.我国科学数据开放共享政策量化评价:基于PMC指数模型的分析[J].情报杂志,2021,40(8):119-126.

④ 王进富,杨青云,张颖颖.基于PMC—AE指数模型的军民融合政策量化评价[J].情报杂志,2019,38(4):66-73.

续表

一级变量	编码	二级变量	编码	二级变量参数设定
政策工具	X_2	需求型	$X_{2:2}$	政策工具是否为需求型,是记1,否记0
		环境型	$X_{2:3}$	政策工具是否为环境型,是记1,否记0
政策领域	X_3	政治	$X_{3:1}$	政策是否涉及政治领域,是记1,否记0
		经济	$X_{3:2}$	政策是否涉及经济领域,是记1,否记0
		科技	$X_{3:3}$	政策是否涉及科技领域,是记1,否记0
		社会	$X_{3:4}$	政策是否涉及社会领域,是记1,否记0
		法律	$X_{3:5}$	政策是否涉及法律领域,是记1,否记0
效力位阶	X_4	法律法规	$X_{4:1}$	该政策的作用效力是否达到法律法规,是记1,否记0
		行政法规	$X_{4:2}$	该政策的作用效力是否达到行政法规,是记1,否记0
		部门规章	$X_{4:3}$	该政策的作用效力是否达到部门规章,是记1,否记0
		规范文件	$X_{4:4}$	该政策的作用效力是否达到规范文件,是记1,否记0
		行业规定	$X_{4:5}$	该政策的作用效力是否达到行业规定,是记1,否记0
政策内容	X_5	数据安全	$X_{5:1}$	政策内容是否涉及数据安全,是记1,否记0
		数据管理	$X_{5:2}$	政策内容是否涉及数据管理,是记1,否记0
		基础设施建设	$X_{5:3}$	政策内容是否涉及基础设施建设,是记1,否记0
		数据中心	$X_{5:4}$	政策内容是否涉及数据中心,是记1,否记0
		大数据平台	$X_{5:5}$	政策内容是否涉及大数据平台,是记1,否记0
		数据汇通	$X_{5:6}$	政策内容是否涉及数据汇通,是记1,否记0

续表

一级变量	编码	二级变量	编码	二级变量参数设定
政策客体	X_6	政府	$X_{6:1}$	政策作用对象是否为政府,是记1,否记0
		企业	$X_{6:2}$	政策作用对象是否为企业,是记1,否记0
		个人	$X_{6:3}$	政策作用对象是否为个人,是记1,否记0
		社会组织	$X_{6:4}$	政策作用对象是否为社会组织,是记1,否记0
政策评价	X_7	依据充分	$X_{7:1}$	政策制定是否依据充分,是记1,否记0
		目标明确	$X_{7:2}$	政策目标是否明确,是记1,否记0
		内容翔实	$X_{7:3}$	政策内容是否翔实,是记1,否记0
		规划科学	$X_{7:4}$	政策规划是否科学,是记1,否记0
激励措施	X_8	制定标准	$X_{8:1}$	政策是否有制定标准,是记1,否记0
		资金保障	$X_{8:2}$	政策是否具有资金保障,是记1,否记0
		技术支持	$X_{8:3}$	政策是否具有技术支持,是记1,否记0
		人才培养	$X_{8:4}$	政策是否涉及人才培养,是记1,否记0
		提供数据	$X_{8:5}$	政策是否要求提供数据,是记1,否记0
		监督管理	$X_{8:6}$	政策是否涉及监督管理,是记1,否记0
政策目标	X_9	政府治理	$X_{9:1}$	政策制定是否有利于政府治理,是记1,否记0
		公共服务	$X_{9:2}$	政策制定是否有利于提供公共服务,是记1,否记0
		经济发展	$X_{9:3}$	政策制定是否有利于经济发展,是记1,否记0
		社会稳定	$X_{9:4}$	政策制定是否有利于社会稳定,是记1,否记0
		资源共享	$X_{9:5}$	政策制定是否有利于资源共享,是记1,否记0
		个人隐私	$X_{9:6}$	政策制定是否有利于保护个人隐私,是记1,否记0

3. 构建多投入产出表

多投入产出表是对变量进行多维度测量而形成的数据库分析框架，允许存储大量数据来度量单个变量，这些单一变量从总的角度反映某项政策的演变，被用来设计评估不同类型的变量。多投入产出表是衡量京津冀数据安全政策的基本分析框架，每个主变量由多个子变量组成，如表3-5所示。

表3-5 多投入产出表

一级变量	二级变量
X_1	$X_{1:1},X_{1:2},X_{1:3},X_{1:4},X_{1:5},X_{1:6}$
X_2	$X_{2:1},X_{2:2},X_{2:3}$
X_3	$X_{3:1},X_{3:2},X_{3:3},X_{3:4},X_{3:5}$
X_4	$X_{4:1},X_{4:2},X_{4:3},X_{4:4},X_{4:5}$
X_5	$X_{5:1},X_{5:2},X_{5:3},X_{5:4},X_{5:5},X_{5:6}$
X_6	$X_{6:1},X_{6:2},X_{6:3},X_{6:4}$
X_7	$X_{7:1},X_{7:2},X_{7:3},X_{7:4}$
X_8	$X_{8:1},X_{8:2},X_{8:3},X_{8:4},X_{8:5},X_{8:6}$
X_9	$X_{9:1},X_{9:2},X_{9:3},X_{9:4},X_{9:5},X_{9:6}$

4. PMC指数计算

借鉴埃斯特拉达等[①]的PMC指数模型计算公式研究结论，结合多投入产出表有关二级变量的赋值结果，将PMC指数模型的计算方法划分为4个步骤。

（1）依照京津冀数据安全政策文本构建变量，包括一级变量和二级变量，如式（3-1）：

$$X \sim N\ [0,\ 1] \tag{3-1}$$

（2）建立多投入产出表，并依据文本挖掘法和二进制法赋予二级变量具体数值，如式（3-2）：

$$X = \{XR:\ [0,\ 1]\} \tag{3-2}$$

（3）计算一级变量值，结合上一步二级变量的赋值进行计算，如式（3-3）：

① ESTRADA M A R. Policy modeling: Definition, classification and evaluation[J]. Journal of Policy Modeling, 2011, 33(4): 523-536.

$$X_t=\left\{\sum_{j=1}^{n}\frac{X_{tj}}{T\left(X_{tj}\right)}\right\}t=1,\ 2,\ 3,\ 4,\ 5,\ 6,\ 7,\ 8,\ 9,\ 10,\ \cdots \tag{3-3}$$

（t为一级变量，j为二级变量）

（4）计算待评估的各项京津冀数据安全政策的PMC指数，将上一步得出的一级变量进行加总，如式（3-4）。

$$PMC=X_1\left\{\sum_{t=1}^{5}\frac{X_{1t}}{5}\right\}+X_2\left\{\sum_{j=1}^{3}\frac{X_{3j}}{3}\right\}+X_3\left\{\sum_{k=1}^{3}\frac{X_{3k}}{3}\right\}+$$
$$X_4\left\{\sum_{l=1}^{4}\frac{X_{4l}}{4}\right\}+X_5\left\{\sum_{m=1}^{6}\frac{X_{6m}}{6}\right\}+X_6\left\{\sum_{n=1}^{8}\frac{X_{8n}}{8}\right\}+$$
$$X_7\left\{\sum_{o=1}^{7}\frac{X_{7o}}{7}\right\}+X_8\left\{\sum_{p=1}^{3}\frac{X_{3p}}{3}\right\}+X_9\left\{\sum_{q=1}^{2}\frac{X_{2q}}{2}\right\} \tag{3-4}$$

本文设置了9个一级变量，因此数据安全政策的PMC指数得分在0~9之间。结合埃斯特拉达等的评价标准，具体划分为以下四个等级，若PMC指数数值在8~9之间，则为优秀政策；在6~7.9之间，则是良好政策；在4~5.9之间，则是可接受政策；在0~3.9之间，则是较差政策。据此将数据安全政策质量级别划分为4个等级；优秀、良好、可接受、不良，见表3-6。

表3-6　政策等级划分

PMC指数	0~3.9	4~5.9	6~7.9	8~9.0
等级	不良	可接受	良好	优秀

5. PMC曲面图绘制

PMC曲面是一个3×3的矩阵，保留表3-5中的9个一级变量的结果，将PMC矩阵的结果以可视化方式呈现。如果PMC矩阵保持相同的行数和列数，那么PMC曲面可以显示为对称视图。根据公式（3-5）来绘制PMC曲面，可以更加直观地分析某项数据安全政策的优劣程度，从而判断该政策的评价效果。

$$\boldsymbol{PMC}=\left\{\begin{matrix}\boldsymbol{X}_1 & \boldsymbol{X}_2 & \boldsymbol{X}_3\\ \boldsymbol{X}_4 & \boldsymbol{X}_5 & \boldsymbol{X}_6\\ \boldsymbol{X}_7 & \boldsymbol{X}_8 & \boldsymbol{X}_9\end{matrix}\right\} \tag{3-5}$$

(二) 数据安全治理政策实证分析

1. 评估政策样本选取

在构建京津冀数据安全政策评价模型之前，需要考虑与数据安全政策相关和可能相关的变量。为确保政策文本的权威性和查全率，本文以“数据安全”和“数据”为关键词，从政策特征、政策关系、政策文本结构、政策文本主题和政策概念等方面进行筛选（见图3-5），在政府官网和北京大学法律数据库上进行精确检索，最终将2018—2023年间中央层和京津冀区域层发布的9项有关数据安全的政策导入政策文本数据库，如表3-7所示。

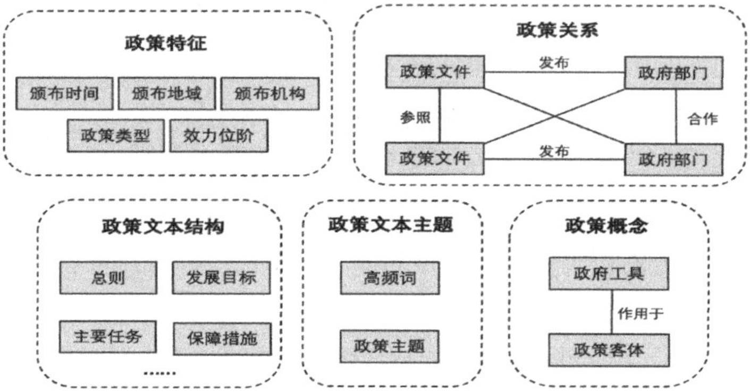

图3-5　政策文本选取框架

注：本图参考马雨萌的《基于政策文本量化研究的科技政策分析服务平台建设》，《情报科学》2022年第7期。

表3-7　“数据安全”关键词的政策文件一览表

序号	政策名称	效力位阶	制定机关	公布日期
1	国务院办公厅关于印发科学数据管理办法的通知	国务院规范性文件	国务院办公厅	2018.3
2	天津市促进大数据发展应用条例	地方性法规	天津市人大(含常委会)	2018.12
3	天津市数据安全管理办法(暂行)	地方规范性文件	天津市互联网信息办公室	2019.6

续表

序号	政策名称	效力位阶	制定机关	公布日期
4	北京市公共数据管理办法	地方规范性文件	北京市大数据工作推进小组办公室	2021.1
5	北京新型智慧城市感知体系建设指导意见	地方规范性文件	北京市大数据工作推进小组办公室	2021.3
6	中华人民共和国数据安全法	法律	全国人大常委会	2021.6
7	河北省政务数据共享应用管理办法	地方政府规章	河北省人民政府	2022.11
8	关于推进北京市数据专区建设的指导意见	地方规范性文件	北京市经济和信息化局	2022.11
9	关于河北省一体化政务大数据体系建设若干措施的通知	地方规范性文件	河北省人民政府	2023.1

数据来源：根据政府官网和北大法宝公布的政策文本筛选整理而成。

2. 政策PMC指数计算

基于多投入产出表变量设定和京津冀数据安全政策相关内容进行赋值评价，量化得出9项政策的多投入产出表见表3-8。

表3-8　京津冀数据安全政策多投入产出表

一级变量	二级变量	P_1	P_2	P_3	P_4	P_5	P_6	P_7	P_8	P_9
X_1	$X_{1:1}$	1	1	1	0	1	1	0	1	0
	$X_{1:2}$	1	1	1	1	1	1	1	1	1
	$X_{1:3}$	1	0	1	0	1	0	0	1	1
	$X_{1:4}$	1	1	1	1	1	1	1	1	1
	$X_{1:5}$	1	1	1	1	1	1	1	1	1
	$X_{1:6}$	1	1	1	1	1	1	1	1	1
X_2	$X_{2:1}$	1	1	1	1	1	1	1	1	1
	$X_{2:2}$	1	1	0	0	0	1	0	1	0
	$X_{2:3}$	1	1	1	1	1	1	1	1	1

续表

一级变量	二级变量	P_1	P_2	P_3	P_4	P_5	P_6	P_7	P_8	P_9
X_3	$X_{3:1}$	1	1	1	1	1	1	1	1	1
	$X_{3:2}$	1	1	0	0	1	0	1	1	0
	$X_{3:3}$	1	1	1	1	1	1	0	1	1
	$X_{3:4}$	1	1	1	1	1	1	1	1	1
	$X_{3:5}$	1	0	0	0	0	1	1	0	0
X_4	$X_{4:1}$	0	0	0	0	0	1	0	0	0
	$X_{4:2}$	0	1	0	0	0	0	0	0	0
	$X_{4:3}$	0	0	0	0	0	0	1	0	0
	$X_{4:4}$	1	0	1	1	1	0	0	1	1
	$X_{4:5}$	0	0	0	0	0	0	0	0	0
X_5	$X_{5:1}$	1	1	1	0	1	1	1	1	1
	$X_{5:2}$	1	1	1	1	1	1	1	1	1
	$X_{5:3}$	1	1	1	0	1	1	0	1	1
	$X_{5:4}$	1	1	0	0	1	1	1	0	0
	$X_{5:5}$	1	1	1	1	1	1	1	1	1
	$X_{5:6}$	1	1	1	1	1	1	0	1	1
X_6	$X_{6:1}$	1	1	1	1	1	1	1	1	1
	$X_{6:2}$	1	1	1	1	1	1	1	1	1
	$X_{6:3}$	1	1	1	1	1	1	1	0	0
	$X_{6:4}$	1	1	1	0	0	1	0	0	0
X_7	$X_{7:1}$	1	0	1	0	0	1	1	1	0
	$X_{7:2}$	1	1	1	1	1	1	1	1	1
	$X_{7:3}$	1	1	1	1	1	1	1	1	1
	$X_{7:4}$	1	1	1	1	1	1	1	1	1
X_8	$X_{8:1}$	1	0	1	1	1	1	1	1	1
	$X_{8:2}$	1	1	1	0	1	0	1	1	1
	$X_{8:3}$	1	1	1	0	1	1	1	1	1
	$X_{8:4}$	1	1	1	0	0	1	0	0	0

续表

一级变量	二级变量	P_1	P_2	P_3	P_4	P_5	P_6	P_7	P_8	P_9
X_8	$X_{8:5}$	1	1	0	1	1	1	1	0	1
	$X_{8:6}$	1	1	1	1	1	1	1	1	1
X_9	$X_{9:1}$	1	1	1	1	1	1	1	1	1
	$X_{9:2}$	1	1	1	1	1	1	1	1	1
	$X_{9:3}$	1	1	0	0	0	0	0	1	0
	$X_{9:4}$	1	1	1	0	1	1	1	1	1
	$X_{9:5}$	1	1	1	1	1	1	1	1	1
	$X_{9:6}$	1	1	1	1	1	1	1	1	1

根据公式（3-4），分别计算出以上9项政策的PMC指数，并对照政策评级划分表，对以上9项数据安全政策进行等级评价，具体结果如表3-9和表3-10所示。

表3-9　京津冀数据安全政策PMC指数

一级变量	P_1	P_2	P_3	P_4	P_5	P_6	P_7	P_8	P_9	均值
X_1政策性质	1.00	0.83	1.00	0.67	1.00	0.83	0.67	1.00	0.83	0.87
X_2政策效力	1.00	1.00	0.67	0.67	0.67	1.00	0.67	1.00	0.67	0.81
X_3政策领域	1.00	0.80	0.60	0.60	0.80	0.80	0.80	0.80	0.60	0.76
X_4效力位阶	0.20	0.20	0.20	0.20	0.20	0.20	0.20	0.20	0.20	0.20
X_5政策内容	1.00	1.00	0.83	0.50	1.00	1.00	0.67	0.83	0.83	0.85
X_6政策客体	1.00	1.00	1.00	0.75	0.75	1.00	0.75	0.50	0.50	0.81
X_7政策评价	1.00	0.75	1.00	0.75	0.75	1.00	1.00	1.00	0.75	0.89
X_8激励措施	1.00	0.83	0.83	0.50	0.83	0.83	0.83	0.67	0.83	0.80
X_9政策目标	1.00	1.00	0.83	0.67	0.83	0.83	0.83	1.00	0.83	0.87
PMC指数	8.20	7.42	6.97	5.30	6.83	7.50	6.42	7.00	6.05	6.85

依据PMC指数值对京津冀地区数据安全政策展开一致性评定，各项政策PMC指数得分在0~9之间。结合埃斯特拉达等的评价标准，9项数据安全政策评价等级划分如表3-10所示。

表3-10 京津冀数据安全政策评价等级

序号	PMC指数	排名	等级
P_1	8.20	1	优秀
P_2	7.42	3	良好
P_3	6.97	5	良好
P_4	5.30	9	可接受
P_5	6.83	6	良好
P_6	7.50	2	良好
P_7	6.42	7	良好
P_8	7.00	4	良好
P_9	6.05	8	良好

PMC指数结果表明：9项政策按照PMC指数高低排名为：$P_1>P_6>P_2>P_8>P_3>P_5>P_7>P_9>P_4$，平均值为6.85。其中1项政策评估为优秀，7项政策评估为良好，1项政策评估为可接受，完美等级的政策为零。整体来看，国家级政策质量高于省市级，主要原因在于中央层面政策统筹规划性强，地方政策可操作性高，表现为国家政策环环相扣，地方政策各有不同。

3. 政策样本PMC曲面图绘制

PMC曲面是对PMC指数的可视化处理，能直观立体地展示PMC指数量化评估结果。不同色块代表指标得分的不同数值，曲面凸出的部分表示该项政策对应评价指标得分较高，凹陷部分则表示对应评价指标得分较低。构建PMC曲面的前提是计算PMC矩阵，建立一个3×3的矩阵，由9个一级变量数值组成。绘制PMC曲面需要借助PMC矩阵，构造正方形矩阵可以保持PMC曲面完美的对称性。根据PMC曲面公式（3-5），构建数据安全政策样本的PMC矩阵，结果如下表：

表3-11　9项数据安全政策PMC矩阵结果

	PMC矩阵结果		
政策样本	$P_1=\begin{pmatrix}1.00&1.00&1.00\\0.20&1.00&1.00\\1.00&1.00&1.00\end{pmatrix}$	$P_2=\begin{pmatrix}0.83&1.00&0.80\\0.20&1.00&1.00\\0.75&0.83&1.00\end{pmatrix}$	$P_3=\begin{pmatrix}1.00&0.67&0.60\\0.20&0.83&1.00\\1.00&0.83&0.83\end{pmatrix}$
	$P_4=\begin{pmatrix}0.67&0.67&0.60\\0.20&0.50&0.75\\0.75&0.50&0.67\end{pmatrix}$	$P_5=\begin{pmatrix}1.00&0.67&0.80\\0.20&1.00&0.75\\0.75&0.83&0.83\end{pmatrix}$	$P_6=\begin{pmatrix}0.83&1.00&0.80\\0.20&1.00&1.00\\1.00&0.83&0.83\end{pmatrix}$
	$P_7=\begin{pmatrix}0.67&0.67&0.80\\0.20&0.67&0.75\\1.00&0.83&0.83\end{pmatrix}$	$P_8=\begin{pmatrix}1.00&1.00&0.80\\0.20&0.83&0.50\\1.00&0.67&1.00\end{pmatrix}$	$P_9=\begin{pmatrix}0.83&1.00&1.00\\0.20&0.83&0.50\\0.75&0.83&0.83\end{pmatrix}$

本书选取中央和京津冀地区与数据安全紧密相关的政策P_3、P_4、P_6和P_7为例进行展示（见图3-6、图3-7、图3-8、图3-9），通过底面X_1—X_9的矩阵排序，使曲面上凹点、凸点与一级评价指标相对应，能够可视化剖析评估政策的优势和劣势。

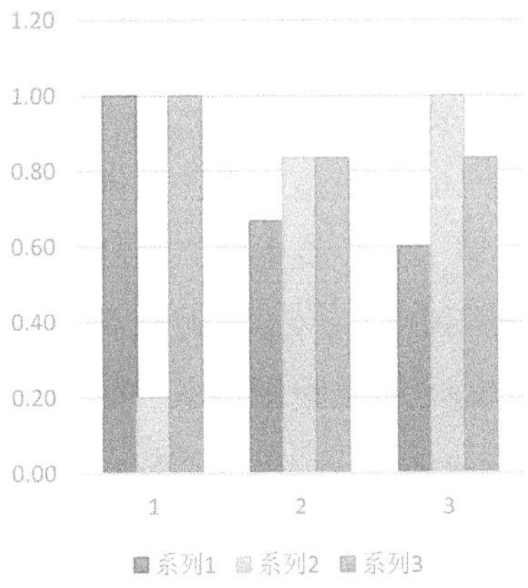

图3-6　P_3的PMC曲面图

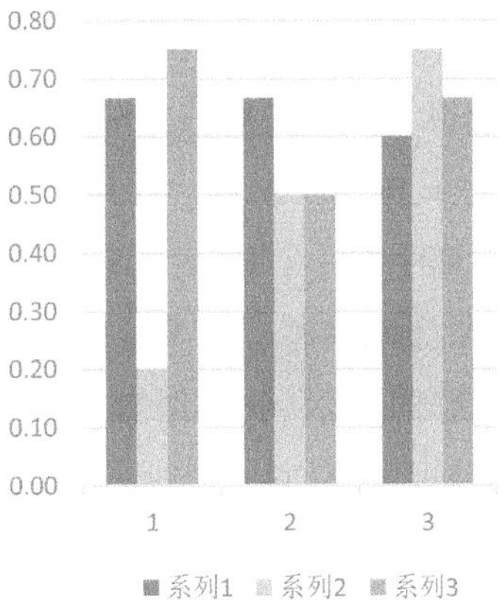

图3-7　P_4的PMC曲面图

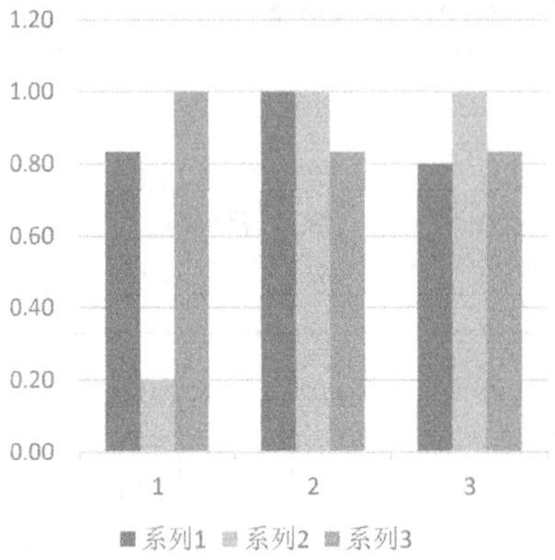

图3–8　P_6的PMC曲面图

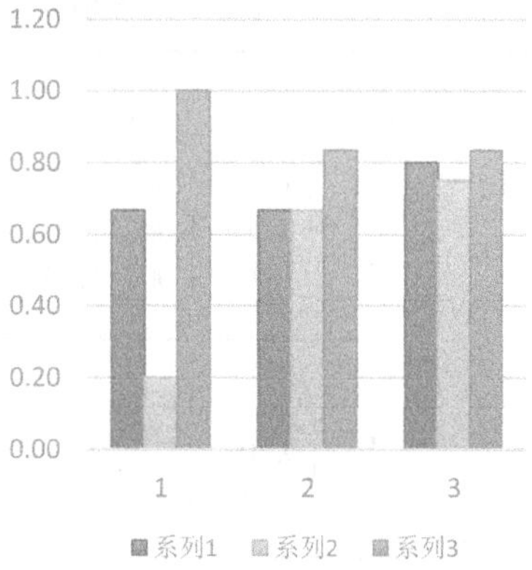

图3–9　P_7的PMC曲面图

4. 政策结果分析

(1) 整体政策结果分析。由表3-9的PMC指数模型量化结果可知京津冀地区数据安全政策整体较为合理，已初步形成高效协同的数据安全政策体系，各项政策均有所侧重。9项数据安全政策样本中PMC指数模型量化结果的平均值为6.85，印证了京津冀数据安全政策在制定时严格遵循公正性、科学性和可行性原则，依据充分、目标明确，是京津冀协同发展战略的具体体现。结合PMC指数模型结果，可以将9项数据安全政策划分为三个等级：Ⅰ级政策（得分在8~9.0分之间，政策等级为优秀）、Ⅱ级政策（得分在6~7.9分之间，政策等级为良好）、Ⅲ级政策（得分在4~5.9分之间，政策等级为可接受）。

(2) 单项政策结果分析。Ⅰ级政策P_1的PMC指数值为8.20，排名第一。该政策在X_1政策性质、X_2政策工具、X_3政策领域、X_5政策内容、X_6政策客体、X_7政策评价、X_8激励措施、X_9政策目标7项指标得分为满分。该政策为国务院办公厅出台的《关于印发科学数据管理办法的通知》，聚焦我国科学数据工作存在的薄弱环节，从国家层面补齐数据安全短板，在主体责任、知识产权、汇交机制等方面提出了具体措施。

Ⅱ级政策有7项，P_6的PMC指数值为7.50，是由全国人大常委会颁布的《中华人民共和国数据安全法》，该政策是在大数据时代背景下为我国数字化转型提供法治保障的一项法律法规，7项一级指标得分均高于平均值，有利于社会稳定、政府治理和个人隐私保护等；P_2的PMC指数值为7.42，是由天津市人大颁布的《天津市促进大数据发展应用条例》，作为地方性法规在政策性质、领域、内容、客体、评价、目标和激励措施等方面规划科学、内容翔实，为天津大数据发展应用提供了重要的法治保障；P_8的PMC指数值为7.00，是由北京市经济和信息化局出台的《关于推进北京市数据专区建设的指导意见》，该政策作用对象主要为政府和企业，因此在X_6政策客体得分较低，其他指标处于平均水平，是一项促进政企数据融合应用的地方规范性文件；P_3的PMC指数值为6.97，是由天津市网信办颁布的短期政策《天津市数据安全管理办法》，主要采用供给型和环境型的政策工具，不涉及需求型政策工具，政策领域集中在政治、科技和法律，建议未来政策完善过程中可以着眼于X_2政策工具和X_3政策领域；P_5的PMC指数值为6.83，是由北京大数据工作推进小组出台的《北京新型智慧城市感知体系建设指导意见》，政策制定缺少法律依据，主要采用供给型和环境型政策工具，作用对象为政府企业和个人，不涉及社会组织，可考虑的政策优化路径为：X_2—X_6—X_7；P_7的PMC指数值为6.42，是由河北省人民政府出台的《河北省政务数据共享应用管理办法》，各项指标设置较为均衡，有力推动政务数据资源优化配置和增值利用，注重数据安全建设和发挥数据要素在政府管理服务中的作用；P_9的PMC指数值为6.05，整体指标略低于平均水平，是由河北省人民政府颁布的《关于河北省一体化政务大数据体系建设若干措施的通知》。建议未来政策完善过程中可以着眼于政策领域和政策客体，可考虑的优化路径为：X_6—X_3—X_2—X_7—X_7—X_9。

Ⅲ级政策P_4是北京市大数据工作推进小组办公室制定的《北京市公共数据管理办法》，PMC指数值为5.30，排名最后，各项指标均低于平均值。主要是由于该政策缺乏预测性、反馈性和保障监督措施，政策内容范围较窄，政策工具使用不够全面，政策未涉及经济和法律领域，建议未来政策完善过程中可以着眼于激励措施、政策内容和政策领域，可考虑的优化路径为X_5—X_8—X_3—X_1—X_2—X_9—X_6—X_7。

（三）结论与建议

本书立足贯彻落实总体国家安全观的时代主题，聚焦数据安全领域的风险隐患，以京津冀为例，从中央和地方政策层面构建数据安全政策评估指标体系，选取具有高度代表性的9项政策，通过内容分析、文本挖掘和PMC指数模型进行量化研究，利用黛布拉图对9项政策一级变量PMC指数值进行直观展示见图3-10。

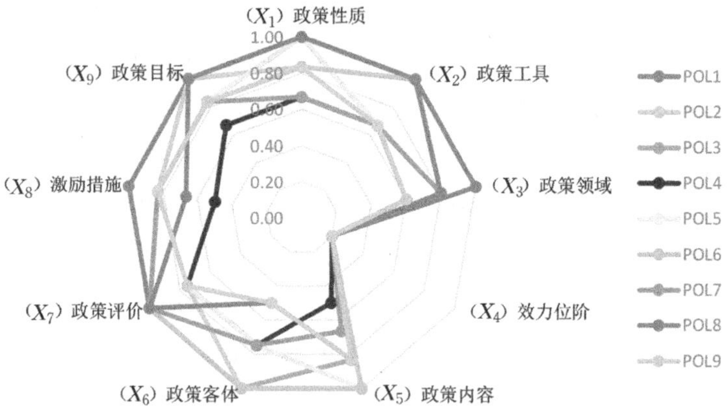

图3-10　京津冀数据安全政策黛布拉图

通过黛布拉图观察到京津冀数据安全政策得分整体变动情况，其中变动明显的指标为（X_3）政策领域、（X_5）政策内容、（X_6）政策客体和（X_8）激励措施，表明各项政策涵盖不同的领域、内容、作用对象和激励手段；相对而言变化较小的指标（X_1）政策性质、（X_2）政策工具、（X_7）政策评价和（X_9）政策目标，表明京津冀数据安全政策在功能、导向、规划和目标等方面具有一致性；（X_4）效力位阶指标无变化，表明9项政策有明确的效力层级和适用范围。基于PMC指数模型评估结果所反映的京津冀数据安全政策评价结果，提出以下几点建议：

第一，完善主体概念体系。梳理9项数据安全政策共涉及26个主体，基本实现了相关主体全覆盖。但这些主体之间存在一定的交叉，需要在后续的法律法规制定过程中做好衔接统一，保证中央和京津冀地区法律法规之间政策执行要素的一致性。对于数据的定义要兼顾通用性与针对性，对于数据处理的定义要逐步细化，将数据和数据处理进行相互衔接，形成更加完善的概念体系。

第二，明确数据分类分级。数据安全法中明确指出国家分类分级的总体原则，即“根据数据在经济社会发展中的重要程度，以及数据遭到篡改、破坏、泄露造成的危害程度，对数据实行分类分级保护”；因此，国家层面要建立数据分类分级保护制度，对个人信息和重要数据进行重点保护、对核心数据实行严格保护。京津冀地区要重点负责本地区、地区各部门以及相关行业、领域数据的分类分级管理。各相关企业要加强网络设施和网络系统资产管理，合理划分网络安全域，加强访问控制管理，做好网络边界安全防护。

第三，细化安全应急处置分类。法律法规中对国家、地区、主管部门、数据处理者按照数据安全事件、数据泄露风险和网络安全事件等三类事件及其严重程度，规定了相应的应急处置要求。因此国家层面要重点明确建立数据安全应急处置机制要求。京津冀地区应当依法启动应急预案，采取相应的应急处置措施，防止危害扩大，消除安全隐患，并及时向社会发布与公众有关的警示信息。数据处理者要建立数据安全应急处置机制。

第四，落实数据安全评估要求。开展数据安全评估，以评促建，是落实数据安全主体责任的重要抓手，也是顺应国家数据安全体系建设的必然要求。在数据安全评估方面，国家网信部门应同国务院有关部门根据数据处理情况对运营者进行数据安全评估；京津冀通信管理局和工业和信息化管理部门要对企业旅行数据安全保护义务进行监督检查。重要数据处理者要对其数据处理活动定期开展风险评估，并向有关部门报送风险评估报告。

本书结合PMC指数模型对京津冀数据安全政策进行量化分析，进一步探究中央层与京津冀区域层政策间的关联效应，拓宽了我国数据安全领域政策量化评价的研究，对新一轮地区数据安全政策精准制定具有参考和借鉴意义。但仍存在一定程度的不足，由于我国高频率的数据安全政策出台时间较晚，在样本选取时仅采用京津冀地区近五年的数据安全政策，量化评价方法单一，评定指标不够全面。未来还需引入政策工具视角并结合领域背景知识，完善政策量化评价模型，为解决政策资源配置、政策工具协同、政策绩效评估等数据安全政策问题提供丰富的证据支持。

第四章 结构框架：基层政府数据安全治理的条块体制

数据安全治理领域有非常重要的治理框架，根据学者们的文献梳理，包括数据安全治理理念框架、DGPC数据安全治理框架、Gartner数据安全治理框架、政府大数据治理框架模型、DAMA数据管理知识体系、DGI数据治理框架等。

第一节 数据安全治理结构框架概述

一、数据安全治理理念框架

数据安全治理理念框架是围绕企业数据安全治理而构建的一个理念框架。该框架重点关注企业数据安全遵循的理念和原则，并围绕这些理念和原则建立了一系列数据安全治理机制和流程。

数据安全治理理念框架包括七大要素：一是数据资产评估。数据资产评估是数据安全治理理念框架的基础要素之一，可以在数据分类识别的基础上，全面了解处理过程中涉及的关键数据资产，进行评估并对其风险分析，从而制定更为全面的安全治理方案。二是数据访问。数据访问是本框架核心组成部分，强调了用户对机密性数据的访问限制。政府主体通过策略管理、身份验证、角色管理来管理数据访问，从而降低数据泄露的风险。三是数据存储。数据存储是本框架关键要素之一，注重客户和企业数据在存储中的安全性，即应采用安全技术并按照需要管理安全性来提升数据安全保障。四是数据传输。在数据传输环节中，需要采用技术和安全方法，对数据传输安全进行管理。应采用加密、虚拟专用网、VPN网络等技术来保障数据传输的安全性。五是数据加密。数据加密是本框架的重要组成部分之一，重视对所有核心数据的加密技术，从而让数据更加安全，即使在某些情况下也可以避免信息泄露或者其他安全问题。六是数据安全培训。数据安全培训重视企业内部员工对数据安全保护的意识和能力。因此，企业需要定期开展相关员工知识培训，指导他们正确使用企业信息系统和数据保护。七是数据告警和监控。企业需要通过实时监控数据流向，发现异常数据流和机器操作等，按照安全政策进行相应的处理和追查，同时也需要通过加大人员投入力度完善安全治理机制，实现数据安全防护的目的。

综上所述，数据安全治理理念框架是一个完整的框架体系，包括数据资产评估、数据访问、数据存储、数据传输、数据加密、数据安全培训以及数据告警和监控等，帮助企业进行全面的数据管理，从而确保企业数据的安全性和合规性。

二、DGPC数据安全治理框架

DGPC数据安全治理框架是一种用于企业数据安全治理的框架。DGPC是数据资产管理、治理、保护、合规四个环节的缩写。该框架旨在帮助企业构建完整的数据资产治理体系，从而保障企业数据的安全性、可用性和可保护性。

DGPC数据安全治理框架由四个环节构成。①数据资产管理。数据资产管理是数据安全治理框架的第一个环节，主要包括数据审计、数据流程建模、数据资产分类识别、数据质量评价等方面。该环节的目标是通过对数据资产的识别和定位，确保企业能够全面掌握数据资产的基本情况和数据使用流程。②数据治理。数据治理是数据安全治理框架的第二个环节，主要包括数据治理机构建设、数据治理流程管控等方面。该环节的目标是建立一套完整的数据治理体系，从数据采集、数据整合、数据处理到数据输出全过程加强管控和监管，确保数据运营和管理的通畅性。③数据保护。数据保护是数据安全治理框架的第三个环节，主要包括数据安全风险评估、数据安全策略设计、数据安全管控等方面。该环节的目标是建立和执行一套完整的数据安全保护机制，从数据存储、数据传输、数据安全、服务安全到系统安全等进行全面保障。④合规管理。合规管理是数据安全治理框架的第四个环节，主要包括合规体系建设、合规机制运营和合规培训等方面。该环节的目标是通过制定和开展符合法规和标准要求的内外部审核，确保企业数据管理行为符合相关法规和国家标准，从而达到合规监管的目的。

综上所述，DGPC数据安全治理框架是一种完整的企业数据安全治理框架，强调企业需要实施全生命周期的数据管理，[①]对数据的管理、使用和保护进行全方位的管控。该框架适用于各类企业数据安全治理，可以帮助企业建立完善的数据保障机制，从而更好地保障企业数据安全和合规性。

三、Gartner数据安全治理框架

Gartner数据安全治理框架（DSG，Data Security Governance）是由高德纳（Gartner）公司2017年提出的一种数据安全治理框架。数据安全治理是一个多层次框架、自上而下的逻辑，是从决策层到技术层，从制度层到工具层，自上而下贯穿整个组织架构的完整链条。数据安全治理链条中治理流程和效果评价是重要的环节，通过政策框架、组织保障、安全等级和风险控制等完整闭环流程，再确定是否制定明确的问责制、是否与组织目标保持一致、是否与隐私目标保持一致、是否有合理的风险管理等数据安全治理评判标准。

为更科学地梳理数据安全治理框架，高德纳公司通过调研发现，大多数组织对安全治理的意识还不强，30%的受访者拥有专门的安全管理职能，42%没有特设该职能；数据安全治理贯穿决策层到技术层的整体环节，这就要求安全治理成员应涵盖决策层、业务线、技术线等，13%的受访者表示参与治理的比例最大的是业务线。87%的治理委员会严重偏向技术性；34%的受访者表示最高级的安全执行官向高级业务管理者报告；56%的安全领导人最终向IT部门报告。

数据安全治理的整体框架关注组织数据安全治理的各个环节，包括数据安全管理、数据安全风险治理、数据安全合规性等。本书从治理框架的要素和治理框架的流程进行梳理。

（1）从治理框架的要素看，Gartner数据安全治理框架主要包含四个要素：数据治理、数据安全管理、数据安全风险治理和数据安全合规性。其中，数据治理是框架的核心要素，对企业数据进行全面控制和管理。数据治理体系包括数据政策、数据规则、数据标准和数据架构等，并囊括了数据所有权的认证、分类和标签等内容。

---

① 朱晓峰.论政府信息资源生命周期管理[J].中国图书馆报,2006(3):69-72.

数据安全管理是围绕访问控制和数据安全策略，以及数据保护的一系列操作，包括隔离数据、控制访问、加密数据等内容。数据安全管理涉及多种技术方案，包括加密技术、身份验证技术和访问控制技术等。此外，数据安全管理还涉及管理人员授权和变更管理，以及实施安全意识培训等方面。

数据安全风险治理关注企业数据安全风险的评估、控制和缓解。数据安全风险治理旨在确保企业的信息系统和数据不会受到损坏、滥用或泄露等安全问题的影响。在实践中，数据安全风险治理需要依据国家和行业标准来评估数据安全风险、进行风险管理和缓解措施，确保企业数据的安全性。

最后，数据安全合规性是企业在保护数据时遵守相关法规、行业标准和业务规则等集合的要素。企业需要结合国家和行业标准来制定数据安全合规性的规定和要求，并比照这些规定对数据安全进行管理。

（2）从治理框架的流程看，主要包括业务需求与其他维度的平衡、数据优先级、降低安全风险、实行安全工具五个环节。

第一步，业务需求与其他维度的平衡。这一步重点强调五个维度的平衡，即战略、治理、合规、IT策略和风险容忍度，这是安全治理工作前需要达成的5个要素统一。其中安全治理战略主要是确立数据安全的处理如何支撑战略的制定和实施；治理是对数据安全需要开展深度的治理工作；合规是组织面临的合规要求；IT策略是组织整体IT策略是否同步；风险容忍度是组织对安全风险的容忍度程度。

第二步，数据优先级。进行数据安全治理前，需要先明确治理的对象，企业拥有庞大的数据资产，本着高效原则，高德纳公司建议，应当优先对重要数据进行安全治理工作，安华金和的治理思路同样将“数据分级分类”作为整体计划的第一环，这将大大提高治理的效率和投入产出比。通过对全部数据资产进行梳理，明确数据类型、属性、分布、访问对象、访问方式、使用频率等，绘制“数据地图”，以此为依据进行数据分级分类，以此对不同级别数据实行合理的安全手段。这个基础也会为每一步治理技术的实施提供策略支撑。

第三步，制定策略，降低安全风险。从两个方向考虑如何实施数据安全治理，一是明确数据的访问者（应用用户/数据管理人员）、访问对象、访问行为；二是根据基于这些信息制定不同的、有针对性的数据安全策略。这一步的实施更加需要数据资产梳理的结果作为支撑，以提供数据在访问、存储、分发、共享等不同场景下，即满足业务需求，又保障数据安全的保护策略。

第四步，实行安全工具。数据是流动的，数据结构和形态会在整个生命周期中不断变化，需要采用多种安全工具支撑安全策略的实施。高德纳公司在数据安全治理框架中提出了实现安全和风险控制的加密技术、数据防泄露技术、身份识别与访问管理，以及数据审计和保护等五种工具。

第五步，策略配置同步。策略配置同步主要针对DCAP的实施而言，集中管理数据安全策略是DCAP的核心功能，而无论访问控制、脱敏、加密、令牌化，哪种手段都必须注意对数据访问和使用的安全策略保持同步下发，策略执行对象应包括关系型数据库、大数据类型、文档文件、云端数据等数据类型。

综上所述，Gartner数据安全治理框架形成一个从上而下的整体框架，包括从治理前提、具体目标到技术支撑的完整体系。组织根据数据安全治理框架的指导思想，建立框架体系，加强数据安全管理和风险治理，保护数据安全和隐私，推动企业的数字化转型和发展。“数据安全治理”区别以往的任何一种安全解决方案，它会是一个更大的工程，技术和产品不再是数据安全治理框架中的主体，连同组织决策、制度、评估、稽核是这个框架的灵魂和指导思想。

四、政府大数据治理框架

政府大数据治理框架模型是一种广泛应用于政府大数据治理的数据治理框架。该模型主要从政府大数据进行治理的角度出发，涵盖了政府大数据治理的重要方面，如大数据管理、大数据安全和隐私保护、数据治理体制和机制等。政府大数据治理框架模型主要由四个方面组成，分别是数据管理、数据安全和隐私保护、数据治理体制和机制、数据治理标准规范，具体分为四方面：

（1）数据管理是政府大数据治理的核心内容，包括数据采集、存储、处理、分析和应用等方面的管理和运营。其中，数据采集要注重数据质量控制和数据来源合法性；数据存储需要关注数据存储结构和存储安全；数据处理要注重数据清洗和处理效率；数据分析注重数据分析方法的选择和应用场景等。

（2）数据安全和隐私保护是政府大数据治理的重要方面，包括数据的安全管理和隐私保护等。政府大数据应采用多种技术手段，加强数据访问认证、数据传输加密、数据备份等安全保障，保证数据的完整性和机密性。此外，还需要制定和落实隐私保护政策和措施，确保政府大数据的合规性和可信度。

（3）数据治理体制和机制是政府大数据治理的基础，要求建立明确的机构和组织、细化的数据管理职责和责任，确保政府大数据治理体制和机制的顺畅运转。其中，政府大数据管理委员会是一个跨部门和跨行政区划的领导机构，负责大数据治理的总体规划和管理。政府大数据管理办公室则是政府大数据治理工作的执行机构，负责制定政府大数据管理的规范和标准、管理数据资产等。

（4）数据治理标准规范是政府大数据治理的重要原则，包括数据规范、数据分类、数据共享和数据交换规范等，确保政府大数据的质量、完整性和可用性。数据标准规范是实现数据治理的重要手段，可以有助于提升数据的利用效率和数据治理的效果。

综上所述，政府大数据治理框架模型是一个清晰的数据治理框架，有利于政府大数据治理的科学化和规范化。政府需要通过建立健全的数据治理体制和机制、制定数据标准规范、采用多种安全技术手段，实现政府大数据的管理、共享和协同，从而提高政府服务质量和水平，推进政府数字化转型。

五、DAMA数据管理知识体系

DAMA数据管理知识体系是一个旨在标准化和规范企业数据管理的知识框架。该知识体系由数据管理协会（DAMA International）提出，广泛应用于企业数据管理实践中，旨在提高数据管理的专业水平，为企业数据治理和提高数据价值提供支持。DAMA数据管理知识体系包含了11个核心主题，分别是：数据治理、数据架构、数据建模和设计、数据安全、数据集成和交换、数据质量、数据量度、数据规范化和元数据管理、数据管理过程和生命周期、数据存储和操作，以及数据管理工具和技术。每个主题都由一组指导性原则、最佳实践和具体技术等方面组成。

在DAMA数据管理知识体系中，数据治理被认为是数据管理的核心内容。数据治理包括数据管理战略、政策、流程和标准等方面，是保证数据正确、可信和高质量的关键环节。数据管理知识体系还重视数据的架构设计和建模，在数据的设计、建模、分析和应用等方面提供方法和工具。此外，数据安全、质量、量度和元数据管理等重要方面也被纳入了该框架之中。DAMA数据管理知识体系还包含了数据管理过程和生命周期以及数据存储和操作等方面。在数据管理过程和生命周期方面，该知识体系提供了一组清晰的指导原则和最佳实践，包括数据采集、处理、存储、维护和运营等方面配置。在数据存储和操作方面，该知识体系介绍了重要技术、工具和方法，如数据备份和容灾、高可用性配置、数据集成和交换以及数据可视化大数据等方面的应用。

在实际操作中，企业可以根据DAMA数据管理知识体系的指导原则和最佳实践，从以下四个方面有序地推进数据管理工作：制定数据管理策略、建立数据管理组织、制定数据管理流程和程序、通过技术手段和工具优化数据管理。同时，该知识体系也可以帮助企业优化组织和流程、提高数据价值、增强数据合规性，以及实现持续创新和企业转型。

综上所述，DAMA数据管理知识体系提供了一个标准化和规范化的企业数据管理框架，涵盖了企业数据管理的核心主题和重要方面。企业可以依据该框架的指导原则和最佳实践，建立符合自身需求的数据管理体系，提高数据管理专业水平和数据价值，实现企业数字化转型和持续创新。

六、DGI数据治理框架①

DGI数据治理框架是一种广泛应用于企业数据治理中的数据治理框架。该框架由数据治理协会（data governance institute，DGI）提出，旨在为数据治理提供参考框架和实施指南，以确保企业数据的完整性、可用性、可靠性和安全性。DGI数据治理框架主要由三个核心要素组成：组织、流程和技术。其中，组织包括制定数据治理策略的组织结构和人员，流程包括数据的采集、存储、分析和使用等方面的流程管理，技术包括数据管理和数据保护的技术手段等。DGI数据治理框架涉及的组织结构主要有四个部分：数据治理委员会、数据治理办公室、数据所有权者和数据持有者。数据治理委员会是一个跨部门的领导组织，负责制定数据治理战略和政策，并决策数据治理的优先级。数据治理办公室作为治理框架

① The Data Governance Institute. The DGI Data Governance Framework [EB/OL].[2021-09-12].http://www.datag overnance.com/the-dgi-framework.

的运营中心，负责制定数据治理规则、标准和程序等，监督治理实施情况，并向治理委员会汇报。数据所有权者是处理特定数据的业务负责人，负责制定数据访问和使用规则，以及确保数据的质量和完整性。而数据持有者则是执行数据治理的实际操作人员，包括数据管理员和数据用户等。

在DGI数据治理框架中，数据的流程管理主要包括数据的采集、存储、分析和使用等方面。数据治理办公室应该确保数据的准确性、完整性、一致性和及时性，防止数据错误、重复或遗失等情况发生。同时，还需要制定数据架构、企业级元数据管理和数据品质管理的规则和标准。在实际操作中，采用数据分类、数据质量管理、数据安全和隐私保护等手段以确保数据的完整性和安全性。

针对数据的技术管理，DGI数据治理框架提出了企业级数据管理、数据安全和隐私保护管理的规则和标准。企业级数据管理包括数据架构、元数据管理、数据集成和数据仓库等方面，是实现数据有效使用和利用的重要措施。数据安全和隐私保护管理主要包括访问控制、身份验证、数据分类和加密等技术措施，以确保数据在存储、传输和使用过程中的安全性和隐私性。

综上所述，DGI数据治理框架为数据治理提供了完整性策略和规划，并提出了数据治理协同和数据保护两个主要方向，是企业数据治理的重要参考框架。该框架明确了企业需要采取的组织、流程和技术手段，以确保企业数据的完整性、可用性、可靠性和安全性，从而更好地应对日益增长的数据挑战和机遇，支持数字化转型和业务发展。DGI数据治理框架是一种广泛应用于企业数据治理中的数据治理框架。该框架由数据治理协会（DGI）提出，旨在为数据治理提供参考框架和实施指南，以确保企业数据的完整性、可用性、可靠性和安全性。

表4-1　数据安全治理框架

治理框架	定位对象	框架要素	应用场景
数据安全治理理念框架	关注企业数据安全	数据资产评估、数据访问、数据存储、数据传输、数据加密等	针对企业进行全面的数据管理，从而确保企业数据的安全性和合规性

续表

治理框架	定位对象	框架要素	应用场景
DGPC数据安全治理框架	注重数据治理全周期的覆盖以及数据安全有关政策管理和合规方面	DGPC四个环节，即数据资产管理、数据治理、数据保护和合规管理	各类企业数据安全治理场景，涵盖数据资产评估、数据访问、数据存储、数据传输、数据加密、数据安全培训以及数据告警和监控等
Gartner数据安全治理框架	针对企业的数据安全治理，作为企业治理框架	数据治理、数据安全管理、数据安全风险治理和数据安全合规性	企业数据安全治理场景，可以帮助企业确保数据的安全性和合规性
政府大数据治理框架模型	注重政府在大数据领域的治理，强调公共部门数据的管理和应用	数据管理、数据安全和隐私保护、数据治理体制和机制、数据治理标准规范	政府部门或政府相关机构，用于规范政府数据管理和应用
DAMA数据管理知识体系	在数据管理方面，帮助企业管理好它们的数据资源	数据分类、设计、开发、维护、治理、存储、监管、共享和应用等	各类企业数据管理和治理场景，包括数据分类、设计、开发、维护、治理、存储、监管、共享和应用等多个方面
DGI数据治理框架	数据管理、技术服务、组织管理、战略和指标管理等	数据治理基础设施和数据治理流程等。	各个行业的企业，涵盖数据治理基础设施和数据治理流程等多个环节

数据安全治理理念框架、DGPC数据安全治理框架、Gartner数据安全治理框架、政府大数据治理框架模型、DAMA数据管理知识体系、DGI数据治理框架都是各自领域内非常重要的数据治理框架，下面就这些框架做出对比：

1. 定位对象和治理范畴

政府大数据治理框架模型主要关注政府在大数据领域的治理，强调公共部门数据的管理和应用[①]；Gartner数据安全治理框架则主要针对企业的数据安全治

① 高亚楠，刘丰，陈永刚．信息安全风险管理标准体系研究[J]．信息安全研究，2018，4(10)：928-933.

理，作为企业治理框架；DGPC数据安全治理框架注重数据治理全周期的覆盖以及数据安全有关政策管理和合规方面；DAMA数据管理知识体系的应用主要集中在数据管理方面，帮助企业管理好它们的数据资源；DGI数据治理框架所定义的范畴则更加广泛，包括数据管理、技术服务、组织管理、战略和指标管理等方面。

2. 框架要素

这些框架在探讨数据治理方面所侧重的要素也有所不同。政府大数据治理框架主要包括数据管理、数据安全和隐私保护、数据治理体制和机制、数据治理标准规范；Gartner数据安全治理框架主要包括数据治理、数据安全管理、数据安全风险治理和数据安全合规性；DGPC数据安全治理框架则包括DGPC四个环节；DAMA数据管理知识体系主要包括数据分类、设计、开发、维护、治理、存储、监管、共享和应用等；DGI数据治理框架则包括数据治理基础设施和数据治理流程等。

3. 应用场景

这些框架的应用场景也有所不同。政府大数据治理框架主要适用于政府部门或政府相关机构，用于规范政府数据管理和应用；Gartner数据安全治理框架适用于企业数据安全治理场景，可以帮助企业确保数据的安全性和合规性；DGPC数据安全治理框架适用于各类企业数据安全治理场景，涵盖数据资产评估、数据访问、数据存储、数据传输、数据加密、数据安全培训以及数据告警和监控等方面；DAMA数据管理知识体系适用于各类企业数据管理和治理场景，包括数据分类、设计、开发、维护、治理、存储、监管、共享和应用等多个方面；DGI数据治理框架广泛适用于各个行业的企业，涵盖数据治理基础设施和数据治理流程等多个环节。

2022年7月，国务院《关于加强数字政府建设的指导意见》中指出，构建数字政府全方位安全保障体系，包括强化安全管理责任、落实安全制度体系、提升安全保障能力、提高自主安全可控技术的四维框架。其中强化安全管理责任重点是明确各地区各部门的职责分工，统筹做好安全和保密工作，构建跨地区、跨部门、跨层级的协同联动机制。落实安全制度体系中，建立健全数据分类分级保护、风险评估、检测认证等制度、加大涉密数据保护和问责机制、建立健全网络安全、保密监测预警和密码应用安全性评估的机制等。提升安全保障能力，加强大规模网络安全事件、网络泄密事件预警和发现能力；建立健全动态监控、主动防御、协同响应的数字政府安全技术保障体系。提高自主安全可控技术，强化关键信息基础设施保护；加快关键核心技术攻关；加强对新技术新应用的安全评估。

基于以上框架和数字政府全方位安全保障体系的四维框架，本书提出基层政府数据安全治理框架，该框架基于数据全生命周期，对数据采集、处理、使用、销毁等阶段数据安全进行治理，从数据安全治理主体、治理技术、治理逻辑等方面进行构建数据治理链条。首先在数据安全治理主体方面，成立数据安全治理小组、明确数据安全治理角色和职责，从机构、经费、装备、科研、工程等各方面进行统筹和协调。其次在数据安全技术方面，采用数据清洗技术、数据脱敏技术、数字签名和身份认证技术、数字水印技术、数据溯源技术、密码技术、数字指纹技术、区块链技术和人工智能技术等新技术，支撑数据安全策略的制定和实施。最后在数据治理制度方面，建立专项标准制度、数据安全标准管理制度等，规范政府部门的数据安全行为，提高数据安全级别，为政府公信力提供支撑。

第二节　数据安全治理结构框架内容

基层政府数据安全治理的多元主体整体治理系统可以划分为主体层、机制层以及操作层三个不同的层次。在主体层构建中，我们需厘清各主体的角色定位和权责边界，促使主体间合作关系的形成与建立。依据整体性治理理论和数据安全治理中多元主体合作的前提、基础与目标，构建基于跨层级、跨部门、跨区域、跨功能的四大治理机制，分析数据安全治理中运用限度及影响分析，即从操作层面明晰数据安全治理的合作场域，探寻数据安全治理中多元主体协作。

一、政府数据安全治理主体层

数据安全治理的主体是指参与数据安全治理顶层设计、搭建、运营等活动的各方主体，包含政府、市场和社会三大领域。数据安全治理遵循“谁主管谁负责，谁主办谁负责，谁提供谁负责，谁流转谁负责，谁使用谁负责”几大原则。明确安全治理主体责权是我国数据安全治理的重要支撑。

根据《中华人民共和国数据安全法》第五条、第六条规定，数据安全治理主体包括中央国家安全领导机构、各行业主管部门、公安机关、国家网信部门等，其中中央国家安全领导机构负责国家数据安全工作的决策和议事协调；工业、电信、交通、金融、自然资源、卫生健康、教育、科技等主管部门承担本行业、本领域数据安全监管职责；公安机关、国家安全机关等依照本法和有关法律、行政法规的规定，在各自职责范围内承担数据安全监管职责；国家网信部门依照本法和有关法律、行政法规的规定，负责统筹协调网络数据安全和相关监管工作等。

表4–2　数据安全治理部门的职能和业务领域

中央机构	安全职能	相应司局	对应业务领域
国家网信部门	统筹协调网络数据安全	网络执法与监督局	网络数据安全
		网络数据管理局	数据资源管理、网络数据安全
工信部	数据安全监管	网络安全管理局	网络数据安全
公安部		网络安全保卫局	网络数据安全
国家安全部		技术侦察局	数据安全
国家数据局	推进数据基础制度建设，统筹数据资源整合共享和开发利用	三定职能待定	统筹数据资源发展与安全

下面介绍一下数据安全治理主体的层级体系模型。

根据文献梳理和实践调研，我国数据安全治理主体呈现四个层级，三种关系。四个层级即顶层的国务院、全国人大、中央网络安全和信息化委员会，第二层包括国家互联网信息办公室、工业和信息化部等各部委，第三层包括全国信息安全标准化技术委员会、中国互联网协会及头部企业等行业组织，第四层包括地方政府网信办、大数据管理局、政务大数据中心等[①]。三种关系即横纵向部门之间深度数据整合；横向部门之间资源链接为主；纵向部门之间业务指导与整合的关系。

1. 顶层：国务院、全国人大、中央网络安全和信息化委员会

国务院是最高国家权力执行机关，规定数据安全与发展的行政措施，如2022年9月发布《全国一体化政务大数据体系建设指南》；2022年6月发布《关

① 马海群，张涛.我国数据与算法安全治理：特征及对策[J].电子政务，2023(3):118-128.

于加强数字政府建设的指导意见》；2020年4月中共中央 国务院联合印发《关于构建更加完善的要素市场化配置体制机制的意见》；2018年4月发布《科学数据管理办法》；2015年9月发布《促进大数据发展行动纲要》，这些综合性数据政策均由国务院颁布。全国人大及其常委会在党的统一领导下行使国家数据安全领域立法权，2022年的《中华人民共和国反电信网络诈骗法》；2021年的《中华人民共和国数据安全法》，《中华人民共和国个人信息保护法》；2016年的《中华人民共和国网络安全法》；2012年的《全国人民代表大会常务委员会关于加强网络信息保护的决定》都是由全国人民代表大会常务委员会立法。2014年成立中央网络安全和信息化领导小组，重点负责国家网络安全的信息化的顶层设计与总体布局，2018年3月，中共中央印发的《深化党和国家机构改革方案》中将中央网络安全和信息化领导小组改为中央网络安全和信息化委员会，保障了机构的稳定性，加强了组织的网络安全保障职能。

2. 第二层：国家网信办、工业和信息化部等各部委

国家网信办是数据和算法安全治理重要机构。中央网络安全和信息化委员会负责国家网络安全信息化的顶层设计与总体布局，而国家网信办是其办事机构，负责网络安全工作统筹协调、整体推进等。2023年5月，国家网信办发布《个人信息出境标准合同备案指南（第一版）》，为企业提供详尽的操作指南。随后，各级网信部门积极推进落实，上海、北京、浙江等地网信办结合本省或本市的情况，纷纷发布《上海市网信办关于个人信息出境标准合同备案的通知》《北京市个人信息出境标准合同备案指引》和《浙江省个人信息出境标准合同备案指引》。工业和信息化部是根据2008年3月国务院机构改革方案组建的部门，是数据安全治理的重要执行部门，主要协调维护国家信息安全。2021年11月印发《“十四五”信息通信行业发展规划》，2022年11月印发《中小企业数字化转型指南》，2023年10月工业和信息化部等六部门印发《算力基础设施高质量发展行动计划》，2023年10月印发《人形机器人创新发展指导意见》等。中国人民银行发布《中国人民银行业务领域数据安全管理办法（征求意见稿）》《金融数据安全——数据生命周期安全规范》《金融数据安全——数据安全分级指南》等。国家金融监督管理总局是根据2023年3月中共中央、国务院印发了《党和国家机构改革方案》，并基于中国银行保险监督管理委员会组建的部门，2021年1月自发布《中

国银保监会监管数据安全管理办法（试行）》以来，与多部门联合发布数据与算法安全治理制度，如《互联网信息服务算法推荐管理规定》《数据安全管理认证实施规则》《网络安全审查办法》等。

3.第三层：全国信息安全标准化技术委员会和中国互联网协会等行业组织

在数据安全领域中，全国信息安全标准化技术委员会（简称信息安全标委会，TC260）、中国互联网协会等行业组织通过专业技术人员和专业设备，依据中央政府的政策法规，制定算法和数据安全标准，为地方政府实施数据安全国家法规政策提供依据和指导。信息安全标委会于2002年4月经国家标准化管理委员会批准，负责信息安全领域标准化工作。围绕信息安全政策，信息安全标委会制定了系列政策，包括2022年3月的《2022年网络安全国家标准需求清单》，2023年3月的《信息安全技术：个人信息去标识化效果评估指南》，2023年4月的《全国信息安全标准化技术委员会2023年度工作要点》，2023年10月的《生成式人工智能服务安全基本要求（征求意见稿）》等。中国互联网协会于2001年5月成立，主要负责制订并实施互联网行业规范和自律公约，维护国家网络与信息安全，保护公民的信息安全。2023年5月发布《加强互联网平台规则透明度自律公约》，2023年7月发布《国家新型互联网交换中心算网融合发展白皮书》等。此外，其他行业组织如中国信息通信研究院、新一代人工智能治理专业委员会、中国电子技术标准化研究院等都发挥了重要作用，分别发布2021年的《政务数据共享开放安全研究报告》，2023年1月的《数据要素流通视角下数据安全保障研究报告（2022年）》，2023年6月的《数据安全治理与实践白皮书》；2019年9月的《新一代人工智能伦理规范》，2021年的《人脸识别数据安全标准化研究报告（2021版）》等。同时互联网平台企业如腾讯、华为、阿里、百度等也积极参与到行业标准和规范制定中。

4.第四层：地方政府网信办、大数据管理局、政务大数据中心

我国各省市根据职责同构和地方实际均设立网信办，直接负责国家和地方网络安全事宜，基本形成“中央网络安全和信息化委员会—国家网信办—地方政府互联网信办”为数据与算法安全治理核心主体。同时各省市根据工作需求纷纷设立数据管理部门，根据《数字中国发展报告（2022年）》，截至2022年底，全国已有26个省（自治区、直辖市）设置省级大数据管理服务机构，占比84%。全

国共有208个地区设有大数据管理机构，占比62.5%。在实际运行中，省级层面的数据管理部门在机构名称、机构级别、隶属部门和职能配置存在差异。

（1）从机构名称看，全国已有27个省份设立大数据管理部门（包含新疆2023年成立的新疆维吾尔自治区数字化发展局），各省名称并不统一，这反映了各地在数据管理领域中的不同认知和数据管理职能侧重。大多数机构名称为“大数据发展局”或“大数据管理局”，突出大数据发展和管理职能。而还有部分省份机构名称相对特殊，如山东省大数据局，北京市大数据中心，西藏大数据中心，贵州省大数据发展管理局，安徽省数据资源管理局，重庆市大数据应用发展管理局等，将大数据的应用、发展、管理等职能反映在机构名称中。福建在政府机构序列设立数字福建领导小组办公室（大数据管理局），有助于打通大数据管理的决策执行链条。

（2）从机构级别看，全国27个省份设立大数据管理部门中，19个正厅级单位，如贵州、浙江等省；8个属于副厅级单位，如河南、广东、福建等。在这些大数据管理部门中，大部分属于省级直属机构，具有较高的行政级别和决策权。少部分隶属于其他部门的下属机构，其权力和影响力相对较小。在地级市层面，很多城市也成立了数据管理部门，这些部门的级别存在地区差异，一般为正处级或副处级。

（3）从隶属部门看，全国各个大数据管理部门可以分为三种类型：省政府直属机构、部门管理机构和挂牌机构。其中属于省政府直属机构的地区主要有贵州、山东、安徽、重庆等，这些机构规格一般是正厅级。大数据作为一个新兴部门，具有专业性、独立性和权威性，对全省大数据领域负有管理责任，其行政级别和决策权相对较大。部门管理机构是由主管部门管理的，负责数据管理工作的行政机构。我国部分隶属于省政府办公厅、省发展改革委员会、经济和信息化委员会或工业和信息化部门等。挂牌机构指一个机构承担多项职责，因工作需要加挂牌子，有两个或者两个以上名称。北京市大数据中心挂牌挂在经济和信息化局下，不单独核定编制和领导职数，不是一级预算单位。

（4）从职能配置看，从全国各个省份的数据管理部门的职能梳理来看，主要负责本地区的数据资源管理和开发利用工作，具体包括制定和推动大数据发展战略和政策；推动数据共享开放和流通交易；推动大数据产业的发展等。不同地区的数据管理部门的职能存在差异，根据地方实际情况和发展需求进行相应调整，具体可以分为以数字经济为核心的产业发展型、以数字政府为核心的公共服务型、以安全为核心的数据隐私保护型。经济发展较快的省份可能更注重大数据产业的培育和发展，通过数据资源的开发和利用来促进产业升级和创新发展；还有部分省份注重大数据在公共服务领域应用，通过数据共享和开放来提高政府服务效率和公共治理水平；另外一些地区重点是保障数据安全和隐私权益，通过数据安全标准和政策来维护社会稳定和公共安全。

表4–3　我国省级数据管理政府工作部门设置情况（截至2023年11月）

序号	省份	部门名称	年份	部门性质		部门级别		部门业务	
				省直部门	归属某省直部门	正厅级	副厅级	数据管理	数据管理与政务服务结合
1	重庆	重庆市大数据应用发展管理局	2017	√		√		√	
2	吉林	吉林省政务服务和数字化建设管理局	2018	√		√			√
3	山东	山东省大数据局	2018	√		√		√	
4	河南	河南省大数据管理局	2018		√		√	√	
5	安徽	安徽省数据资源管理局	2018	√		√		√	
6	贵州	贵州省大数据发展管理局	2015	√		√		√	
7	浙江	浙江省大数据发展管理局	2015	√		√		√	
8	广东	广东省政务服务数据管理局	2014		√		√		√
9	广西	广西壮族自治区大数据发展局	2018	√		√		√	
10	福建	福建省大数据管理局	2018		√		√	√	

续表

序号	省份	部门名称	年份	部门性质		部门级别		部门业务	
				省直部门	归属某省直部门	正厅级	副厅级	数据管理	数据管理与政务服务结合
11	海南	海南省大数据管理局	2019	√		√		√	
12	北京	北京市大数据中心	2017		√	√		√	
13	天津	天津市大数据管理中心	2018	√			√		√
14	河北	河北省大数据管理局	2018	√		√			√
15	黑龙江	黑龙江省大数据中心	2018	√		√			√
16	上海	上海市大数据管理局	2017	√		√			√
17	江苏	江苏省大数据管理中心	2018	√		√			√
18	江西	江西省大数据中心	2018	√			√		√
19	湖北	湖北省大数据管理局	2018	√			√		√
20	云南	云南省大数据管理局	2018	√			√		√
21	四川	四川省大数据中心	2019	√		√			√
22	陕西	陕西省政务大数据局	2021	√		√			√
23	甘肃	甘肃省大数据管理局	2021	√		√			√

续表

序号	省份	部门名称	年份	部门性质		部门级别		部门业务	
				省直部门	归属某省直部门	正厅级	副厅级	数据管理	数据管理与政务服务结合
24	湖南	湖南省政务服务和大数据中心	2021	√			√		√
25	辽宁	辽宁省大数据管理局	2021	√		√			√
26	西藏	西藏大数据中心	2022	√		√			√
27	新疆	新疆维吾尔自治区数字化发展局	2023	√		√			√
计数(个)				24	3	19	8	10	17

注:数据来源于《走进数字政府》,翟云,国家行政学院出版社2022年版,表格内容有增加。

从上述的表格可分析出，我国各省的数据管理部门在机构名称、机构级别、隶属部门和职能配置等方面存在显著差异。这些差异反映了各地区经济、社会和政治发展等发展的不同需求和特点。因此，各地在数据管理领域的实践和发展也呈现出多样化的特点。

表4-4　数据安全治理主体的层级体系模型

四层级	主体机构	安全职责	做法或出台政策
第一层	国务院	规定数据安全与发展的行政措施	2022年9月发布《全国一体化政务大数据体系建设指南》; 2022年6月发布《关于加强数字政府建设的指导意见》 2020年4月中共中央 国务院联合印发《关于构建更加完善的要素市场化配置体制机制的意见》; 2018年4月发布《科学数据管理办法》; 2015年9月发布《促进大数据发展行动纲要》

续表

四层级	主体机构	安全职责	做法或出台政策
第一层	全国人大	在党的统一领导下行使国家数据安全领域立法权	2022年发布《中华人民共和国反电信网络诈骗法》; 2021年发布《中华人民共和国数据安全法》,《中华人民共和国个人信息保护法》; 2016年发布《中华人民共和国网络安全法》; 2012年发布《全国人民代表大会常务委员会关于加强网络信息保护的决定》
	中央网络安全和信息化委员会	负责国家网络安全的信息化的顶层设计与总体布局	2023年8月发布《关于进一步加强网络侵权信息举报工作的指导意见》; 2021年12月印发《"十四五"国家信息化规划》; 2021年11月印发《提升全民数字素养与技能行动纲要》
第二层	国家互联网信息办公室	指导、协调、督促有关部门加强互联网信息内容管理,依法查处违法违规网站等	2023年7月公布《生成式人工智能服务管理暂行办法》; 2022年7月公布《数据出境安全评估办法》; 2022年6月公布《互联网用户账号信息管理规定》; 2019年12月公布《网络信息内容生态治理规定》; 2019年1月发布《区块链信息服务管理规定》
	工业和信息化部	指导推进信息化建设协调维护国家信息安全	2023年10月印发《人形机器人创新发展指导意见》;《钢铁行业智能制造标准体系建设指南(2023版)》;《关于推进5G轻量化(RedCap)技术演进和应用创新发展的通知》;《算力基础设施高质量发展行动计划》; 2022年11月印发《中小企业数字化转型指南》; 2021年11月印发《"十四五"信息通信行业发展规划》

续表

四层级	主体机构	安全职责	做法或出台政策
第三层	全国信息安全标准化技术委员会	组织开展国内信息安全服务、管理、机制、评估的标准化技术工作	2023年10月发布《生成式人工智能服务安全基本要求(征求意见稿)》; 2023年4月印发《全国信息安全标准化技术委员会2023年度工作要点》; 2023年3月发布《信息安全技术 个人信息去标识化效果评估指南》; 2022年3月印发《2022年网络安全国家标准需求清单》;
	中国互联网协会	维护国家网络与信息安全,保护公民的信息安全,维护行业整体利益和用户合法权益	2023年7月发布《国家新型互联网交换中心算网融合发展白皮书》; 2023年5月发布《加强互联网平台规则透明度自律公约》; 2021年4月发布《互联网平台企业依法合规经营倡议书》; 2020年1月发起《移动互联网应用用户个人信息保护十大倡议》
	新一代人工智能治理专业委员会	确保人工智能安全可控可靠,积极推动人工智能全球治理	2019年9月发布《新一代人工智能伦理规范》; 2019年6月发布《新一代人工智能治理原则——发展负责任的人工智能》
	中国信息通信研究院	强化电信业和互联网研究优势,研究网络与信息安全	2023年9月发布《中国算力发展指数白皮书(2023年)》; 2023年6月发布《数据安全治理与实践白皮书》; 2023年1月发布《数据要素流通视角下数据安全保障研究报告(2022年)》; 2021年发布《政务数据共享开放安全研究报告》

续表

四层级	主体机构	安全职责	做法或出台政策
第三层	中国电子技术标准化研究院	以技术标准化工作为核心，开展标准科研、检测、计量、认证、信息服务等业务	2023年9月发布《云操作系统研究报告》； 2023年5月发布《智能制造成熟度指数报告(2022)》； 2022年发布《新型智慧城市评价指标》； 2021年发布《人脸识别数据安全标准化研究报告(2021版)》
第四层	地方政府网信办	直接负责落实国家网络安全、信息化建设的具体工作	《北京市个人信息出境标准合同备案指引》 《上海市网信办关于个人信息出境标准合同备案的通知》 《山东省互联网信息办公室开通个人信息出境标准合同备案通道》 《浙江省个人信息出境标准合同备案指引》
	大数据管理局	整体推进区域大数据安全体系建设和安全保障工作	《贵州省建设数字经济发展创新区2023年工作要点》 《贵州省数据流通交易管理办法(试行)》 《山东省公共信用信息归集管理办法》 《广西“信息网”基础设施建设三年大会战实施方案(2020—2022年)》 《重庆市电子政务云平台管理暂行办法》 《青岛市公共数据运营试点管理暂行办法》
	政务大数据中心	推进政务系统大数据安全体系建设和安全保障工作	《遂宁市重点企业（重大项目)服务绿卡管理办法(试行）》 《汕头市招商引资重点产业项目审批帮办代办服务工作方案》 《韶关市数字政府改革建设2023年工作要点》 《新乡市网上中介服务超市的管理办法》

在基层数字治理主体中，地方网络安全和信息化领导小组办公室、街道办的内设机构网络与信息安全工作小组、政务服务和大数据局、党工委宣传部、区公安网安部门和科创局等部门承担了数据安全治理职责，具体如表4-5所示。

表4-5　基层政府数据安全治理体制和职责

部门	职能职责
网络安全和信息化领导小组办公室	统筹协调网络安全保障体系建设和信息安全保护工作,协调处理网络安全和信息化重大事项、突发事件,推进党政部门、重点行业网络安全保障和信息化工作 负责互联网信息内容管理,统筹协调互联网宣传管理和舆论引导工作,维护互联网意识形态安全
街道办,内设机构	在本单位内部成立网络与信息安全工作小组,主要负责人为第一责任人,并指定专人担任信息安全员,负责本单位及下属单位的网络与信息安全工作
政务服务和大数据局	负责公共服务中心网络和智慧云平台的统筹管理和维护,保障相关网络和信息系统的安全、稳定运行 负责保存公共服务中心核心机房网络运行日志,配合调查取证 负责全区网络安全应急技术保障 负责重点监控全区行政企事业单位重要信息基础设施安全状况
党工委宣传部	负责网络信息内容的安全监管,负责网络舆情信息的监控和管理,开展网上疏导和正面宣传,做好对外宣传工作
区公安网安部门	对网络违规行为进行调查、取证、处理,根据相关证据及事态影响或破坏程度,对违法违规者按照有关规定进行处理
科创局	负责全区产业联盟、行业协会、孵化器网络安全的宣传和引导工作

基层政府数据安全治理中主体的多元化是整体治理的基本条件，而各个主体间如何常态互动、如何无缝对接、如何高效决策等还需要运行机制的强有力支撑。胡象明、唐波勇（2010）等学者构造一个三维立体的整体性治理整合模型，组成“长”“宽”“高”的立方体整体性治理机制。①跨层级跨区域整合。在条块分割的框架下，跨层级不仅要突破自上而下的各层级政府之间的阻隔，还要跨越

各个区域之间得地域壁垒。跨层级机制就是建立全球、国家、省部、市县、乡镇五级联动机制，畅通信息渠道，化解滞距难题。②跨功能整合。模型的“宽”是跨功能机制，指跨越各个政府职能部门的整合，基层政府数据安全治理需要农业部门、工信部门、大数据中心等多部门的广泛合作，跨功能机制就是整合不同职能部门中关于基层政府数据安全治理的功能，从而明确部门职责，激发系统合力。③跨部门整合。模型的“长”则表示跨部门机制。整体性治理语境下的部门并非狭义的政府职能部门，而是由政府、社会、市场组成的广义“大部门”。如何有效聚合各级政府、地方龙头企业、农村电商、本地农民等的资源和优势，打造多元主体共建基层政府数据安全治理的合作平台。

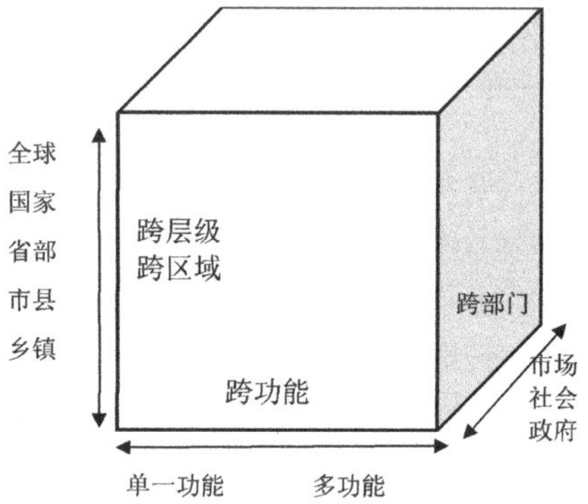

图4-1　基层政府数据安全治理的整体性治理立方体模型

（资料来源：Perry，Dinna Leat，Kimberly Seltzer and Gerry Stoker. 2002，Towards Holistic Governance：The New Reform Agenda. New York：Palgrave，P29.）

目前我国数据安全治理中，数据分布碎片化，权属不明、数据质量参差不齐、数据标准不统一、数据安全治理权责分工不明确等都会给政府数据治理带来影响，各治理主体要基于主体协同、客体协同、目标协同等协同逻辑，从过去单一主体变为多中心主体，通过政府、社会组织、市场和公众的力量协同，打破数据壁垒，破解数据分散化、碎片化的难题。客体协同，数据安全治理是一个系统工程，涵盖数据、人员、服务等多个治理要素，在保证数据安全前提下挖掘数据价值，需要协同数据、人才、知识等，将数据治理的政策激励、人才培训、数据权责和内部绩效考核等引入。数据安全治理需要跨领域、跨层级、跨部门协调和协同，将法律法规、市场机制、组织管理等整体统筹，明晰横向纵向跨部门政府以及不同部门内部职能边界和组织责任，打破“数据孤岛”问题，为政务数据安全治理营造良好的环境。

二、基层政府数据安全治理模式

在云计算、大数据、5G等信息技术的推动下，数据泄露、数据过度采集、数据非法交易等安全风险的增加。纵观各国数据安全立法与治理实践，大致经历了从回应式治理到集中治理再到敏捷治理三种模式的演变。

表4-6　基层政府数据安全治理模式和重点

治理模式	治理阶段	治理重点
回应式治理模式	治理初期	将更多权限与自由下放至企业
集中治理模式	治理中期	治理结果为重心，强调权力集中、等级划分和服从指挥
敏捷治理模式	治理后期	提高数据安全治理的适应能力和决策速度

（一）回应式治理模式

在数据安全治理早期，关注点主要集中于如何快速享受新技术红利，推动国家数字经济的发展，因此在“弱势”监管与“强势”监管中更倾向于引导性规范，主要体现在软性规则制定上。由于数字经济的发展要求数据共享和自由流通，特别是人工智能技术的发展对大数据的广泛运用提出了新的需求，所以为了推动生产力的结构调整，充分发挥数据要素的赋能作用，此阶段的治理模式多以回应为主，秉持着一种包容审慎的态度，努力营造较为宽松、包容、有活力的大环境。

在治理初期，数据安全战略决策的重点在引导和规范行业、企业内部的安全治理，形成企业级数据安全治理框架，通过调整组织架构、分配资源、管理风险、指定角色和职责等措施，确保安全投资不被浪费。2014年，美国公司管制专责小组（Corporate Governance Task Force）发布的报告《信息安全治理：行动呼吁》表明，私营部门应将信息安全纳入其公司治理中。[①]同样，兰恩伯格等

① Conner F W, Coviello A W. Information security governance: A call to action[R]. National Cyber Security Summit Task Force, USA, 2004: 5-8.

学者也就“安全治理框架”提出建议，以帮助组织将数据安全纳入公司的治理流程中。[①]相应地，该治理阶段颁布的法案多以鼓励企业数据安全自治及适度的政府规范为主，呈现出管控范围狭窄、事项单一、力度薄弱等特点。如美国第111届国会第一次会议上，众议院通过的《数据责任和信息法案》（The Data Accountability and Trust Act），仅适用于从事州际商务的企业，法案中设定了数据安全程序，用以向受影响的消费者发出违规通知。又如2009年联邦贸易委员会根据《高科技法案》（The HITECH Act）第13407条发布的一项最终规则，要求相关互联网企业须在消费者的电子健康信息遭到破坏时通知消费者。这一阶段，客户的真实需求成为企业建立数据安全策略的重要考量因素，而国家则主要通过制定信息安全标准和发布数字政策，大致把控数据有效保护和合法利用的总体方向。如美国的《数字政府战略》（2012年）、欧盟通信委员会的《开放数据：创新、增长和透明治理的引擎》（2010）等都属此列。

可以看出，回应式治理模式将更多的权限与自由下放至企业，优点在于企业能根据自身发展状况制定更为有益、有效的政策，以增强参与安全治理的意愿和积极性。但同时该模式的缺陷也十分明显，往往受制于安全管理人员的狭隘思维[②]，在组织架构与管理规范方面存在着严重的趋利性和单向性问题，使许多具体的数据安全问题无法得到解决，导致数据安全漏洞不断增加。为了更好地预防此类数据安全风险，政府不得不将目光从回应式治理模式转向集中治理模式。

（二）集中治理模式

随着数字经济的爆炸式发展，政府的关注重点逐渐从如何实现新技术的高速发展，向如何实现新技术高质量、安全发展转变。由于集中治理模式具备以治理

---

① Rannenberg K, Varadharajan V, Weber C. Security and privacy－silver linings in the cloud [C]. 25th IFIP TC－11 International Information Security Conference, Brisbane, Australia, 2010: 55-67.

② Wright P D, Liberatore M J, Nydick R L. A survey of operations research models and applications in homeland security[J]. Interfaces, 2006, 36(6): 514-529.

结果为重心[①]，强调等级划分、权力集中和服从指挥[②]等特点，在一定程度上能够满足政府在加强数据安全保护、降低数据安全风险方面的需求，因此，国内对集中化治理的呼声愈来愈高。甚至有学者认为在不远的将来，数据安全治理的集中化将与公共组织虚拟化的进程相互融合，最终实现治理与服务职能的整合。[③]

在个人信息保护方面，美国部分州对收集、持有或传输有限类型个人信息的实体施加了明确的数据安全义务。例如，纽约金融服务部于2017年发布NYDFS网络安全法规（23NYCRR500），对根据纽约银行法、保险法或金融服务法获得许可经营的金融服务公司制定了严格的网络安全要求。该条例要求受监管实体有义务采用网络安全计划和网络安全治理流程，通过有效控制、安全访问权限以及彻底和定期的网络安全风险评估来解决消费者数据隐私等问题，并及时向监管机构报告数据泄露等网络安全事件等。[④]除个人信息保护外，欧盟、英国、澳大利亚等国家或地区在跨境数据保护层面均颁布了相应法规以确保数据的安全监管。例如澳大利亚《政府信息外包、离岸存储和处理ICT安排政策与风险管理指南》中明确规定属于安全分类的数据不能储存在任何离岸公共云数据库中。英国则是就跨境数据传输的区域与条件进行了限定，在1998年颁布的《数据保护法案》中规定，禁止在欧洲经济区（EEA）之外传输个人数据，除非提供足够的保护。欧盟2018年出台的《通用数据保护条例》中，更是详细规定了跨境数据流动的程序、方式、报告和监督机制，适用长臂管辖原则，进一步加强对数据跨境流动风险的监控。可以看出，集中治理模式下的数据安全治理更具强制性、效率性和

---

① 马伊里．集中控制与非集中控制：政府再造的一种制度安排[J]．探索与争鸣，2005(5)：17-19.

② 孔繁斌．行政管理理性化的追求与困境：马克斯·韦伯的官僚制理论分析[J]．南京大学学报：哲学·人文科学版，1998(1)：177-182.

③ 邓剑伟，杨添安．当代治理模式下公共组织的变化和趋势[J]．北京理工大学学报：社会科学版，2016(3)：92-97.

④ Timothy C. New York's department of financial services initiates its first enforcement action under its 2017 cyber security regulations[EB/OL]. (2020-08-06)[2021-11-25]. https://www.advisorarmor.com/news—1/2020/8/6/new-yorks-department-of-financial-services-initiates-its-first-enforcement-action-under-its-2017-cybersecurity-regulations.

责任性。

数据安全不仅仅与技术有关，它还对组织治理提出了严重的挑战。集中治理模式能够对数据安全问题进行强有力的整治，通过部门联合审查等方式提高治理效率，扩大治理范围，加速高新技术领域法律法规的制定与推进。但在实施过程中依然暴露出相关问题，在当前动态的安全环境中，集中治理模式将降低组织安全态势的灵活性和适应性，使组织难以快速、及时地响应安全环境的变化，以及存在治理成本过高、治理工具有限、治理方式单一等固有问题。因此，整合更多治理资源、转换治理思维、实现治理行动的体系化衔接，推动数据安全治理的模式转型已成为日益迫切的现实问题。

（三）敏捷治理模式

敏捷治理（agile governance）这一概念最初出现在世界经济论坛上，用以再思考第四次工业革命中的政策制定问题。[①]伊内斯·默格尔等人将“敏捷”引入公共管理领域，认为“政府正在悄悄进行转型，并将敏捷方法从软开发应用到其他类型政府问题中”[②]。在《设计数据治理结构：组织视角》一文中，珍妮·科尔霍宁等人把敏捷治理模式（agile governance model，AGM）作为设置数据治理责任、安排相关治理结构的基础。[③]当前，国外普遍认为AGM包括敏捷决策、敏捷监管、敏捷开发等方面，创造并使用了政策实验室、政策模拟、数字准备政策等敏捷决策方式，以及监管沙箱、软法、基于风险的监管等敏捷监管方式。例如，欧盟委员会在新法颁布前会进行用户调查，以重新设计如何与公民、新闻界、学术界和非营利组织共享内容文件，这种以用户为中心的政策制定能够让用

---

① World Economic Forum. Agile governance reimagining policy—making in the Fourth Industrial Revolution [EB/OL]. (2018-04-23) [2021-11-13]. https://www3.weforum.org/docs/WEF_Agile_Governance_Reimagining_Policy—making_4IR_report.pdf.

② Mergel I, Whitford A, Ganapati S. Agile: A new way of governing[J]. Public Administration Review, 2020, 81(1): 161-165.

③ Korhonen J J, Melleri I, Helenius M, et al. Designing data governance structure: An organizational perspective[J]. GSTF Journal on Computing, 2013(4): 11-17.

户的需求得到满足。[①]

美国数字服务、英国政府数字服务和加拿大数字服务等团队已经为AGM的应用奠定好基础，通过创新实验室等方式进行了相关实践。面对迅速变化的数据安全问题，为提高响应能力和灵活度，发布指导方针、技术标准或道德框架等软法，成为政府数据安全治理的首选。比如2020年新西兰发布了政府算法章程，以此作为指导政府机构使用算法和数据的原则。根据统计，截至2020年6月，在欧盟法律和公共文件的官方网站Eur-Lex上共发布了384份与COVID-19相关的文件，其中软法比例已经占到62%。[②]目前，学界就如何在实践中落实敏捷治理，主要关注四个方面：①关注政策背后蕴含的价值理念，从系统性、整体性的视角把握自由与开放、安全与发展、现实与虚拟的辩证关系；[③]②关注对治理对象自下而上的分层治理，在确定治理对象的基础上明确分层标准；③关注治理主体的多元参与和协同互动，良好的安全战略环境需要利益相关方的积极参与和共同努力，这样才能更好地协调活动并适应不断变化的环境；[④]④要重点关注治理工具的灵活运用和学习创新，根据冈德森等学者的观点，敏捷治理的本质以学习为核心，而非传统治理模式中的稳定和问责。[⑤]通过不断的学习创新，组织机构可以提高应对数据安全问题的适应能力，从而提高数据安全治理的决策速度。可以说，以上四点是AGM的精髓所在。

---

① National technology and innovation sandbox invites applications from July 1[EB/OL]. (2020-06-20)[2021-10-23]. https://www.digitalnewsasia.com/digital-economy/national-technology-and-innovation-sandbox-invites-applications-july-1.

② Stefan O A. The future of European Union soft law: A research and policy agenda for the aftermath of COVID-19[J]. Journal of International and Comparative Law, 2020, 7(2): 329-349.

③ 阙天舒，莫非.总体国家安全观下的网络生态治理：整体演化、联动谱系与推进路径[J].当代世界与社会主义，2021(1)：65-72.

④ Peterson R R, O'Callaghan R, Ribbers P M. Information technology governance by design: Investigating hybridconfigurations and integration mechanisms[C]. 21th International Conference on Information Systems, 2000: 435-452.

⑤ Ostrom E. Understanding transformations in human and natural systems[J]. Ecological Economics, 2004(4): 488-491.

总体而言，回应式治理、集中治理和敏捷治理模式均是时代的产物，无论在理论构建上还是在具体实践中都具有特定的价值和意义，但出于对当前国家数据安全、数据主权、数字经济发展的综合考虑，越来越多的政府或学者更倾向于推进敏捷治理模式的建构与落地。基层政府数据安全治理要处理好技术逻辑、数据逻辑和治理逻辑三重逻辑。技术逻辑和数据逻辑要嵌入到治理逻辑中，才会发挥治理效能。我们需要兼顾技术逻辑、数据逻辑和治理逻辑，运用技术和数据促进治理问题的有效解决，改进治理过程，提升不同领域治理能力和治理水平。

表4–7　基层政府数据安全治理的三重逻辑

逻辑类型	载体	外在表现	演化路径	关系
技术逻辑	技术	信息通信技术、移动互联网	从IT—ICT—DT演化	数据—技术关系；治理—技术关系；治理—数据—技术关系
数据逻辑	数据	大数据收集、存储、挖掘	从信息收集—大数据处理	数据—技术关系；治理—数据关系；治理—数据—技术关系
治理逻辑	公共事务治理	多元主体协同解决公共事务难题	多元主体共同行动——跨部门、跨层级的协同和行动	治理—技术关系；治理—数据关系；治理—数据—技术关系

随着数字政府改革纵深推进，处于改革“神经末端”的基层政府在数据量、颗粒度和应用场景等在不断提升，数据安全治理体系和治理能力的系统性、整体性、协同性得到全面提升。但同时也出现了一些亟待解决的问题：数据安全治理究竟有没有带来人们所期望的效果？给社会公众带来的实际感受如何？是否带来了体验更好的服务和更人性化的管理？又带来了哪些可能的风险？基层政府数据安全治理不能只靠技术单维推动，还需要制度、法律、组织、理念等多维度协同和规范，即基层政府数据安全治理既要考虑技术方面“能不能”、法治方面“允不允许”、管理方面“可不可行”、公众感受方面“好不好用”等问题，并始终以人（包括公众和基层工作人员）为中心，而非数字为中心；以人的感受为出发点和落脚点，而非将人异化为数字的奴隶，因此我们需要平衡工具与价值、技术与人文、效率与公平、集中与分布等多重张力，把握好基层政府数据安全治理的效

度、温度、尺度，这三个“度”会直接影响公众的获得感、幸福感和安全感。[①]

三、基层政府数据安全治理技术

数据安全关乎国家安全。从整体而言，数据安全隐患来源于硬件系统或软件系统，其中硬件系统的安全风险主要来源于潮湿、震荡、静电、过热等给硬件设备带来的严重损伤，软件系统主要来源应用软件的漏洞。从数据安全治理技术看，基层政府数据安全治理技术主要分为全生命周期安全防护类技术、通用安全防护类技术和数据安全保障类技术。

（一）全生命周期安全防护类技术

数据安全整体的技术体系面向数据的全生命周期进行构建，以覆盖全生命周期的数据采集安全、数据传输安全、数据存储安全、数据使用安全、数据提供安全、数据公开安全、数据删除和销毁安全技术为核心，以支撑生命周期各环节的通用安全技术为基石，以平台化的协同计算、安全监测与安全运营为总控，形成完备的识别、监测与防护的技术体系，支撑管理体系与运营体系的落地。根据数据全生命周期，可以分为六个阶段：数据采集、数据传输、数据存储、数据处理、数据交换和数据销毁。

1. 数据采集安全技术

数据安全采集系统采用SM国密加密通信技术，对电脑、手机、服务器、各类传感器等进行接入和数据采集，通过对数据采集的流量进行解析和分析，实现数据采集设备的发现和识别、设备指纹管理、准入与访问控制、网络接入异常监控、数据采集合规分析、流量行为监控、信令白名单检查和探查分析等功能。保障数据采集和传输过程中的安全。

2. 数据传输安全技术

（1）数据泄密防护（data leakage prevention，DLP）系统又称为数据防泄露系统或DLP系统。DLP系统采用内容分析引擎，利用关键字、正则表达式、文件指纹、自然语言处理等数据识别技术，对使用和外发数据进行解析与扫描，实时识别、监控、保护敏感数据；对即将发生、正在发生的泄露敏感数据行为，按

① 郑磊. 数字治理的效度、温度和尺度[J]. 治理研究，2021，37(2)：5-12.

照预置策略及时阻断并告警，防止敏感数据传输到外部。DLP 技术可分为常规 DLP 技术、内容指纹匹配技术、计算机视觉技术、高级语义分析检测技术等。

（2）数据库防火墙系统。数据库防火墙系统采用基于数据库协议分析与控制技术，提供虚拟补丁、防 SQL 注入攻击等功能，以风险策略为核心，以风险识别、风险评估、风险处置、风险分析为手段。能够主动、实时、全方位地保障数据库安全，使数据免受数据库漏洞、高危恶意操作及敏感数据泄露的威胁。

（3）数据脱敏系统。数据脱敏系统采用一系列数据脱敏技术对原始数据进行处理以屏蔽敏感数据。从源头加强敏感信息的保护，避免敏感信息在不可控的网络空间中流转时被泄露，保留原始数据的主要特征，一定程度上保证数据的可用性。满足数据分析、测试开发、数据共享等场景下的数据安全。数据脱敏系统主要技术包括：泛化技术、随机化技术、抑制技术、扰乱技术、有损技术、差分隐私技术、K— 匿名化技术等。

3. 数据存储安全技术

（1）数据库加密系统。数据库加密系统采用透明加解密、列加密等技术方式，实现对数据库中存储的明文数据进行加密存储、访问权限控制等功能。数据库加密系统可对数据库中存储的数据在存储层进行加密，有效避免了因数据文件被拖库而造成数据泄露的问题，从根本上保证数据的安全。对于数据库加密技术，从加解密位置区分，可以分为应用层加密、数据库中间件加密、数据库系统自身加密、数据库系统所依赖的文件系统加密以及存储硬件加密等不同技术路线。

（2）数据备份与恢复系统。相对于传统的灾备系统仅需数据备份和数据恢复功能，目前主流灾备系统采用分层分级数据捕获、系统高可用、分布式等相关灾备技术，充分发挥云计算弹性、池化、资源综合利用的特点，建立统一架构、覆盖不同场景和不同诉求的灾备平台。以应对复杂环境带来的脆弱性问题，满足动态、敏捷和全面的要求。灾备系统核心技术包括：单一引擎全面保护、灾备能力融合、数据多元化利用等核心技术。

4. 数据处理安全技术

（1）身份与访问安全集中管理系统（Identity and Access Management，IAM），可实现信息资产统一的身份认证、授权、访问控制和身份数据集中管理与审计。IAM 体系的建设包括四个子域：身份数据、身份管理、访问执行及访问管理，通常分为身份管理、访问管理及门户三部分。

（2）数据零信任平台。零信任并非“没有信任”，而是“不再简单根据网络位置就判断对资源的访问权限”，而是“对何种网络位置，均从零开始依靠鉴别与验证建立信任”，从而实现纵深防护。零信任平台能够根据身份数据、安全基础设施、风险分析数据等信息进行判断，进而触发安全策略的动态执行。零信任架构主要针对传统安全防护的弊端而设计。传统网络安全防护大都通过在网络边界部署防火墙、IDS、入侵监测系统等防护设备，对网络层层防护，从外向内地将攻击拦截在外从而保障企业网络的安全。然而现在的网络架构和使用模式正在对这种基于边界的防护策略发起挑战：缺乏内部流量的检查、主机部署缺乏物理和逻辑上的灵活性、存在单点故障。因此，通过零信任，可以防止恶意用户在企业边界内部访问私有资源、防止数据泄露以及恶意操作。

（3）数据库运维安全系统。数据库运维安全系统采用精准的 SQL 语句解析技术，建立细粒度的访问操作管控机制，实现对于违反安全策略的风险操作进行拦截、阻断。通过特权访问管理（privileged access management，PAM）、密码代填（密码桥）和运维访问防绕过等核心功能。规范内部人员的访问行为，特别是针对敏感数据的安全加固与访问控制，将运维人员身份鉴别、安全策略、访问控制、审批流程管理和审计追责有效结合，确保运维行为在受控的范围内安全高效执行。

5. 数据交换安全技术

（1）数据水印工具。数据水印工具采用嵌入伪行、伪列等水印标记的技术方式对源数据进行处理，在数据进行分发后，实现对外发数据进行泄露溯源的功能。数据水印应具有隐蔽性、可追溯性、确定性等特点，可避免相同类型的数据泄露事件发生。数据水印工具主要包括定义伪行伪列字段规则、对数据进行字段规则配置、生成数据水印、嵌入数据水印、识别水印类型、解析水印信息、回溯分发内容等。

（2）隐私计算技术。隐私计算技术是主流的数据安全共享技术，其关键技术为：多方安全计算技术、联邦学习技术、同态加密技术、隐私求交技术等。支持去隐私化数据开放、数据不出域计算、密文计算等多种安全共享路径，保障数据主权的同时，保护软件、数据、信息、物理环境等其他基础环境不受偶然或恶意的原因而遭到破坏、更改、泄露，保障系统连续可靠正常地运行，信息服务不中断，最终实现数据安全流通的同时，助力多方业务融通的连续性。

6. 数据销毁安全技术

数据销毁系统主要采用数据介质物理销毁技术和逻辑销毁技术。在业务关闭或数据已无作用后，计算机或设备中所包含的敏感数据被彻底清除，防止被访问和获取，计算机或设备中被销毁的数据仍无法通过任何技术手段进行恢复，实现数据无法还原，同时保证销毁流程规范可靠，数据销毁过程和所采用的技术手段是规范的、可靠的。

表4-8　全生命周期安全类技术

全生命周期安全阶段	技术类型	技术描述
数据采集	数据安全采集系统	SM 国密加密通信技术
数据传输	数据防泄露系统	常规 DLP 技术、内容指纹匹配技术、计算机视觉技术等
	数据库防火墙系统	虚拟补丁、防 SQL 注入攻击
	数据脱敏系统	泛化技术、随机化技术、抑制技术、扰乱技术、有损技术、差分隐私技术、K－ 匿名化技术
数据存储	数据库加密系统	明加解密技术、列加密技术
	数据备份与恢复系统	单一引擎全面保护技术、灾备能力融合技术、数据多元化利用技术
数据处理	身份与访问安全集中管理系统	身份管理、身份认证、授权管理、应用资源访问控制等
	数据零信任平台	网络边界部署防火墙、IDS、入侵监测系统等
	数据库运维安全系统	SQL 语句解析技术
数据交换	数据库运维安全系统	明加解密技术、列加密技术
	数据水印工具	嵌入伪行、伪列技术
	隐私计算技术	多方安全计算技术、联邦学习技术、同态加密技术、隐私求交技术
数据销毁	数据销毁系统	数据介质物理销毁技术、逻辑销毁技术

（二）通用安全防护类技术

1. 数据资产梳理与分类分级工具

数据资产梳理及分类分级工具采用数据特征自动识别引擎、谓词切分与语义识别、知识库与匹配、机器建模与匹配等技术。对数据的分布、位置、类型级别进行摸底梳理，区分不同的访问者身份，制定不同的数据安全防护策略，采用相对应的安全防护技术，做到安全防护有的放矢，确保数据的“用”“护”结合。完成识别数据资产工作，智能、快速、便捷的实现数据分类分级。

2. 公钥基础设施 PKI（Public Key Infrastructure）

PKI 是利用公钥理论和技术建立的提供安全服务的基础设施。PKI 技术是信息安全技术的核心，也是电子商务的关键和基础技术。PKI 技术基于密码学而建设，能够为数据生命周期防护涉及的身份认证、数据传输、数据存储、数据访问、数据应用提供加密和数字签名等密码服务及所必需的密钥和证书管理体系。PKI 公钥基础设施包括密钥管理服务、数字证书服务、时间戳服务。

3. 数据库审计系统

数据库审计系统是基于数据库议解析和 SQL 解析技术的精准数据库安全审计系统。实现对数据库访问行为的全面审计审计。可以用于安全合规、用户行为分析、运维监控、风控审计、事件追溯等及数据库安全相关的管理活动。

4. API监测系统

API监测系统是基于网络流量通信协议分析和解析技术，绕着应用接口自动发现、敏感数据识别、应用账号发现、流式计算引擎及高速匹配引擎等核心功能，快速梳理业务应用及接口资产，全面掌握敏感数据使用状况，及时防控敏感数据行为风险，针对数据泄露事件进行有效溯源。实现数据资产全面梳理、全面监测和全面可视的监测和审计。

表4-9　全生命周期安全类技术

全生命周期安全阶段	技术类型	技术描述
数据采集	数据安全采集系统	数据采集设备的发现和识别、设备指纹管理、准入与访问控制、网络接入异常监控、数据采集合规分析、流量行为监控等

续表

全生命周期安全阶段	技术类型	技术描述
数据传输	数据防泄露系统	包括常规DLP技术、内容指纹匹配技术、计算机视觉技术等

四、数据安全保障类技术

数据安全保障类技术可分为数据安全状况梳理的技术支撑、数据访问管控技术和数据安全稽核的技术。其中数据安全状况梳理技术包括数据静态梳理技术、数据动态梳理技术、数据状况可视化呈现技术、数据资产的管理系统等。数据访问管控技术包括数据库运维审批技术、防止黑客攻击的数据库防火墙技术、数据库存储加密技术、数据库脱敏技术、数据水印技术等。数据安全稽核技术主要涵盖数据审计技术、账户和权限变化追踪技术、异常行为分析技术等。

表4-10　数据安全保障类技术

数据安全保障类技术	技术类型	技术描述
数据安全状况梳理的技术支撑	数据静态梳理技术	对敏感数据的存储分布状况、数据管理系统的漏洞状况、数据管理系统的安全配置状况的信息采集技术
	数据动态梳理技术	对系统中的敏感数据的访问状况的梳理
	数据状况的可视化呈现技术	敏感数据的访问热度、资产在组织内不同部门或业务系统内的分布、系统的账号和权限图、敏感数据的范围权限图
	数据资产的管理系统支撑	基于静态梳理、动态梳理和可视化展现技术，建立数据资产的登记、准入、准出和定期核查
数据访问管控技术	数据库运维审批技术	表、列级及各种数据库操作
	防止黑客攻击的数据库防火墙技术	对付黑客攻击和入侵或第三方外包人员突破常规的权限控制
	数据库存储加密技术	保证数据在物理层得到安全保障
	数据库脱敏技术	解决数据模糊化的关键技术
	数据水印技术	保持对分发后的数据的追踪

续表

数据安全保障类技术	技术类型	技术描述
数据安全稽核的技术	数据审计技术	对工作人员行为是否合规进行判定的关键
	账户和权限变化追踪技术	静态的扫描技术和可视化技术完成账号和权限的变化稽核
	异常行为分析技术	对异常行为发现和定义

第五章　行为特征：基层政府数据安全治理的路径依赖

随着新型技术的迅猛发展，数据安全治理已经成为理论界和实践界的重要研究议题。政府作为一个重要的数据存储和处理机构，面临着日益增长的数据安全挑战。在这种背景下，基层政府的数据安全治理成为一个重要的研究领域。目前已有的研究主要集中在国家层面和省级层面的数据安全治理，而基层政府数据安全治理研究还不多，尤其是对基层政府数据安全治理的路径依赖缺乏深入研究。基于路径依赖理论，我们需要从基层政府数据安全治理的应用场景、制度差异、行为特征等方面进行分析，深入研究数据安全治理中的作用机制。同时探索基层政府数据安全治理的路径依赖机制是什么？行为特征如何影响基层政府的数据安全治理效果？

第一节　路径依赖理论与基层政府数据安全治理

路径依赖（Path—Dependence），又为路径依赖性，是指人类社会中的技术演进或制度变迁均有类似于物理学中的惯性，即一旦进入某一路径（无论是“好”还是“坏”）就可能对这种路径产生依赖。路径依赖理论是由经济学家布莱恩·亚瑟于1989年在《经济史中的结构与变迁》中提出的，该理论最初是用来解释技术变革和经济制度演进，他开创新地从制度视角解释为什么有的国家长期陷入不发达，无法走出经济落后制度的怪圈问题，通过考察经济史发现，一个国家经济发展历程中，其制度变迁存在“路径依赖”现象，并基于这一现象概括出制度变迁路径依赖理论，这一理论推动了新制度经济的发展，后来这一理论被拓展到政府和组织决策和演变过程中。

路径依赖理论认为，过去的决策和事件对于当前和未来的发展具有重要影响，即过去的选择和决策会影响未来的选择范式。当一个机构或政府在某一决策上形成了路径依赖，即使后续的选择过程中可能存在更好的选择，也会受限于过去的选择，难以突破这种路径依赖的局限性。路径依赖理论强调，机构或政府的决策和选择是受历史因素、制度结构等因素的影响，并且这种路径依赖会影响到整体的政策演变和决策过程。路径依赖理论可以分为：技术演进中的轨迹依赖和制度变迁中的路径依赖。技术演进与制度变迁的路径依赖理论都存在报酬递增和自我强化机制，这种机制使制度变迁一旦走上某一路径，就会在选择的方向上得到自我强化。但是制度的前期设计成本、推动成本等比较高，在逐步推广和实施后，其单位成本和追加成本会呈现下降趋势，形成协调效应。

如欧盟的《通用数据保护条例》（GDPR）制度实施之初，其法律制定、组织架构调整、数据安全技术升级等初始成本较高，随着GDPR的全面实施，单位成本和追加成本得到了降低，因为政府和企业将能够更好地适应这些要求并将其内部流程与GDPR的规定相协调，从而降低了成本。企业逐渐熟悉并适应GDPR制度，它们能够抓住这一制度框架提供的获利机会。例如，企业通过改进它们的数据管理和安全措施，不仅能够遵守GDPR和其他类似的法规，还可以增强客户对其数据处理的信任，提高了竞争力，从而提升了学习成本，在实施GDPR的背景下，不仅仅是企业自身在进行数据安全治理的改进，同时还推动了平台企业（包括合作伙伴、供应商等）之间的数据安全合作和协调，如在信息处理、数据转移和共享方面，企业会积极与其合作伙伴缔约，以确保其数据的安全性。GDPR的要求也激励了企业间更广泛的数据保护合作和共享最佳实践的传播，从而实现了协调效应。

基于路径依赖理论，笔者主要从技术和制度路径依赖、利益相关者和决策路径、思维模式和文化路径等三个方面进行分析。

（1）技术和制度的路径依赖。基层政府数据安全治理受到过去技术和制度选择的影响。例如，数据安全治理方面过去可能选择了特定的数据系统或安全标准，这种选择可能会在未来难以改变，因为新的技术或制度需要与过去的路径相协调，这可能会限制基层政府在数据安全治理方面的灵活性和改进空间。数据安全治理“悖论”也反映出部分地区对既往治理思维固化、数据安全基础薄弱和数据权责不明等政府对传统技术治理的路径依赖问题，我们还有待将数据安全理念和应用场景融入横向与纵向府际关系深度调整的过程中，依托制度变迁的路径依赖理论，构建数据安全治理研究框架，分析数据安全治理的路径依赖现象，并提出路径超越的优化方略。

（2）利益和决策的路径依赖。在基层政府的数据安全治理中，不同利益相关者和决策者的选择与决策路径可能会导致路径依赖的问题。过去形成的决策路径可能会受到特定利益相关者的影响，导致数据安全治理的惯性，难以进行有效的改革和变革。在数字化项目中，部分地区政府部门为了弥补购买项目中的算法漏洞并降低交易成本，更倾向于继续与之续约，这种技术依赖会建构一个周期性的“算法植入—政府购买—算法再植入—政府再购买”的路径依赖，这可能导致部分政府部门被算法俘获，算法作为一个“黑箱”，支配部分政府的公共决策和日常管理，背后受到算法影子官僚或算法公司的操控，从而导致算法资本的垄断性，形成新的风险点。

（3）思维模式和文化路径的依赖。基层政府的数据安全治理可能会受到过去的思维模式和组织文化的影响。过去形成的思维和文化路径可能会导致在数据安全治理决策中存在特定的偏好和限制，难以适应新的挑战和需求。随着数据技术以不可逆转的显性或隐性方式推进，基层政府仍然依赖传统的治理思维理念、治理工具进行，对数据安全治理只是理解为等级保护2.0，而对数据新规则、数据全场景运用场域、数据共生的生态、公共数据授权运营等缺乏认知，因此，要想实现政策变革和改进，需要克服路径依赖，在数据分类分级指引下，引入数据共生、数据共享、数据共通的协同安全治理机制，运用新的决策机制和思维方式，打破过去的既定模式。

总体来说，路径依赖理论对基层政府数据安全治理的分析可以帮助我们理解和识别过去决策和选择对当前和未来治理所产生的影响，这有助于制定更有效的改革和政策措施，以应对数据安全治理中的路径依赖问题。

第二节　基层政府数据安全治理的应用场景

基层政府数据安全治理在中国已经得到广泛的应用，并涉及许多不同领域。以下是一些具体的应用场景和创新。

（1）公共安全领域。加强大数据安全防范管理、监测预警等工作，及时监测处理大数据安全风险以及安全突发事件，保护金融、能源、电力、通信、交通等领域的关键信息基础设施及数据免受攻击、侵入和破坏，切实提升大数据安全保护能力。利用大数据和人工智能技术，对城市的安全监控视频进行分析，实现对异常事件的及时发现和预警，保障市民的生命财产安全。如“东方祥云”预报系统利用大数据助力防灾工作，研发了洪水预报和水库调度等减灾兴利服务。

（2）社会服务领域。随着移动支付的普及，基层政府需要加强对金融数据安全的管理，以保护用户的资金安全和交易隐私。通过建立跨部门、跨行业、跨区域数据共享和联动机制，提高数据治理效率。如地方人力资源和社会保障服务所实时更新系统数据，掌握情况，对数据进行分析，防止“漏保”“断保”等现象，但是在提高服务质量、提高效率的同时，个人隐私数据保护等数据安全性有更高的要求，我们通过区块链、安全计算等新技术的应用，推动数据存储和加密保护等。

（3）数据监管领域。“大数据+监督模式，经过随机数据抓取和特定时间段数据比对分析”“加强大数据安全防范管理、监测预警工作”“及时监测、处理大数据安全风险以及大数据安全突发事件”。通过建立公共数据开放与安全管理机制，将其纳入国民经济和社会发展规划体系，建立数据开放范围的动态调整机制，逐步扩大开放范围。制定公共数据分类分级指南，将公共数据作为促进经济社会发展的重要生产要素，发展和完善数据要素市场。以开放公共数据培育数字经济新产业、新业态和新模式，推动公共数据在经济调节、市场监管、公共服务、社会管理和环境保护等领域的开发利用。

（4）产业发展领域。2021年7月5日国家互联网信息办公室2021年第10次室务会议审议通过，并经国家发展和改革委员会、工业和信息化部、公安部、交通运输部同意，《汽车数据安全管理若干规定（试行）》公布，自2021年10月1日起施行。汽车数据处理者处理汽车数据应当合法、正当、具体、明确，与汽车的设计、生产、销售、使用、运维等直接相关。利用互联网等信息网络开展汽车数据处理活动，应当落实网络安全等级保护等制度，加强汽车数据保护，依法履行数据安全义务。国家鼓励汽车数据依法合理有效利用，倡导汽车数据处理者在开展汽车数据处理活动中坚持：①车内处理原则，除非确有必要不向车外提供；②默认不收集原则，除非驾驶人自主设定，每次驾驶时默认设定为不收集状态；③精度范围适用原则，根据所提供功能服务对数据精度的要求确定摄像头、雷达等的覆盖范围、分辨率；④脱敏处理原则，尽可能进行匿名化、去标识化等处理。

（5）网络信息安全领域。2013年7月16日工业和信息化部第24号令公布《电信和互联网用户个人信息保护规定》，电信业务经营者、互联网信息服务提供者应当制定用户个人信息收集、使用规则，并在其经营或者服务场所、网站等予以公布。未经用户同意，电信业务经营者、互联网信息服务提供者不得收集、使用用户个人信息。电信业务经营者、互联网信息服务提供者收集、使用用户个人信息的，应当明确告知用户收集、使用信息的目的、方式和范围，查询、更正信息的渠道以及拒绝提供信息的后果等事项。电信业务经营者、互联网信息服务提供者不得收集其提供服务所必需以外的用户个人信息或者将信息用于提供服务之外的目的，不得以欺骗、误导或者强迫等方式或者违反法律、行政法规以及双方的约定收集、使用信息。电信业务经营者、互联网信息服务提供者在用户终止使用电信服务或者互联网信息服务后，应当停止对用户个人信息的收集和使用，并为用户提供注销号码或者账号的服务。

为了更系统分析我国数据安全治理的应用场景、行为特征等，笔者通过梳理每个地区的数据安全治理的制度设置、组织设置、人员配置等，ECharts图设赋分总分为30分。在制度设计方面，以是否设置地方性规范文件和地方性法规为标准，作为制度设计的赋分依据。在组织设置方面，以是否设置领导小组、大数据局和数据集交易所为标准，作为组织设置的赋分依据。在人员配置方面，以是否设置首席数据官和引进数字人才为标准，作为人员配置的赋分依据。通过以上标准给各省份数据安全行为进行打分，以ECharts地图颜色的深浅呈现各省份数据安全行为分数高低（每个指标具体打分原则还需要细敲，打分不好操作还可以用划分等级的方式呈现ECharts地图，例如制度设计方面，设立5个等级，1级：未统计；2级：无；

3级：地方性规范文件；4级：地方性法规；5级：地方性规范文件+地方性法规，根据各省份等级高低来呈现ECharts地图中各省份颜色的深浅)。

从数据安全治理制度设计分析，就全国范围来看，在制度设计方面，通过梳理各省份地方性法规和地方规范性文件发现，设置地方性法规和地方规范性文件的省份有：北京、广东、天津、河北、辽宁、黑龙江、上海、贵州、江苏、河南、湖北、湖南、广西、陕西、重庆、四川、云南、内蒙古、山东、新疆、浙江。设置地方性法规但未设置地方规范性文件的省份有：吉林、西藏、宁夏。设置地方规范性文件但未设置地方性法规的省份有：山西、海南、青海、甘肃、江西。地方性法规和地方规范性文件都未设置的省份有：安徽、福建。

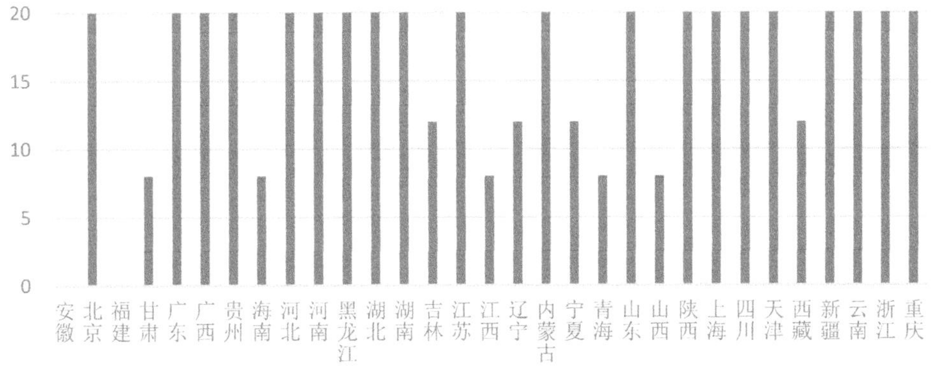

(注:以30分为上限,其中未统计计0分;统计但是没有的计5分;地方性规范文件计8分;地方性法规计12分,其中地方性法规的效力位阶高于地方性规范文件,所以评分做了区分)

图5-1　各省份数据安全治理的制度设计

从数据安全治理的组织设置看，各省份中设置领导小组、大数据局和数据交易所的有：北京、广东、天津、河北、山西、吉林、贵州、江苏、海南、河南、湖北、湖南、广西、陕西、重庆、四川、云南、山东、浙江、福建。各省份中只设置大数据局的有：辽宁、黑龙江、西藏、江西。各省份中设置大数据局和数据交易所，但未设置领导小组的有：上海、内蒙古。各省份中设置领导小组和大数据局，但未设置数据交易所的有：青海、宁夏、甘肃、新疆、安徽。

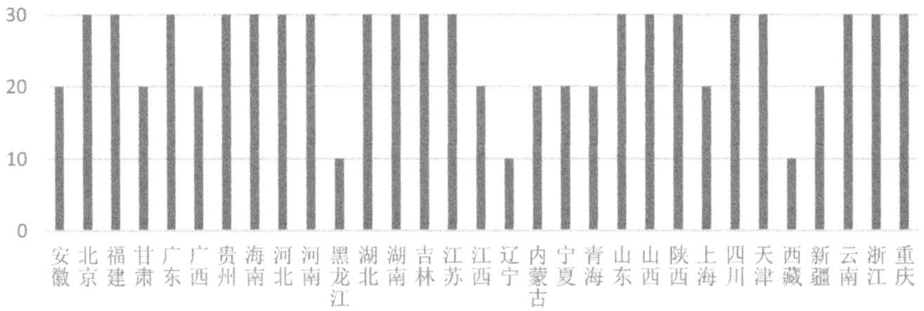

（注:以30分为上限,其中未统计计0分;统计但是没有的计5分;有领导小组计8分;有大数据局计12分,有数据集交易所的计10分）

图5-2　各省份数据安全治理的组织设置

从数据安全治理的人员配置看，设置首席数据官和引进数字人才的省份有：北京、广东、天津、河北、山西、辽宁、上海、贵州、江苏、河南、湖北、湖南、广西、陕西、重庆、四川、云南、山东、浙江、安徽、江西。引进数字人才，但未设置首席数据官的省份有：西藏、青海、宁夏、内蒙古、甘肃、福建。设置首席数据官，但未引进数字人才的省份有：新疆。目前未设置首席数据官和未引进数字人才的省份有：吉林、黑龙江、海南。

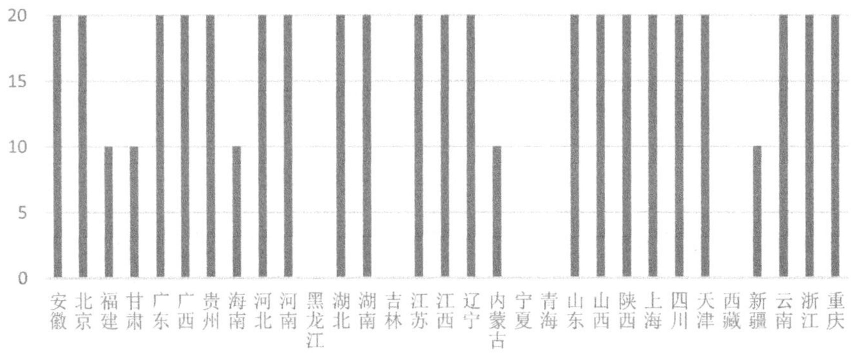

（注:以30分为上限,其中未统计计0分;统计但是没有的计5分;有首席数据官计10分人才引进计10分）

图5-3　各省份数据安全治理的人员配置

该图通过ECharts生成，以数据安全攻防、数据安全宣传、数据安全评估、数据安全监管为指标，将指标进行赋分后，对各省份的数据安全行为进行打分，进而利用ECharts生成全国可视化的地图，旨在更直观地展示全国各省份在数据安全行为方面的整体情况。关于赋分原则，因为数据安全行为方面设有数据安全攻防、数据安全宣传、数据安全评估、数据安全监管四项指标，所以设置总分为40分。由于数据安全攻防、数据安全宣传、数据安全评估、数据安全监管四项指标在效用方面没有严格区别，故将数据安全攻防、数据安全宣传、数据安全评估、数据安全监管分数统一设为10分。另外，对未统计到的省份以及未实施数据安全攻防、数据安全宣传、数据安全评估、数据安全监管的省份计0分。

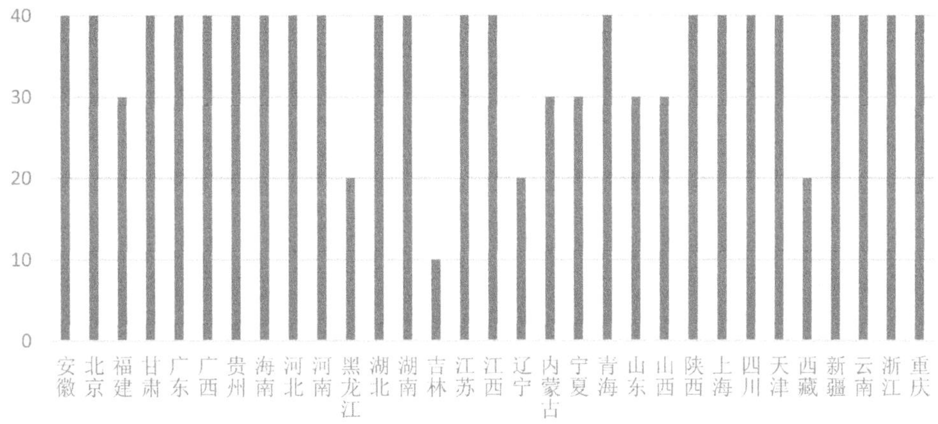

（注：以40分为上限，其中未统计计0分；未统计及没有0分；数据安全攻防：10分；数据安全宣传：10分；数据安全评估：10分；数据安全监管：10分）

图5-4　各省份数据安全治理行为

就全国范围来看，在数据安全行为方面，各省份中开展数据安全攻防、数据安全宣传、数据安全评估、数据安全监管的有：北京、广东、天津、河北、上海、贵州、江苏、海南、河南、湖北、湖南、广西、青海、陕西、重庆、四川、云南、甘肃、新疆、浙江、安徽、江西。各省份中只开展数据安全宣传、数据安全评估、数据安全监管的有：山西、内蒙古、山东。各省份中只开展数据安全攻防、数据安全宣传、数据安全监管的有：宁夏。各省份中只开展数据安全攻防、数据安全宣传、数据安全评估的有：福建。各省份中只开展数据安全宣传、数据安全评估的有：辽宁。各省份中只开展数据安全攻防、数据安全宣传的有：黑龙江。各省份中只开展数据安全宣传、数据安全监管的有：西藏。各省份中只开展数据安全宣传的有：吉林。

在数据安全应用场景方面全国各省表现出四类特征：

1. 建立数据安全自评估平台

北京市利用基于AI的告警降噪技术，实现通信网复杂网络环境下多源异构安全设备告警压降，加快安全事件响应流程，实现安全事件分钟级响应，恶意资源分钟级封堵；利用SaaS服务平台为用户提供了漏洞扫描、资产发现、攻击监测、攻击溯源等能力，帮助企业梳理资产、事件溯源取证，定位故障问题，以及预防安全威胁等问题。广东省的“广东省政务云平台”建立了纵深的网络安全技术体系。省数字政府政务云平台、政务外网及公共支撑应用按照国家相关安全标准进行设计。其中，政务云平台按照国家相关安全标准进行设计，已通过等保三级测评、中央网信办政务云安全审查（增强级），通过工业和信息化部信通院“可信政务云评估”，安全防护架构的设计遵循国产化自主可控原则，安全设备实现100%国产化，分层部署了高级威胁APT攻击检测系统、安全态势感知系统、网络防火墙、网络入侵防御系统IPS、应用防火墙WAF、主机入侵检测系统HIDS、堡垒机、数据库审计、数据库防火墙等安全能力。“省市一体化安全运营平台”覆盖了网络攻击发现、通报、处置、溯源、打击全流程等。陕西省的BIM+GIS智慧工地管理平台具有轻量化BIM模型展示、三维GIS数据展示能力。平台可对接人员劳务实名制系统、现场监控系统、质量管理系统、进度管理系统、环境监测系统、出入闸机管理系统、塔吊及施工电梯塔安全监测数据系统、自动喷淋系统、大屏展示系统、智能水电表计量系统、人员定位系统、物料设备管理、工法辅助系统等。对施工中的“人、材、机、物、法、环”进行全面的数字化管控。贵州省根据数据安全自评估“全能力成熟度模型”国家标准，以“免费”的形式向社会公众开放，企业可通过实名注册后，开启“免费”的数据安全自评估，依据企业提供真实的App能够在评估结束后，通过图表形式，直观展示该企业当前的数据安全现状，并给出提升建议。

2. 各领域的数据安全治理

在个人信息领域，湖北省推进了防范治理电信网络诈骗工作，进行诈骗电话拦截，安徽省蚌埠市公积金中心多管齐下保护职工数据安全。在产品发展领域，天津市打造了智能网联汽车全域数字安全能力平台，主要包括智能网联汽车安全大脑、智能网联汽车安全基础设施、智能网联汽车安全专家运营响应体系和智能网联汽车安全服务赋能体系，这是一套全面提升智能网联汽车全域数字安全能力的解决方案。广东省移动设备的数据安全共性技术研究用于信息传输、软件和信息技术服务业。CNC装备系统中数据安全关键技术应用于制造业，该成果根据CNC装备系统中的数据流和信息流特征，专注于控制系统、传输系统、存储系统及应用系统方面的安全可信数据处理技术创新研究，重点在机床数控系统、机器人控制系统、工业数据云、企业MES系统等方面，通过高速解算、解码，可信存储及工业区块链技术，实现CNC装备从控制系统到生产系统到应用系统的安全可信运行，确保装备的安全使用和产品的安全生产。取得成果包括软件硬化，保护系统核心数据；线性数据非线性化，保护系统常规数据；访问控制高效化，分级保护存储数据；工业区块链保护企业核心数据。面向云计算的数据安全存储技术及应用运用于信息传输、计算机服务和软件业，该项目基于自主研发了面向云计算环境的数据安全存储系统和国内首批支持国产SM2密码算法的密码机和密钥管理系统，实现了数据传输与存储过程的动态加密、云安全存储的负载均衡、信息完整性验证，实现了包括密钥生成、导入、导出、备份、恢复、申请、分发、同步、更新、销毁等过程的密钥全生命周期的安全管理，采用数据安全存储系统和专用密码模块相结合的方式提供密码安全服务，实现了基于安全可控密码技术的云计算安全应用解决方案，可提供百万级规模的密钥管理服务能力，为政企客户群体的重要经营数据安全、资金结算和支付提供高强度的安全服务。深度学习与压缩感知技术及其在大数据安全性处理的应用运用于信息传输、软件和信息技术服务业，该技术基于压缩感知计算处理技术，解决云计算、大数据中完整性、真实性的安全性处理问题。针对大数据分析体系，研究基于标识的数据匿名化方法，实现数据的安全性和可用性的平衡；研究差分隐私中的数据失真技术、数据发布技术、动态数据保护机制，实现业务信息的差分隐私保护，实现基于分级管理的用户访问控制。广西农业农村大数据建设推进农业单品种全产业链。重庆市基于量子密钥应用机制的自主可控云平台打造网络与数据安全产业项目。在网络信息安全领域，北京市依托5GSA网络建设的物联网安全监测服务系统，该系统具备物联网安全管理、威胁发现、风险预警、协同处置等能力，面向医疗、交通、生产、农业、金融等行业，提升网络安全治理水平，打造安全赋能输出体系。河南省利用IPSec协议构造电力数据网安全VPN的模型，该模型既能保证数据在网络层的保密传送，同时也能对真实通信主机的IP地址进行屏蔽和保护。

3. 数据安全赋能智慧城市治理

天津市的“津鸿”数字孪生平台作为一个城市智联网数字底座，将广泛应用于多个区域和行业，面向智慧水利、智慧交通、智慧应急、智慧城管等更多城市应用场景，打造更多城市现代化治理典型案例；目前“城市大脑”已接入银发智能服务、疫苗接种态势感知、冷链食品一码明等首批重点应用场景，并将从数字治理、数字惠企、数字惠民领域出发，推动城市治理和公共服务数字化。青海省的“智慧交通”搭建全省交通运输行业统一的数据云和应用云，为全省交通运输行业依托信息化进行行业管理、电子政务、出行服务系统应用提供了坚强的综合信息服务能力和技术保障。建设交通运输行业OA系统、视频会议系统等项目，进一步夯实了“互联网+政务”基础建设，政务服务保障作用凸显。宁夏回族自治区的“交通秘书”惠民服务平台研发了交警数据安全对接、图像压缩、实名认证、无线推送、多通道安全支付等关键技术，实现了宁夏区内车辆/驾驶员交通违法查询、违法高清照片查看、违法处理及缴款（微信、招行、银联）、路况播报、车辆年检提醒、驾驶证换证及清分等功能，提高了城市交通综合管理服务水平。项目采用改进的VP8算法，结合使用双边滤波算法获取不同实体的图像轮廓，实现车辆和非车辆两个区域分片压缩。贵州省基于360安全大脑的核心赋能，360政企安全集团重点结合与贵阳的业务布局，独具特色地打造了城市安全“贵阳之窗”区域，全面展示了多维赋能贵阳城市安全建设的贵阳国家大数据安全靶场、360全网威胁态势监测平台等领先安全成果。360政企安全集团还带来了车联网、工业互联网等多行业安全解决方案，可有效支撑安全能力落地的云端安全基础设施，包括终端安全、流量安全在内的新一代安全产品矩阵等。河南省的不对称加解密算法保护铁路调度系统通信传输的数据安全，利用OPEN—3000系统安全保护措施确保电网调度自动化及调度数据网络的安全，利用CMD系统保障铁路信息化与铁路安全生产指挥，保证铁路信息系统数据安全。湖北省利用武汉城市数据大脑监管商贩占道经营，助力城管部门开展工作，构建智慧城市。同时打造武汉政务服务“一网通办”及鄂汇办。湖南省开发了数据技术支撑保护湖南气象服务平台，建设湖南消防大数据平台。安徽省安庆筑“四重防火墙”护医保数据安全。

4. 以预测防范威胁和风险为重点

北京市通过部署数据出境安全监测平台对出境接口使用行为进行监测，以数据保护为核心全面监测数据窃取、滥用风险。在出境风险发生时平台通过处置中心与监管部门、处置系统、责任人进行上报、处置与告警，及时阻断有害事件发生，有效保护企业及国家重要数据资产。天津市面向网络安全主管单位，通过采集互联网及关键信息基础设施（简称CII）系统相关数据，再利用大数据存储、分析技术，对各类安全数据进行关联分析和深入挖掘，可以及时发现被监测网络中的各类安全威胁事件行为、系统脆弱性，并对安全事件进行通报预警以及可视化呈现，有效开展网络安全管理工作。浙江省对运营单位建立风险数据库和隐患排查手册的行政检查。重庆市的账户安全沙盘推演，利用企业级数字安全架构、大数据平台和智能安全策略中心，通过多层水闸式纵深防御体系，实现可信接入、可信交易环境、可信数据、可信行为等智能验证，主动防控涉赌涉诈交易，保护客户账户资金安全。

以数据安全治理相对较为突出的两个地区贵州和江苏为例：

(1) 贵州数据安全自评估App。贵州大数据安全工程研究中心依据《信息安全技术 数据安全能力成熟度模型》（GB/T 37988—2019）和《数据安全能力建设实施指南V1.0》进行数据安全能力成熟度评估，并建立“数据安全自评估”App，对组织的数据采集，数据传输，数据存储，数据处理，数据交换，数据销毁整个生命周期数据安全开展能力评估。数据的拥有方和数据方案的提供方为主要评估对象，包括一些大数据企业、互联网企业、电子商务平台、政务服务中心、高校以及数据开发运营商、信息技术服务提供商等。企事业单位可以在实名注册后享受“免费”的数据安全自评估，在企业提供真实有效的业务数据后，App通过图表形式，帮助企业直观展示当前的数据安全能力现状，识别数据安全能力相关问题，给出评估结论、详细评估结果和阶段性安全提升建议等，给出评估等级建议，在通过评估后可进行企业证书的查询。

(2) 江苏涉疫数据销毁。在疫情期间，基于疫情防控需要，江苏省无锡市上线“数字防疫”服务，数字防疫的上线为相关防疫工作的开展提供了坚实可靠的数据支撑，在此期间，依据数字防疫上线的40多项App一共收集了10亿条与个人相关的数据，部分涉及个人的家庭住址、出行方式、行程轨迹等隐私。随着国家新冠疫情防控政策措施优化调整，按照《中华人民共和国数据安全法》《中华人民共和国个人信息保护法》等法律有关规定，“数字防疫”相关App也失去了作用，无锡市相关部门在第三方审计和公证处的监督下对此前存放在政务云平台的涉疫数据进行集中销毁，通过破坏数据存储介质的方式确保有关数据无法复原，从而有效防止公民个人信息被盗用或滥用。

(3) 江苏劳保数据安全管理。金保工程各项业务应用系统逐步深入，各应用系统收集和存储的数据量急剧增加，特别是劳动保障业务关系劳动者和用人单位的合法权益，为切实推进金保工程建设，保障劳动者和用人单位的合法权益，维护信息系统的安全运转，江苏省根据劳动保障部《关于印发〈关于全面实施金保工程统一建设劳动保障信息系统的意见〉的通知》，发布《关于进一步加强劳动保障数据安全管理的通知》。让各级劳动保障部门充分认识数据安全管理工作的重要性，明确数据维护的责任单位，同时建立以局主要负责同志为数据安全第一责任人的工作机制，充分关注数据的存储、备份和安全管理，切实做好数据管理工作，制定切实可行的数据管理制度，对数据实施严格的安全与保密管理，防止各类数据被非法变更、泄露、丢失与破坏。对数据实行专人管理，制定切实可行的数据备份方案，设置数据管理员岗位。根据数据的保密规定和用途，确定数据使用人员的存取权限、存取方式和审批手续。健全必要的防毒措施，预防、检测、清除计算机病毒。避免使用来历不明的软盘和各种非法拷贝的软件，防止计算机病毒的感染与传入，及时更换落后的防病毒软件版本。

第三节　数据安全治理的实践行为特征

贵州与江苏有着相似的数据安全管理行为。在数据安全检测上，贵州省有着DSMM评估App，针对企业和组织的数据安全等级以及数据安全能力进行评估，帮助企业直观展示当前的数据安全能力现状，识别数据安全能力相关问题；江苏省则开展“铸盾2022”江苏省信息通信行业网络与数据安全检查专项行动，省内外40支队伍、106名检测人员，利用10天左右时间，对304家企业的6.7万个联网资产，集中检测漏洞风险，帮助企业及时堵住漏洞、消除隐患，继续强化安全意识，筑牢网络与数据安全防线。

在数据安全人才培养上，江苏省组织教育系统网络安全保障人员ECSP系列培训，组织实施网络安全素养和网络安全岗位技能培训，通过线上线下的形式展开，包括专业管理人员、专业技术人员、数据安全员、基础教育安全员等，同时支持企业将数字技能人才队伍建设作为企业发展战略，与企业高校一起进行相关数据人才的联合培养。贵州省则开展“领航计划——未来数据安全人才培训”，大数据协同安全技术国家工程研究中心和贵州大数据安全工程研究中心推出了注册数据安全官、注册数据安全工程师和DSMM测评师人才培训，以政府为依托，联合阿里巴巴、360、复旦大学、中科院信工所、国家信息中心、中国信通院等和一些资深安全专家进行线上线下联合培训。

但两省在数据安全治理上都缺乏整体性，有治理不全面的问题，对数据安全大部分领域缺乏法律体系约束。两省都颁布了总体的数据安全管理办法，且对企业数据、政府数据流通以及数据交易等方面都有明确的规范条例，但在公民个人信息暴露较为突出的社会生活中则涉及的内容较少，医院、交通出行、商场等都在频繁地获取个人信息，这些强制获取的个人数据是否得到有效的安全管理和非法利用无法得知，也没有明确的法律条文对泄露信息者进行惩罚，我们的数据安全法律体系尚未完善，还需要进一步扩大到生活的方方面面。

（一）中央统筹，地方分散治理

科学管理、有条不紊的数据保护机构能有效保护数据安全。我国行政人员众多，拥有省、自治区、直辖市并存的行政区划，充分考虑我国国情，设立单一的国家层面的数据保护机构无法有效保障数据安全的落实，故而目前没有统一的国家数据安全治理机构，在中央政策统筹下，由各省根据实际情况分散治理，依据各省数据安全发展进程进行相关规定的制定和数据安全机构的设立。2016年美国建立联邦隐私委员会，对保护公民和企业的数据安全和强化联邦政府和州政府的网络安全能力起到很大作用。美德日韩的数据保护机构不仅有权监督法律的实施情况，而且可以授权其他单位共同开展数据保护工作。这些国家的数据保护机构虽然在权责划分上不尽相同，但它们高效的运行机制和公信力是促进其所在国家数据安全取得一定成功的重要因素。而德国不仅设立了联邦数据保护机构，其16个州也都设立了各自的数据保护机构，分别负责联邦公共部门和州内各个实体的数据安全。借鉴德国的做法，我国可考虑同时在各个省、自治区和直辖市设立专门的数据保护机构，专职专责，监督各地区对数据安全法、个人信息保护法等数据安全相关法律的应用，协助地方政府制定并实施地区数据安全政策与计划，管理规范各部门在数据处理过程中的行为，及时对危害到数据安全的行为进行处置，积极实施补救措施。

（二）市县乡层面治理元素较单一

中央—省—市县乡是从面到块再到线、点的关系，同一政策目标下各行政层级考虑的问题和政策重心不一。囿于我国区域发展不平衡、不充分等复杂情况，国家层面政策施力点在于宏观的方向指引，如中央深改委第十七次会议强调“全面构建政务数据共享安全制度体系、管理体系、技术防护体系”。市县乡层面治理元素较单一，更多的是抄送转发和执行落实政策。大部分省域模仿中央政策而忽视自身承上启下与因地制宜的双重重任，停留在“原则理念”“总体规划”等层面，造成政策先天不足、流于表面。

（三）数据基础设施地区建设发展不平衡

国家统计局数据显示，2020年长途光缆线路长度四川省（最大值）与海南省（最小值）相差121873 km。地区间的数字基础设施配置不平衡，特别在一些偏远贫困地区，老旧的生产设备难以支撑数据安全的实现，区域基础设施建设的不同步，必然导致地区间“数字鸿沟”问题日益严重。2020年，西藏自治区一般预算收入合计约为广东省的1.7%。西藏等地区地方政府的财政收入难以支撑本地区长期的基础设施建设，导致对基础设施研发资金的投入不足。

（四）惩罚为主，缺乏激励机制

在《汽车数据安全管理若干规定》中指出国家鼓励汽车数据依法合理有效利用，汽车数据处理者处理汽车数据应当合法、正当、具体、明确，与汽车的设计、生产、销售、使用、运维等直接相关。利用互联网等信息网络开展汽车数据处理活动，应当落实网络安全等级保护等制度，加强汽车数据保护，依法履行数据安全义务。但暂未在规定中明确具体的激励措施。

美国在“儿童线上隐私法”中明确提出要对运营商进行自律激励，以鼓励运营商进行自我监管，部分条款视为合规也可进行适当奖励。贵阳市利用数据安全自评估App让企业进行自评估，并在评估后给予证明，拥有评估证明的企业政府会给予优惠政策以及相关的补贴。然而，我国大多数省份并没有明确的激励措施，只存在对数据规范和数据安全防护方面的监管和管制。

平衡数据安全政策内容的注意力分配，注重数据生命周期各阶段均衡管理。

注意力代表政府决策者对具体问题的关注，注意力的变化是政府决策选择变化的直接原因。我国数据安全政策在维护阶段的管控要素和客体参与实现了多元化管理，但其他阶段的要素占比则较为失衡，整体呈现“重维护而轻活动过程”的现象。我国数据安全政策中数据主体和监管者的参与占比均较低，数据处理者的相关条款累计占比为87.19%，尚未形成多主体协同管理的数据安全保障机制。不仅是对数据处理者的管制在数据维护阶段达到了顶峰，监管者的参与度也是在维护阶段才得到了凸显。从整体上看，我国各阶段的数据安全管理过程中鲜有数据主体的参与。我国数据安全政策中的不同政策客体参与情况严重失衡，当前政策以规范数据处理者的活动为主，对监管者的权责分配以及数据主体的权责规定较少。数据主体是数据产生的源头，初始数据的安全性直接影响后续各个环节的数据安全状态，同时数据主体还有着监督数据安全管理实际效应并反馈现存问题的作用，是政策优化的实际监督主体之一。监管者能够通过督促与检查数据处理者的数据活动工作，管理与控制数据处理者行为活动等方式推进数据安全保障工作的贯彻落实。因此，在数据安全政策制定时，需要保证每一类政策客体都受到关注，都能够行使最匹配其身份特征的权利和责任，并确保每一类客体作用和价值发挥程度的最大化。

（五）缺乏完整数据安全法律体系

随着近年来国家相继颁布了相关数据保护法律，明确了数据安全保护的义务，降低了信息泄露的风险，明确网络运营者收集和使用信息应经被收集者同意。相关法律已经对个人信息保护提高了保护标准。其次，政府对数据管理发布了大数据或政务数据安全方面条例，发挥了大数据在各领域的应用价值，为大数据构建了新格局，通过颁布的发展应用条例，保护了用户的信息和数据安全。在个人数据安全保护方面，缺乏统一的法律制度来进行管理，存在监管失控现象，隐私泄露严重影响互联网的信任度。

本书以“数据安全”为核心在北大法宝进行检索，得到中央38条，地方法规118条：北京市2条，天津市3条，河北省3条，山西省3条，内蒙古自治区2条，辽宁省3条，黑龙江省2条，上海市7条，江苏省11条，浙江省9条，安徽省3条，福建省5条，江西省7条，山东省8条，河南省11条，湖南省6条，湖北省1条，广东省2条，广西壮族自治区2条，四川省5条，贵州省6条，云南省2

条，陕西省2条，甘肃省1条，宁夏回族自治区4条，新疆维吾尔自治区1条，海南省6条，重庆市1条，其中以江苏、河南、浙江、江西等几个省份占比较多，其余省份则只有少数几条地方法规。

数据表明各省的数据安全相关法律法规涉及面有限，大部分法律法规是对机关工作所作出的规范，在民生、社会各行业发展、企业、数据交易等方面寥寥无几，法律的内容也存在重复交叉，大多数地方法规都来源于中央法规的简化，并未对地方实际情况做深一步地考察，空有法律框架，却无法落实，对各行业缺乏具体规范，尚未形成完整的法律法规体系。

第四节　基层政府数据安全治理行为逻辑

从以上行为特征可以归纳出基层政府数据安全治理行为逻辑。自高德纳公司提出数据安全治理的概念后，各国对数据安全治理的研究和实践已形成一定的成果和共识。尤其在数据安全治理的行为逻辑方面，随着网络空间的成长、政府职能的优化和用户认知的提升，数据安全治理行为逻辑也得到持续完善和改进。数据安全治理行为逻辑的本意是采取某种导向性的治理体系和思维模式来解决数据安全问题。综合来看，目前共有技术逻辑、规制逻辑和合作逻辑三种较被认同的数据安全治理行为逻辑（参见表5-1）。

表5-1　技术逻辑、规制逻辑和合作逻辑对比

	逻辑本质	治理主体	治理模式
技术逻辑	技术标准、代码规制	技术专家或平台企业	回应式治理模式
规制逻辑	强加监管、严厉打击	政府	集中治理模式
合作逻辑	互相尊重、民主平等	政府、行业、企业等多元主体	敏捷治理模式

一是技术逻辑。在意识到网络空间的独特性及其意识形态性后，劳伦斯·莱斯格通过“代码即法律”这一观点使技术逻辑得到较为深入的论证。[①]从技术哲

① 莱斯格 L. 代码2.0：网络空间中的法律[M]. 李旭，沈伟伟，译. 北京：清华大学出版社，2018：23-24.

学角度看，技术拥有“工具性”和“生产力”两个核心，其中工具性在数据安全治理领域表现为以有目的且灵活的方式，运用技术来控制数据治理的环境和结果[①]，这也是技术逻辑的本质属性。虽然这种治理逻辑既符合“让专业的人做专业的事”的理念，又直接解决了众多数据安全问题，但不足以形成一套全面有效的综合治理体系，更无法使数据安全问题得到根本性解决。

在数据安全治理的技术逻辑实践中，北京市通过系统、平台、方案、机制，对数据安全进行治理，具体表现为：基于主动防护的高级持续性威胁防护系统；基于5GSA的通信一体化云网融合物联网网络安全监测服务系统；通信网网络安全态势感知平台；基于主动测绘的企业专线暴露面安全服务平台；群智感知的企业数据安全管控与个人信息隐私保护平台；基于“IPDRR”模型的数据安全智能管控平台；数据安全智能管控平台；基于人工智能应用可持续安全运营解决方案；腾讯云网络安全合规平台解决方案；中国电信数据跨境安全监测解决方案；基于大数据智能分析的数据安全风险监测预警机制。天津市主要以平台的形式，如“津鸿”数字孪生平台；智能网联汽车全域数字安全能力平台，对数据安全进行治理。广东省利用防火墙、SSL VPN网络技术、加密技术以及数据备份对数据安全进行治理。

规制逻辑也是最常见的一种行为逻辑。一方面，在治理工具上实现了由“软法”到“硬法”的转变，各国不再局限于颁布建设指南、实践指南、风险防范指引等软性规则，而是加快出台规制数据跨境流通、个人信息保护方面的法律，如美国的《海外数据合法使用权明确法案》（2018）、欧盟的《非个人数据自由流动条例》（2018）、印度的《个人数据保护法案》（2019）等。另一方面，在治理方式上实现从“放任”到“问责”的转变，如英国政府就通过颁布《数据保留和调查权法》（2014）、《数字经济法》（2017）等法案，加大了对网络空间监管的力度和法律规制的力度，对信息审查权和监控权实施了严格的限制。[②]但日益增长的

① Philosophy of technology[EB/OL].(2018-09-06)[2022-01-19]. https://plato.stanford.edu/entries/technology.

② 孟令辉，徐红. 英国网络空间治理的逻辑变迁：基于治理主体、理念与方式三重维度的分析[J]. 情报杂志，2021(9):19-25.

治理成本和略显单一的制裁手段使越来越多的专家对该逻辑产生了质疑，认为应当以科学、规范的管理制度为基础[①]，打破政府的单极治理，使非政府主体的加入与政府体系的接纳进行互动与重构。[②]

具体来看，江苏省的“三数统管”《苏州市数据条例》规定了六个方面的内容，即建立健全数据治理体制机制、探索推进数据分类和价值实现、加快培育数据要素市场、规定“数据赋能发展”系列举措、多重维度推进数据权益保护、切实筑牢数据安全底线，对公共数据、企业数据和个人数据作出探索性规定。西藏拉萨市统计局信息中心开展网络安全检查筑牢数据安全防线，有效保障全局网络与信息安全。排查过程中，重点利用保密安全软件查看使用统计专网计算机是否存在连接外网、插入USB、处理涉密文件等问题，通过谈话了解干部职工数据安全相关政策法规掌握程度，并对新老机房设备及环境进行检查。

与上述两种逻辑相比，合作逻辑能最大限度地团结和凝聚不同治理主体的力量，以开放、包容的姿态吸引更多外部力量共同参与到数据安全治理中来。[③]首先，合作逻辑符合当下中国网络治理政策的指引方向。2018年4月，习近平总书记在全国网络安全和信息化工作会议上强调，要提高网络综合治理能力，形成党委领导、政府管理、企业履责、社会监督、网民自律等多主体参与，经济、法律、技术等多种手段相结合的综合治网格局。[④]这种多主体参与的网络治理方式，正是合作逻辑的重要内涵。其次，合作逻辑符合网络安全治理国际实践的基本要求。网络空间命运共同体理念中蕴含着众多的合作逻辑，从举办乌镇世界互联网大会、向发展中国家提供技术支持、向联合国提交《信息安全国际行为准则》等一系列行动可以看出，合作逻辑是最契合当下互联网治理的行为逻辑。在合作逻辑框架下，最适合我国数据安全治理的模式是敏捷治理模式。① 合作逻辑和敏

---

① 彭法．新时代网络善治的建构逻辑[J]．人民论坛，2020(7)：112-113．

② 贾秀飞．技术赋能与治理变革：大数据时代政府治理现代化的内在逻辑及策略回应[J]．理论月刊，2021(6)：85-94．

③ 郭振雪．新时代统一战线参与网络空间治理的现实逻辑和基本路径[J]．湖南省社会主义学院学报，2021(2)：84-91．

④ 习近平在全国网络安全和信息化工作会议上强调敏锐抓住信息化发展历史机遇　自主创新推进网络强国建设[N]．新华每日电讯，2018-04-22(1)．

捷治理模式具有相同的价值理念，都追求平等、开放、尊重的治理理念；② 两者具有相同的体系结构，均强调公共组织、行业部门、企业个人等主体的责任承担和合作共治，在体系上大致呈现出结构扁平、权责一致的基本特征；③ 两者具有相同的主体构成，即多元的利益主体，各主体在数据安全治理过程中增强信任、加强合作、增进沟通，实现数据全生命周期的完整性、可用性和安全性。

天津市整合城市现有的通信资源、网络资源、系统资源、应急联动资源，上连市下联街道横向打通委办局，实现一体化指挥、精细化预案和智能化辅助。广东省打造广东省市一体化安全运营平台，以威胁情报、人工智能、大数据技术为依托，完成覆盖广东省级及14个欠发达地市的安全运营平台建设，通过安全运营工作并形成联动，全面反映广东省“数字政府”安全态势。为保证全市第二次全国经济普查数据网络传输的安全性，广州市利用电子政务网和互联网通过SSL VPN网络技术实现将统计专网延伸到街镇一级。市统计局为全市166个街镇配置了700个证书，并对街镇统计员进行了基本操作培训。广州市各区、县级市统计局运用SSL VPN统计专网进行单位清查数据处理。宁夏回族自治区发展“东数西算”，东数西算工程，指通过构建数据中心、云计算、大数据一体化的新型算力网络体系，将东部算力需求有序引导到西部，优化数据中心建设布局，促进东西部协同联动。简单地说，就是让西部的算力资源更充分地支撑东部数据的运算，更好为数字化发展赋能。海南省为充分测试发现“一网两线”系统传输技术层面可能存在的安全问题，省大数据管理局邀请安恒信息、启明星辰、思维世纪、深信服等国内知名网络安全技术单位，对海南省“一网两线”系统开展网络安全实战攻防演练。攻击人员通过在“一网两线”系统外部和内部网络等接入场景利用信息收集、漏洞挖掘、渗透测试等方式对“一网两线”系统进行模拟黑客攻击。内蒙古推进了“东数西算”工程和林格尔数据中心集群。江西省打造全省一体化政务大数据体系，以支持全国一体化政务大数据体系建设，促进数据资源共享利用为目标，在省政务数据共享协调小组统一领导下，整体推进数据共建共治共享，促进数据有序流通和开发利用，提升数据资源配置效率。

第六章　绩效评价：基层政府数据安全治理的成效评价

第一节　基层政府数据安全治理绩效评估研究现状

一、网络安全保障框架及能力评估模型

（一）通用型安全保障框架或能力评估模型

（1）基于安全评估要素构建指标体系。国际电信联盟（2017）从技术、法律、组织、能力及合作五个指标构建全球网络安全指数指标体系。胡勇（2007）基于信息系统风险评估要素，从法律法规、人、业务战略、人文环境、安全事件、安全措施及安全保护等级等方面提出信息系统风险评估指标体系。刘昱（2014）从技术、管理、操作及环境四个方面提出信息安全风险评估模型。张斌等（2021）从平台安全、数据安全、管理安全和服务安全构建政务大数据安全评估指标体系。

（2）基于安全保障构建指标体系。信息安全保障指标体系，包括建设情况指标、运行能力指标和安全态势指标 3 项一级指标和 12 项二级指标。信息安全保障模型从保障措施、保障能力和保障效果三个方面构建指标体系。全国信息安全标准化技术委员会（2019）提出的等保2.0：安全管理制度、安全管理组织、安全管理人员、安全建设管理以及安全运维管理等9个方面提出了网络安全等级保护通用安全要求。吴志军和杨义先（2010）从信息安全保障的战略、管理策略、工程规范和技术措施方面出发，构建了包括保障功能、安全运行以及保障效果3个方面的信息安全保障评价指标体系。

（二）面向特定行业的安全保障框架

学者对电力、港口、科研机构、战术互联网、烟草行业的安全保障框架进行

梳理。

(1) 电力信息安全水平。赵婷等人 (2013) 从人员安全、组织体系、规章制度、网络安全防护、服务外包管控、资金保障等 15 个方面提出了电力信息安全水平评价指标。

(2) 港口信息安全保障。吴静媛和周鹏颖 (2015) 基于港口信息安全保障工作需求，从技术、人员、管理、工程四个方面，提出了港口信息安全三维评价指标体系。

(3) 科研机构信息安全。李岚和杜澄 (2013) 从安全战略、信息管理和保障建设三个方面构建指标体系，评价科研机构信息安全水平。

(4) 战术互联网信息安全。李振富等人 (2014) 运用层次分析法和改进型德尔菲法，构建战术互联网信息安全风险评价指标体系。

(5) 烟草行业信息安全。施俊 (2017) 从静态技术评价和动态能力评价两方面提出了烟草行业信息安全评价指标体系。其中：静态技术指标包括安全管理、安全技术、安全运维；动态能力主要评价系统防攻击、防篡改、防病毒、防瘫痪、防窃密等能力。

二、安全评估方法

安全评估方法会直接影响评估过程的每个环节，甚至影响结果。冯登国等 (2004) 将风险评估方法分为定性、定量和定性定量结合的三种风险评估方法。学者分别提出了 AHP 和模糊综合评判 (肖龙等，2009)、故障树分析法 (郑雷雷等，2011)、基于模糊集和 DS 证据理论 (王姣等，2017)、改进犹豫模糊 (黄国庆等，2018)、量子门线路神经网络 (周超等，2018)、故障模式和影响分析 (FMEA) 和模糊理论 (Maisa Mendonça Silva 等，2014)、数据挖掘方法 (Yu-Chih Wei 等，2017)、信息熵 (Cheng Yuandong 等，2017) 等安全风险评估方法，这些方法具有更加精准的风险预测能力。

表 6-1　安全评估方法

学者	提出时间	评估方法
肖龙等	2009	AHP 和模糊综合评判
冯登国等	2004	定性、定量和定性定量结合的方法

续表

学者	提出时间	评估方法
郑雷雷等	2011	故障树分析法
王姣等	2017	基于模糊集和DS证据理论
黄国庆等	2018	改进犹豫模糊
周超等	2018	量子门线路神经网络
Maisa Mendonça Silva等	2014	故障模式和影响分析(FMEA)和模糊理论
Yu－Chih Wei等	2017	数据挖掘方法
Cheng Yuandong等	2017	信息熵

三、评估模型

许多国家面临着网络威胁，识别和评估安全风险至关重要（Mansour Alali等，2018）。学者们在安全风险评估方面提出模糊推理模型（FIS）、情境感知ISRM（SA－ISRM）过程模型（Jeb Webb等，2014）、事件树分析与模糊决策理论的信息安全风险评估模型（Ana Paula Henriques de Gusmão等，2016）、信息安全风险评估模型SVRAMIS（吴德等，2013）、危险理论的风险评估模型DT-RA（李晓蓉等，2011）、模糊神经网络的风险评估模型（赵冬梅等，2009）、主成分分析（PCA）和BP神经网络的信息安全风险评估模型（任远芳等，2014）、信息安全风险评估模型（吴天水等，2013）、OMR（对象－消息－角色）的风险评估方法RAMES（嵌入式的系统风险评估方法）（Siru Ni等，2016）、反射智能代理算法（Hou Qing等，2017）、知识库OWL模型（Kresimir Solic等，2015）、先进D-S证据理论（Hou Qing等，2017）、MCDM信息安全风险控制评估模型（Ou Yang等，2013），实证结果表明这些方法可以有效帮助IT经理验证其风险控制的有效性。

表6-2 安全评估模型

学者	提出时间	评估模型
高凯，邹凯等	2022	ANP结构模型
Mansour Alali等	2018	模糊推理模型(FIS)
Hou Qing等	2017	D-S证据理论模型

续表

学者	提出时间	评估模型
Ana Paula Henriques de Gusmão 等	2016	基于事件树分析与模糊决策理论
Siru Ni 等	2016	OMR(对象—消息—角色)模型
Kresimir Solic 等	2015	基于知识库 OWL 的模型
Ou Yang 等	2013	MCDM 信息安全风险控制评估模型
任远芳等	2014	主成分分析(PCA)和 BP 神经网络的信息安全风险评估模型
吴德等	2013	信息安全风险评估模型 SVRAMIS
吴天水等	2013	信息安全风险评估模型
李晓蓉等	2011	危险理论的风险评估模型 DT-RA
Jeb Webb 等	2009	情境感知 ISRM(SA—ISRM)过程模型
赵冬梅等	2009	模糊神经网络的风险评估模型

第二节　数据安全治理评估原则

评估指标设计与遴选是一种系统性、综合性的过程。为使评估指标客观和准确地反映基层政府数据安全治理的成效与水平，需要遵循客观性与主观性相结合、可计量与可比较相结合、系统性与科学性相结合、实用性与适用性相结合等五大原则。

(一) 客观性与主观性相结合

客观性是指评估指标的选取不能依据主观判断，不能仅凭个人学术背景做出评判。指标选取、权重设置、指标阈值等都需要选用客观标准，利用严谨的数据分析和严密的理论论证，不能主观臆断。主观性是指基层政府数据安全治理是一个复杂的系统，是多种属性和能力的结合，在评估基层政府数据安全治理过程中，不仅需要衡量其客观要素，如数据管理成本、程序正当性等客观内容，还需要注重其主观要素，如数据安全治理重视程度、数据安全治理能力等，主观指标的名称与内容应通俗易懂，便于专家能够清晰理解和评判，提升指标测量的效度和信度。

（二）系统性与科学性相结合

基层政府数据安全治理评估指标体系是一个多维度、多要素和多层次的科学复杂系统。

（1）系统性原则主要体现在基层政府数据安全治理评估指标设计与遴选方面的完整性，首先，指标要全面反映基层政府数据安全治理所要达到的目标和要求，不能遗漏核心要素。其次，根据基层政府数据安全治理的内在逻辑性，系统性考量指标之间的层级结构性。最后，充分考虑每项一级二级指标内部所包括一系列指标的内在关联性，避免意义相近交叉，促使整个指标体系成为有机整体。

（2）科学性原则主要体现在基层政府数据安全治理评估指标设计、选取及权重分配过程。基层政府数据安全治理的评估指标设计应基于实践需求和治理理论，围绕基层政府数据安全治理的核心内涵、评估维度、实践问题展开分析，从中提炼评估指标体系。首先，做到同级指标不冲突、不重叠、不重复，同类指标具有一致的测量方法、评分标准、统计口径，从而提升评估结果的准确性。其次，指标设计和权重设置中，我们要按照理论结构、政策解读、专家咨询等科学程序，规范评估流程，保证指标设计的科学性和合理性。

（三）实用性与适用性相结合

评估指标体系设计需要根据基层政府数据安全治理的具体实践不断改进与完善，呈现动态发展的特征，以确保评估指标体系的实用性与适用性。首先是实用性原则。我们在设计评估指标时，需要充分考虑信息或数据的来源，尽可能使得数据来源方便获取。同时在设计指标中，我们需要注意专业术语的可读性，避免因为过于深奥而影响数据和信息的准确收集。其次是适用性原则。评估指标体系的设计既要考虑目前我国基层政府数据安全治理的现状，也要考虑未来的发展趋势，不断修改与完善，使得指标体系设置不仅能与时俱进，而且还便于数据收集和数据处理。

（四）可计量与可比较相结合的原则

可计量是指在指标设计与遴选过程中，要考虑具体指标运用上的可测量性和基础数据的可获得性，通过官方的信息公报、公开的统计年鉴，以及监测的数据等各种渠道获取相关的信息和数据，可计量与可信的数据和信息有利于有效地测评。此外，所获得的指标数据要真实与可靠，易于标准化处理，通过标准量表测量、标准计算或比率计算等方式，对指标数据进行量化处理。可比较性是指评估指标数据易于与同类评估对象横纵向对比。指标设计中需要考虑不同时期、不同区域、不同层级、不同发展水平的状况，保证指标值在时间上进行纵向比较，在空间上进行横向比较，从而达到指标体系的通用性和可比性。

第三节　基层政府数据安全治理评估指标设计依据

基层政府数据安全治理的过程中，评估指标的设计是核心。从评估内容上看，评估涵盖安全管理、安全建设、安全效果等。从评估领域看，评估涵盖理论评估和实践评估。从评估要素来看，数据安全治理分为评估主客体、评估指标体系、评估方法等。为更科学设计数据安全治理的评估指标，本书依据法律法规和政策、标准依据、文献依据及实践调研等设计指标体系。

表6–3　政府数据安全治理评估指标设计

指标设计依据	指标设计来源
法律法规和政策依据	《中华人民共和国国家安全法》《中华人民共和国数据安全法》《中华人民共和国网络安全法》《中华人民共和国个人信息保护法》
数据分类分级保护标准	《网络数据分类分级要求》《重要数据识别指南》《重要数据处理安全要求》
数据安全风险评估标准	《数据安全风险评估方法》《数据安全评估机构能力要求》
数据安全应急处置标准	《信息安全事件分类分级指南》(GB/Z 20986)；《网络安全事件应急演练指南》(GB/T 38645－2020)；《信息安全事件管理 第2部分：事件响应规划和准备指南》(GB/T 20985.2－2020)；《网络安全应急能力评估准则》(送审稿)等。
数据安全风险信息监测预警标准	《网络安全威胁信息格式规范》(GB/T 36643－2018)；《网络安全预警指南》(GB/T 32924－2016)；《网络安全信息共享指南》(送审稿)、《网络安全信息报送指南》(征求意见稿)、《网络安全态势感知通用技术要求》(报批稿)

续表

指标设计依据	指标设计来源
数据要素市场安全标准	《政务信息共享 数据安全技术要求》(GB/T 39477—2020)、《数据交易服务安全要求》(GB/T 37932)、《公共数据开放安全要求》(草案)等。
数据安全技术和产品标准	《机密计算通用框架》(草案)、《数据备份与恢复产品技术要求与测试评价方法》(GB/T 29765—2021)、《网站数据恢复产品技术要求与测试评价方法》(GB/T 29766—2021)
数据安全检测评估认证标准	《网络数据处理安全要求》(GB/T 41479—2022)、《数据安全能力成熟度模型》(GB/T 37988—2019)、《数据安全评估机构能力要求》(草案)、《数据安全风险评估方法》(草案)等。
数据交易安全标准	《数据交易服务安全要求》(GB/T 37932)(修订中)
数据安全人才培养标准	《网络安全从业人员能力基本要求》(报批稿)
全流程数据安全治理	《数据安全能力成熟度模型》(GB/T 37988—2019)、《大数据服务安全能力要求》(GB/T 35274)(修订中)、《大数据安全管理指南》(GB/T 37973—2019)
数据处理伦理	《机器学习算法安全评估规范》(送审稿)、《基因识别数据安全要求》(报批稿)、标准化技术文件《网络安全标准实践指南:人工智能伦理安全风险防范指引》
数据收集合法正当	《个人信息安全规范》(GB/T 35273—2020)、《移动互联网应用程序(App)收集个人信息基本要求》(GB/T 41391—2022)
信息安全评估标准	《信息安全技术信息安全风险评估规范》(GB/T 20984—2007);《信息安全技术信息安全风险评估实施指南》(GB/T 31509—2015);《信息技术软件生存周期过程风险管理》(GB/T 20918—2007);《信息安全技术信息安全风险管理指南》(GB/Z 24364—2009);《信息技术安全技术信息安全风险管理》(GB/T 31722—2015);《云计算平台信息安全风险评估指南》(DB44/T 2010—2017);《信息安全风险评估实施规范》(DB32/T 1439—2009)

续表

指标设计依据	指标设计来源
政务数据安全与开放 政务数据共享和开放	《政务数据处理安全要求》(草案)、《政务信息共享 数据安全技术要求》(GB/T 39477—2020) 《政务信息共享 数据安全技术要求》(GB/T 39477—2020)、《公共数据开放安全要求》(草案)
文献依据	围绕信息安全、数据安全、网络安全等文献进行梳理
实践依据	以线上线下相结合的方式,开展数据安全治理交流

本书以数据全生命周期的安全治理建设为切入点，以数据安全治理的重要法律法规和标准为基础，梳理了国际电信联盟（ITU）发布的全球网络安全指数(global cybersecurity index，GCI)，中国信息通信研究院的数据安全治理能力评估，全国信息安全标准化技术委员会的等保2.0等评估指标，国信办（2005）的电子政务信息安全等级保护等，电子政务等级保护安全分为安全策略、安全组织、安全技术和安全运行四个方面。[①]安全策略是制定安全方针、规范标准、管理制度等。安全组织是保障信息安全而建立的组织体系，涵盖人员安全管理、安全组织机构、岗位安全职责等。安全技术是保障电子政务信息安全的功能要求和技术要求，包括数据安全、数据库安全、物理环境安全、应用安全等方面。安全运行是保障系统运行安全的运维要求，包括应急响应、系统安全管理、系统风险管理、日常运行管理等。具体如表6-4所示。

表6-4　数据安全治理评估指标

评估主体	评估对象	一级指标	二级指标
国际电信联盟	全球网络安全指数指标体系	技术、法律、组织、能力及合作	网络安全培训、网络安全条例、网络安全评价标准、网络安全产业

① 国信办〔2005〕25号《电子政务信息安全等级保护实施指南(试行)》。

续表

评估主体	评估对象	一级指标	二级指标
中国信息通信研究院(2021)	数据安全治理能力评估	数据基础安全、数据安全战略、数据全生命周期安全	数据分类分级;合规管理;风险和需求分析;数据采集安全;数据传输安全;数据安全规划等
国信办(2005)	电子政务信息安全等级保护	安全策略	整体安全策略、部门级安全策略、系统级安全策略
		安全组织	各级安全组织机构、岗位安全职责、人员安全管理、第三方安全管理、安全合作与沟通
		安全技术	平台安全、数据库安全、应用安全、数据安全、物理环境安全
		安全运行	风险管理、配置和变更管理、信息系统工程安全管理、日常运行管理、技术资料安全、应急响应等方面
浙江省市场监督管理局	公共数据安全体系评估维度	制度规范评估维	全面性;可执行性;动态更新性
		技术防护评估维	功能性;适用性;安全性
全国信息安全标准化技术委员会	等级保护2.0	技术要求	安全物理环境、安全管理中心、安全通信网络等
		管理要求	安全管理制度、安全管理组织、安全管理人员、安全建设管理以及安全运维管理
北京市市场监督管理局	政务数据分级与安全保护	影响对象	国家安全、党政机关、公共服务机构、其他机构、自然人

续表

评估主体	评估对象	一级指标	二级指标
北京市市场监督管理局	政务数据分级与安全保护	影响程度	一般影响、严重影响和特别严重影响
		影响范围	影响规模、可控程度
上海市市场监督管理局	公共数据	需求清单、责任清单、负面清单	生成、变更、废止
浙江省政府	安全评估指标	数据安全团队评估维	完备性；专业性；可靠性
		运行管理机制评估维	完备性；专业性；可靠性
		安全设备相服务	网络防火墙、无线网络安全、VPN安全等
		安全管理	安全管理体系、安全审计、安全策略管理等
		资源访问安全	客户端、访问控制、权限管理等
		操作系统安全	漏洞扫描、恶意软件分析、监控系统等
		应用系统安全	应用安全检测、数据安全等
		网络安全	网络审计、威胁检测、弱口令分析等
谌至(2016)	电子政务项目信息安全审计	软件系统安全	基础网络安全，数据库安全和终端安全
		硬件系统安全	计算机及硬件安全、门禁控制安全、防火监控安全
		内部控制安全	符合法律规章；符合业内标准
陈永刚、赵增振等(2022)	政务数据安全合规评估	数据全生命周期安全	数据采集、传输、存储、使用、交换和销毁各环节，聚焦重要业务场景发现风险点

续表

评估主体	评估对象	一级指标	二级指标
陈永刚、赵增振等(2022)	政务数据安全合规评估	通用合规要求	组织结构及人员、管理制度、管理措施、技术措施
孙轩、王焕骁(2022)	政务大数据安全防护技术能力	网络安全	网络设备保护、网络日志分析、平台故障屏蔽
		平台安全	平台流量划分、平台资源管控、应用身份鉴别
		应用安全	应用访问控制、应用数据管理、应用操作审计
	政务大数据安全防护管理能力	人员素养	用户安全意识、管理人员能力、服务厂商能力
		制度体系	情报共享机制、数据管理策略、职责分工体系
马海群、徐天雪(2018)	数据安全政策评估	数据安全政策的制定	政策制定的依据、目标、科学性、内容
		数据安全政策的实施	政策的传达、执行、投入和监督
		数据安全政策的成效	政策的效果和满意度
欧晓聪、王祯学、胡勇(2010)	信息安全风险评估	信息安全保障模型	保障措施、保障能力和保障效果
		信息系统风险评估	业务战略、法律法规及人文环境、资产、威胁、安全事件、安全措施以及安全保护等级等的基础上
何杰、朱美玲(2019)	网络社会安全风险评估	政治安全风险	国家主权与政权安全;无序政治参与风险等
		文化安全风险	外来文化侵蚀、优秀传统文化冲击等

续表

评估主体	评估对象	一级指标	二级指标
何杰、朱美玲(2019)	网络社会安全风险评估	生态安全风险	网络攻击、信息破坏、有害程序
		经济安全风险	市场信息安全;网络交易安全等
		社会安全风险	网络侵权、网络赌博、网络欺诈等
张斌、王法中等(2021)	政务大数据安全评估	平台安全	软件安全;硬件安全;运维安全;物理环境安全
		数据安全	数据采集安全;数据传输安全;数据存储安全;数据处理安全;数据交换安全;数据销毁安全
		管理安全	数据权责管理;资产管理;组织管理;用户管理
		服务安全	网络审计;网络防护;监测预警;评估评价
	数字政府网络安全指标评估	安全管理	安全意识;安全政策规范;安全管理组织;安全战略规划
		安全建设	数据安全保护;网络安全等级保护;服务支撑体系
		安全运营	安全风险识别;安全运行维护;安全协同;安全监控与监测
		安全效果	安全事件;安全漏洞;移动终端安全;主机安全
杨鹏飞等(2021)	数字政府网络安全指数评估	安全管理	安全意识、安全投入、安全政策规范、安全管理人员等

续表

评估主体	评估对象	一级指标	二级指标
杨鹏飞等(2021)	数字政府网络安全指数评估	安全建设	数据安全保护、网络安全等级保护、关键信息基础设施保护等
		安全运营	安全运行维护、安全风险识别、安全协同状况等
		安全效果	安全事件情况、安全漏洞情况、主机安全情况等
高凯、邹凯、蒋知义等(2022)	智慧城市信息安全风险评估	环境风险	城市信息基础设施;政策环境
		数据风险	系统安全;数据安全
		用户风险	安全预防措施;安全保护措施
		管理风险	管理工作人员;管理工作机制
陈永刚、赵增振(2022)	政务数据安全合规评估	数据全生命周期安全	数据采集、传输、存储、使用、交换和销毁各环节
		通用合规要求	数据安全审查要求、分类分级保护要求、数据管控要求等
姜向南(2022)	数据中心安全事件风险源	安全事件风险源风险因素	安全管理机构
			人力资源安全管理
			安全管理机制
			物理安全
			应用安全
李云峰等(2023)	关基单位网络安全能力	技术体系能力	网络安全等级保护综合评估
			商用密码应用安全性综合评估
		基础保障能力	三同步原则

续表

评估主体	评估对象	一级指标	二级指标
李云峰等(2023)	关基单位网络安全能力	基础保障能力	网络安全保护制度
			网络安全责任制度
			人财物资源支持
		主动防御与应急能力	攻防演习
			威胁情报
			应急预案制度
			应急演练
			网络安全工作考核
			网络安全事件处置
			网络安全事件报告
			网络安全检测与风险评估
		规范运营能力	分析识别
			网络安全和信息化决策参与
			公共监督
			网络产品和服务采购
			数据存储本土化与安全评估
			运营状态调整
			合法合规表现
		培训教育能力	网络安全培训频率及覆盖范围
			网络安全能力认证
		技术创新能力	网络安全标准参与
			网络安全技术创新与应用
			网络安全协作
李远征(2012)	电子政务外网通用网络安全	基础运行指数	主机状态指数

续表

评估主体	评估对象	一级指标	二级指标
李远征(2012)	电子政务外网通用网络安全	基础运行指数	网络状态指数
		脆弱性指数	可防护性
			可利用性
			危害性
			漏洞数
			影响资产
		威胁性指数	网络篡改
			病毒攻击
			木马攻击
			拒绝服务攻击
李茜茜(2014)	电子政务风险	系统风险	软件风险
			硬件风险
		管理风险	组织风险
			人员风险
			管理能力
		网络安全风险	外部风险
			内部风险
		信息安全风险	信息风险
张凤臣(2017)	政务云信息安全测评	技术要求	物理安全
			网络安全
			主机安全
			应用安全
			数据安全
		管理要求	安全管理制度
			系统建设管理
			系统运维管理

续表

评估主体	评估对象	一级指标	二级指标
高倩(2022)	电子政务云计算安全审计	安全运营	规范操作
			应急预案演练
		安全防护	共享网络边界安全防护
			应用操作平台安全防护
		安全管理	安全制度
			机构分布
			人员培训
			监管执行
		安全控制	统一服务平台与统一运维平台
			是否开展密钥导出和导入、身份认证、服务权限控制、权限控制等服务
		大数据技术	可视化程度
			共享程度
			收集水平
			储备能力
俞晓燕(2019)	大数据安全管理	制度防范	平台安全管理制度
			分级保密制度
			设备资料安全管理制度
		法律保障	全方位数据保护法律体系
			信息数据管理法规
			网络的数据保护法
		行业自律	培植网络文化
			净化网络风气
			自律意识培养
			信用机制完善

续表

评估主体	评估对象	一级指标	二级指标
俞晓燕(2019)	大数据安全管理	行业自律	应急预案建立
			大数据安全评估
		技术保障	数据采集安全
			数据传输安全
			数据存储安全
			数据分析安全
			数据发布安全
			网络安全技术
			安全审计技术
			安全监控技术
		组织保障	组织协调
			政策支持
			人力资源保障
麦笃强等(2019)	政务大数据整体风险	平台安全	硬件安全
			软件安全
			物理环境安全
		服务安全	网络防护
			监测预警
			行为审计
		数据安全	数据机密性
			数据完整性
			数据可用性
		管理安全	用户管理
			组织管理
			数据权责管理
毛成功(2010)	电子政务系统信息安全风险评价	物理安全	环境安全
			设备安全
			介质安全

续表

评估主体	评估对象	一级指标	二级指标
毛成功(2010)	电子政务系统信息安全风险评价	网络安全	访问控制
			安全审计
			计算机病毒与恶意代码
			防护
			防黑客入侵措施
		系统安全	操作系统安全
			数据库安全
			系统安全性能检测
			备份与恢复
			应急响应
		信息安全保密	身份鉴别
			密码保护措施
			电磁泄漏发射防护
			信息完整性校验
			抗抵赖
		管理安全	管理机构
			管理制度
			人员管理

实践中，广东省数字政府网络安全指数指标体系，是根据网络安全保障的层次对评估对象和内容进行逐层分解得到，共有3个层级，包含安全管理、安全建设、安全运营、安全效果等4项一级指标、24项二级指标和70个评估要点，各项指标权重通过专家调查法（Delphi）确定。四项一级指标中安全管理指标主要从安全规划和管理制度着手，评价数字政府网络安全管理措施是否到位和充分，具体包括安全战略规划、安全管理组织、安全标准规范、人员安全管理等。安全建设指标从注重定级备案、等级保护、关键信息基础设施建设等方面着手，评价地区数字政府网络安全技术措施是否完备，包含关键信息基础设施保护、数据安全保护、网络安全等级保护、安全服务支撑体系、个人信息保护等方面，通过法律法规，建立既强调全面又突出重点的技术防护体系。安全运营指标主要评价数字政府网络安全保障体系运行中的风险识别能力、应急处置能力等，主要包括安

全运维、应急处置、安全审计、安全检查以及安全协同等，其功能主要是摸清资产底数，发现风险隐患，形成联防联控合力。安全效果指标从结果维度评价数字政府网络安全保障体系的实际运行效果，通过安全漏洞、安全环境、安全事件等内容，反映数字政府安全管理、安全建设和运营的效果。

表6-5　广东省数字政府网络安全指数指标体系

一级指标	二级指标	评估要点
安全管理	安全战略规划	安全战略方针、战略目标、网络安全规划
	安全标准规范	标准规范、管理制度、行业指引
	安全管理组织	管理机构、职责分工、专家队伍、智库机构
	人员安全管理	安全意识、安全考核、供应商安全
	安全投入	安全预算、保障工作
	供应链安全管理	供应链、产品与服务、供应商安全评价
安全建设	网络安全等级保护	定级备案、等保测评
	关键信息基础信息设施保护	关基清单、关基保护
	数据安全保护	分类分级、数据目录制度建设、开放共享
	个人信息保护	责任、合规、评估、制度、存储
	密码应用	密码应用、密码改造、密码评估
	安全服务支撑体系	安全服务资源池产业协同
安全运营	信息资产管理	系统清单、服务端口
	日常安全运维	SOC 建设、日志管理
	安全监测	日常监测、预警研判
	应急处置	应急预案、事件处理
	安全检查	漏洞扫描、渗透测试
	安全协同	沟通合作、及时汇报
	业务连续性保障	数据备份、数据恢复
	安全审计	审计执行、审计人员、日志审计
安全效果	网络安全环境	移动终端、桌面终端、办公场所、政务系统
	安全漏洞	中高危漏洞数量、修复率
	安全事件	安全事件数量
	专项工作	攻防演练、奖励荣誉

广东省数字政府网络安全指数指标体系不断完善和发展，同时也不断向其他地区扩展，各地在网络安全大队的检测方面也进一步明确检测评估内容，如网络安全工作协调（领导）机制、网络安全人员配备和责任制、网络安全规划制定、网络安全管理制度、技术防范措施的建设等一级指标。

浙江省建立电子政务外网安全评估指标体系，并将安全评估指标分为六大类：安全设备相服务、安全管理、资源访问安全、操作系统安全、应用系统安全、网络安全。第一类指标主要包括网络防火墙、无线网络安全、VPN安全等，第二类指标主要包括安全管理体系、安全审计、安全策略管理等，第三类指标主要包括客户端、访问控制、权限管理等，第四类指标主要包括漏洞扫描、恶意软件分析、监控系统等，第五类指标主要包括应用安全检测、数据安全等，第六类指标主要包括网络审计、威胁检测、弱口令分析等。

根据公共数据安全体系评估项的特点，浙江省市场监督管理局将公共数据安全体系评估维度分为4大类①，包括制度规范评估维、技术防护评估维、数据安全团队评估维、数据分类分级评估维。其中制度规范评估维包括相关制度文件内容是否全面；相关制度文件内容是否具备可落地执行性；相关制度文件内容是否根据外部环境、政策变化、组织实际情况等进行了相应的调整。技术防护评估维主要包括相关技术产品是否覆盖所有安全功能要求；相关技术产品的安全功能和性能是否有效实现公共数据安全防护；相关技术产品本身是否存在漏洞、配置错误（基线检查）、业务逻辑错误等安全问题。数据安全团队评估维包括评估该组织是否已安全评价指标配备团队人员；相关人员是否有足够能力胜任职责范围内的工作、是否定期接受数据安全防护技能及法规培训等；相关人员是否有良好的职业操守等。数据分类分级评估维主要包括是否包括完整的闭环运行管理环节；是否已在该组织落地实施；是否有效地实现公共数据安全防护预期效果等。

浙江省市场监督管理局基于公共数据安全体系评估模型，通过对各项权重指标打分的方式对评估对象进行评估。公共数据安全体系评估模型分为三个方面，包含公共数据安全体系评估项，公共数据安全体系评估维度，公共数据安全体系

① 浙江省市场监督管理局批准发布了《公共数据安全体系评估规范》(DB33/T 2488—2022)省级地方标准(文本见附件)。

评估方法。具体来看，公共数据安全体系评估项有3个一级指标：制度规范、技术防护、运行管理，其中，制度规范评估项中包含9个二级指标，技术防护评估项中包含14个二级指标，运行管理评估项中包含8个二级指标。公共数据安全体系评估维度有9个方面，根据公共数据安全体系评估项的特点设置可分为3个大类，制度规范评估维度包括全面性、可执行性、动态更新性，技术防护评估维度包括功能性、适用性、安全性，运行管理评估维度—数据安全团队评估子项评估维度包括完备性、专业性、可靠性，运行管理评估维度—分类分级等其他运行管理机制的评估子项评估维度包括完整性、符合性、有效性。另外，浙江省市场监督管理局采用的公共数据安全体系评估方法有5种：资料查阅、人员访谈、问卷调查、功能演示、技术检测。

表6–6　网安大队的检测评估内容

一级指标	序号	检测评估内容
网络安全工作协调(领导)机制建立运行情况	1-1	是否成立了指导和管理网络安全工作的委员会或领导小组
	1-2	网络安全工作委员会或领导小组的最高领导是否由单位主管领导委任或授权
	1-3	是否设立网络安全责任部门
	1-4	网络安全责任部门是否明确职责和任务要求
网络安全人员配备和责任制落实情况	2-1	是否设立单位网络安全责任岗位，并明确了职责和责任人
	2-2	是否书面规定了网络安全责任人员的安全责任和惩戒措施
网络安全规划制定落实情况	3-1	是否对本单位信息系统的安全建设制定总体规划或长期计划
	3-2	是否制定相关工作规范，确保本单位信息系统建设与安全建设同步规划、同步设计、同步实施
	3-3	是否根据信息系统的等级划分情况，制订安全保护总体策略
有关网络安全管理制度的建立和执行情况	4-1	是否建立了包括单位人员录用、人员离岗、人员考核和外部人员访问管理等人员安全管理制度
	4-2	是否建立环境管理、资产管理、介质管理、设备管理、网络安全管理、系统安全管理、密码管理等系统运维管理制度
	4-3	是否针对信息系统建设过程中的产品采购、服务外包、系统投入使用前进行安全测试等方面建立了相应的管理制度

续表

一级指标	序号	检测评估内容
有关网络安全管理制度的建立和执行情况	4-4	是否与外包服务企业签订安全保密责任书
	4-5	是否建立单位网络安全责任追究制度
	4-6	是否建立人员安全意识教育和培训制
有关技术防范措施的建设和落实情况	5-1	机房是否具有防火、防水、防潮、防雷击、防盗窃、防破坏等功能
	5-2	安全审计是否覆盖主机、应用系统和网络设备,是否符合国家法律法规规定
	5-3	网络边界是否有访问控制、安全审计、入侵防范等技术措施
	5-4	服务器、网络设备、安全设备等是否有配置安全策略、按需开设端口、最小服务配置等技术措施
	5-5	应用系统是否有身份验证、访问控制和安全审计等技术措施
信息系统定级备案、等级测评和安全整改工作开展情况	6-1	本单位所有信息系统是否都确定了安全保护等级[信息系统总数(个),三级系统数量(个),二级系统数量(个),未确定等级的系统数量(个)]
	6-2	安全保护等级为第二级(含)以上的信息系统,是否已到所在地公安机关办理了备案手续[已备案数量(个),未备案数量(个)]
	6-3	安全保护等级为第二级(含)以上的信息系统,是否已经完成等级测评工作[已完成测评(个),未完成测评(个)]
	6-4	新建信息系统是否在规划、设计阶段确定安全保护等级并备案[新建信息系统数量(个)]
	6-5	安全保护等级为第三级的信息系统,是否每年开展等级测评
	6-6	是否根据等级测评结果,制定了信息系统安全建设整改方案,开展了安全建设整改工作[未完成安全建设整改的信息系统数量(个)]
	6-7	所选测评机构是否具有资质 测评机构名称
网络安全自查工作情况	7-1	是否对本单位网络与信息安全检查工作制订了计划、明确了要求并部署实施
	7-2	是否定期对信息系统安全状况、安全保护制订及措施的落实情况进行了自查、自查周期
	7-3	是否对自查中发现的安全威胁和隐患进行了整改

续表

一级指标	序号	检测评估内容
网络安全自查工作情况	7-4	是否根据公安机关要求报送有关自查材料
	7-5	是否对公安机关监督检查时指出的问题进行了整改并及时反馈
重要信息系统安全监测预警、容灾备份和数据安全等情况	8-1	是否对单位重要信息系统安全运行状况进行监测，及时更新补丁、及时修复漏洞、及时处置监测报警
	8-2	是否建立重要系统的容灾备份安全管理制度和技术措施，并定期进行备份和恢复操作
	8-3	是否采用加密或者其他有效措施实现系统管理数据、鉴别信息和重要业务数据采集、传输、使用和存储过程的保密性
	8-4	是否提供本地数据备份和恢复功能 增量数据备份周期 完全数据备份周期
	8-5	是否建立同城或者异地数据备份中心
安全事件应急处置工作情况	9-1	是否制定了安全事件应急预案和操作手册
	9-2	是否定期对应急预案进行演练 演练周期演练记录
	9-3	应急预案的执行是否有足够的资源保障
	9-4	是否根据国家对安全事件等级划分办法和对本系统产生的影响，制定安全事件分级分类应急处置机制，包括安全事件报告、处置管理制度和响应处理程序
	9-5	是否将网络安全工作纳入考核

数据安全评估指标是用来衡量和评估数据安全性的指标，常用于评估组织的数据安全措施的有效性和数据安全风险的程度。评估标准的建立原则主要包括完整性、可用性、机密性、安全意识、合规性。完整性主要用于衡量数据是否完整、准确和可信。例如，数据是否经过验证和校验，是否存在数据丢失或篡改的风险。机密性则用于衡量数据是否受到适当的保护，防止未经授权的访问。例如，数据是否加密，是否存在未经授权的用户可以访问数据的风险。可用性衡量数据是否可供合法用户使用。例如，数据是否容易受到拒绝服务攻击，是否存在数据不可用的风险。

表6-7　电子政务信息安全风险评估

评估类型	评估对象	评估内容	评估方法
网络结构及网络设备评估	网络及安全设备（交换机路由器、防火墙、入侵检测设、安全审计等）	从网络结构设计、边界保护、外部访问控制策略、内部访问控制策略、网络设备安全置等方面进行识别评估	信息收集 工具扫描 基线检查 人工审计
主机及数据系统评估	操作及数据库系统（Windows、Linux.UnixOracle、informix. ibm db2sql server、my sql等）	从补丁安装、物理保护、用户账号、口令策略、资源共享、事件审计、访问控制、新系统配置、注册表加固、网络安全、系统管理等方面进行识别评估	信息收集 工具扫描 基线检查 人工审计
应用系统评估	应用中间件（IIS、APACHE、TOMCAT、Weblogic等）和应用系统软件	从审计机制、审计存储、访问控制策略、数据完整性、通信、鉴别机制、密码保护、脚本漏洞等方面进行识别评估	工具扫描 渗透测试 基线检查 人工审计
物理环境评估	物理环境基础设施	从机房场地、机房防火、机房供配电、机房防静电、机房接地与防雷、电磁防护、通信线路的保护、机房区域防护、机房设备管理等方面进行识别评估	信息收集 人工审计
安全管理	技术管理和组织管理	从以下几方面分析被评估信息系统安全管理状况：管理机构、管理制度、人员管理、系统建设管理和系统运维管理	信息收集 人工审计

在数据安全和信息安全标准方面，国内外从技术类、管理类和评估类确定了信息安全管理标准、信息技术安全评估、信息安全能力成熟度模型等标准。这些标准在评估过程中发挥了重要作用，同时也需要根据组织的具体需求和情况进行调整，用于评估数据安全现状和改进方向。本书主要从信息安全风险评估标准和信息技术安全评估进行研究。

表6–8　信息安全标准

评估标准	标准名称	标准简称	时间	标准制定主体
信息安全风险评估标准	可信计算机系统评估准则	TCSEC	1985年	美国国防部
	信息技术安全评估准则	ITSEC	90年代初	英、法、德、荷等国
	信息技术安全联邦标准	FC	1993	美国
	信息技术安全性评估通用准则	CC	20世纪90年代中期	加拿大、法国、德国、荷兰、英国、美国
信息技术安全评估	信息技术安全评估公共标准	CC	1993	美国、加拿大及欧洲
	信息安全管理标准	BS7799	2000	英国标准协会
	信息安全工程能力成熟度模型	SSE-CMM	2021	国家市场监督管理总局 国家标准化管理委员会

从以上的安全标准看，BS7799主要侧重于管理理念，信息技术安全性评估准则（CC）和可信计算机评估准则（TCSEC）主要侧重系统和产品技术指标评估，SSE-CMM主要侧重系统安全工程领域，这些标准在理论研究和实际应用方面具有举足轻重的作用。

安全治理评估是一个复杂的过程，需要考虑多个因素，因此我们要将定性和定量相结合，而德尔菲方法（Delphi method）正是两种方法融合的产物。德尔菲方法（专家调查法）是一种采用通信方式分别将所需解决的问题或指标体系设计框架单独发给相关领域的专家，征询各位专家的意见，再回收汇总专家的意见，并整理出综合意见，同时将综合意见再反馈给专家，再次征询，如此多次反复，最终逐步取得一致预测结果的方法。这一方法有助于集各位专家的专长，通过匿名方式有助于专家不为权威意见所左右，对专家意见采取数理统计方法进行汇总和整理，结论更为科学。

本研究邀请了五位数字政府和国家安全领域的专家，对数字安全治理的指标体系进行设计，包括数据安全治理过程、数据安全治理制度、数据安全治理组织、数据安全治理管理和数据安全治理技术等五个一级指标以及数据安全治理的数据生命周期理论（数据采集安全、数据传输安全、数据存储安全等）和数据安全意识、数据安全能力和数据安全培训等二级指标进行排序赋值，得出判断矩阵，再对权重向量进行一致性检验，专家对准则层和指标层间的两两重要程度进行打分，再运用yaahp软件计算判断矩阵并进行一致性检验，根据指标体系的权重值，判断矩阵。

表6–9　基层政府数据安全治理评估指标

一级指标	二级指标	三级指标
数据安全治理过程	数据采集安全	关注直接和间接采集过程的各项安全保护措施、采集原则以及采集的合规性评估等工作
	数据传输安全	关注数据在传输过程中的安全性保障
	数据存储安全	关注存储介质、存储系统或平台的安全建设内容，数据备份与恢复关注数据的可用性建设
	数据使用安全	使用安全关注数据使用方对数据相关操作的安全管理，数据处理环境安全关注不同处理场景、平台的安全策略的实施
	数据共享安全	数据内部共享安全关注企业内部数据流通安全保障建设，数据外部共享安全关注不同企业主体之间的数据流通安全建设
	数据销毁安全	关注数据及介质的销毁管理
数据安全治理组织	治理机构	设置数据安全的组织结构和相关岗位
	职责分工	明确数据安全治理中管理部门、业务部门和运维部门的角色和责任
	组织管理	规范组织的安全管理和组织协调

续表

一级指标	二级指标	三级指标
数据安全治理制度	安全规划 安全制度	战略规划、政策法规、标准规范等宏观环境因素组织安全管理制度、安全责任制度、应预案制度、平台安全管理制度、数据分类分级制度等
	安全标准	衡量组织是否符合安全治理相关的法律法规和行业标准
数据安全治理人员	数据安全意识	员工对数据安全的认识和意识
	数据安全培训	是否有数据安全培训计划和安全意识教育
	数据安全能力	是否存在员工因疏忽或不当操作导致数据泄露的风险
数据安全治理技术	网络安全技术	安全技术要求、安全技术创新和应用、安全技术防护、网络安全等级保护等
	安全审计技术	安全运营和规范操作、安全行为审计等
	安全监控技术	安全监控与监测、安全监控系统、安全协同监控等

（结合基层实践测评指标和理论指标进行整理）

本研究运用AHP层次分析法进行评价研究。层次分析法结合定量分析与定性分析，具有适用性强、操作渐变、多层次综合性等特点，基于各层级评价指标，每一个层级具有不同的权重，在开展评价过程中，需要对各层级的指标所占的权重进行分配，这里以专家打分来建立判断矩阵，利用层次分析法原理计算出各指标的权重值。这适用于基层政府数据安全治理的多因素、多层次的评价研究，有助于提升评价结果的客观性和科学性。

（一）层次分析法的运用

（1）建立递阶层次结构。根据已经建立的指标体系，绘制递阶层次结构。其中目标层为基层政府数据安全治理，准则层为科学立法、严格执法、公正司法、法治素养，子准则层为依法制定民族事务治理法规、民族事务法治机构、民族事务治理程序、立法评估与监督、执法主体与权限、执法程序与标准等。

（2）构造判断矩阵。对于不同的决策者，每一项指标的重要程度可能存在差异。因此，为确保指标权重的准确性和科学性，本研究按照已经建立的递阶层次结构，对各级指标采取1~9级重要性登记及赋值法，从而建立两两比较判断矩阵。诸多研究显示，人们在进行因素比较时候，判断力会受到影响，一般采取5~9范围比较，同时开展$\frac{n(n-1)}{2}$次两两判断的比较，进而得到自己需要的信息，本研究主要通过专家一系列讨论，统一意见从而确定一个排序。这里依据托马斯·萨迪提出的1～9标度作为标准，分值越大即代表该项指标重要性越强。

表6-10　九个重要性等级及其赋值

重要标度	含义
1	两因素相比，同等重要
3	A_i与A_j相比，A_i比A_j稍微重要
5	A_i与A_j相比，A_i比A_j明显重要
7	A_i与A_j相比，A_i比A_j强烈重要
9	A_i与A_j相比，A_i比A_j极端重要
2,4,6,8	A_i与A_j相比，重要性在两个相邻等级之间

（3）层次单排序及一致性检验。层次单排序指的是每个层级由矩阵建立的基本情况，计算出同层级中每个因素之间重要性的值，这个计算的经过就被称之为层次单排序。而在计算中，需要使用$AW=\lambda_{max}W$这个公式，计算出已建立判断矩阵的特征向量以及特征值，这里面特征的向量用W来表示，判断的矩阵用A来表示，判断矩阵所对应的MAX特征值用λ_{max}表示。组成的特征向量每个基本元素W_i是我们所求的层次单排序权重值。想知道特征向量W和MAX特征值λ_{max}的值，可以用根法和正规求和法以及和法来计算，在这里我们选取的是正规化求和法，这个算法的计算的过程如下：

第一步，让判断矩阵的每一列形成正规化，即：

$$b_{ij}=\frac{a_{ij}}{\sum_{i=1}^{n}a_{ij}}\ (i,\ j=1,\ 2,\ 3,\ \cdots,\ n) \tag{6-1}$$

正规化以后，每一列的元素之和应为1。

第二步，所有列予以正规化以后的判断矩阵以行为单位予以相加，即：

$$V_i=\sum_{j=1}^{n}b_{ij}\ (i,\ j=1,\ 2,\ 3,\ \cdots,\ n) \tag{6-2}$$

第三步，对向量$V=[V_1,\ V_2,\ \cdots,\ V_n]^T$予以正规化：

$$W_i=\frac{V_i}{\sum_{i=1}^{n}V_i}\quad (i,\ j=1,\ 2,\ 3,\ \cdots,\ n) \tag{6-3}$$

通过计算获得的向量$[W_1,\ W_2,\ \cdots,\ W_n]^T$就是权重向量。

第四步，对最大特征根λ_{max}进行计算：

$$\lambda_{max}=\sum_{i=1}^{n}\frac{(AW)_i}{nW_i}\quad (i,\ j=1,\ 2,\ 3,\ \cdots,\ n) \tag{6-4}$$

在第四步计算的公式中$(AW)_i$的意思是AW的第i个元素，n为阶数。实践经验告知我们，我们常常会得到不具有一致性的比较型矩阵，为了研究，我们需要开展一致矩阵来处理，去获取一组权重，针对权重的合理性及科学性，因此需要更深层次考究，比如，在同一层级的元素中，重要性为$a>b$和$b>c$，但是$c>a$，这在逻辑上是行不通的，为此，在计算后还是需要进行一致性的检查。检查的方式如下：

计算一致性指标CI：

$$CI=\frac{\lambda_{max}-n}{n-1}\quad (n\text{为判断矩阵的阶数}) \tag{6-5}$$

其中，CI就是用来衡量A（判断矩阵）对W中以往构成矩阵的相对偏离程度。

定义RI（即随机一致性指标的均值）：

n阶为1～10时，通过科学计算，可以得出分别对应的RI，1和2阶的判断矩阵经研究通常为完全一致性，此两阶RI测算数值是0。那么，这里所列出的前9阶判断矩阵的RI如下：

表6-11　矩阵阶数为1~9的*RI*取值

阶数	1	2	3	4	5	6	7	8	9
RI	0.00	0.00	0.52	0.89	1.12	1.26	1.36	1.41	1.46

上面表格里显示，RI为0对应的是n为1或2，意为正互反矩阵为一致阵。

计算一致性比率CR：

$$CR=\frac{CI}{RI} \tag{6-6}$$

相对于3以上的矩阵A，将计算所得的CI与相应的RI所对比，其比值就是CR的值，当CR小于0.1时，这个矩阵在一定程度上是在误差允许内的，也就意味着检验通过；当CR大于0.1时，代表判断矩阵$\boldsymbol{A}$的一致性检测没有通过，所以为了能够达到要求，就要对判断矩阵进行修正直至其能够通过检测。

（二）确定指标权重

本研究运用德尔菲法，邀请从事数据安全工作的专家和从事电子政务和数据安全研究的专家，向7个专家发放了打分问卷。对收集的专家问卷进行分数统计，在征求一致意见后，利用层次分析法计算各层级指标的权重以及检验一致性。经过数轮征询及沟通，得出一致意见，结合算术平均法得出专家赋分的集中程度的最终分值，建立因素重要程度的判断矩阵。

表6-12　专家打分情况统计表

一级评价指标Z	专家1	专家2	专家3	专家4	专家5	专家6	专家7
数据安全治理过程Z1	9	9	8	9	8	9	8
数据安全治理组织Z2	7	8	9	8	8	7	8
数据安全治理制度Z3	8	9	8	8	9	8	8
数据安全治理人员Z4	7	8	7	7	8	6	7
数据安全治理技术Z5	8	8	7	7	7	7	7
二级评价指标B	专家1	专家2	专家3	专家4	专家5	专家6	专家7
数据采集安全B1	8	8	9	8	7	8	7
数据传输安全B2	8	8	8	8	7	7	7
数据存储安全B3	7	7	7	7	7	6	6
数据使用安全B4	8	7	7	6	7	6	8
数据共享安全B5	8	7	6	8	7	7	8
数据销毁安全B6	7	8	7	6	7	8	6
治理机构B7	8	7	7	7	8	7	7
职责分工B8	8	7	6	7	7	8	7
组织管理B9	7	5	6	5	7	6	5
安全规划B10	8	7	7	8	7	7	8
安全制度B11	8	7	8	7	7	8	7
安全标准B12	7	7	5	6	5	5	6
数据安全意识B13	8	8	7	7	7	7	8
数据安全培训B14	7	7	7	7	8	7	7

续表

二级评价指标B	专家1	专家2	专家3	专家4	专家5	专家6	专家7
数据安全能力B15	8	7	7	8	8	8	7
网络安全技术B16	7	8	8	7	8	7	8
安全审计技术B17	6	6	6	7	6	6	6
安全监控技术B18	7	6	7	7	6	7	6

1. 构建一级指标判断矩阵

本次使用到的软件是SPSSAU的层次分析法功能，将得到的矩阵输入SPSSAU中，可以计算得出权重值和一致性检验情况。一级指标包括数据安全治理过程、数据安全治理组织、数据安全治理制度、数据安全治理人员、数据安全治理技术等。

表6-13 一级指标判断矩阵

	数据安全治理过程	数据安全治理组织	数据安全治理制度	数据安全治理人员	数据安全治理技术
数据安全治理过程	1.000	5.000	3.000	9.000	7.000
数据安全治理组织	0.200	1.000	0.333	5.000	3.000
数据安全治理制度	0.333	3.000	1.000	7.000	5.000
数据安全治理人员	0.111	0.200	0.142	1.000	0.333
数据安全治理技术	0.142	0.333	0.200	3.000	1.000

第一步，构建一级指标判断矩阵。

第二步，通过SPSSAU软件计算判断矩阵的最大特征根得$\lambda_{max}=5.237$。

表6-14 AHP层次分析结果

	特征向量	权重值(%)	最大特征值	*CI*值
数据安全治理过程	0.645	51.281	5.237	0.059
数据安全治理组织	0.163	12.897		
数据安全治理制度	0.308	26.149		
数据安全治理人员	0.051	3.333		
数据安全治理技术	0.088	6.337		

第三步，对一致性指标进行计算：

$$CI=\frac{\lambda_{\max}-n}{n-1}=\frac{5.237-5}{5-1}=0.059$$

第四步，平均随机的一致性指标：$RI=1.120$。

第五步，计算随机一致性比率：

$$CR=\frac{CI}{RI}=\frac{0.059}{1.120}=0.052<0.1$$

从上表可知，针对数据安全治理过程、数据安全治理组织、数据安全治理制度、数据安全治理人员、数据安全治理技术总共5项构建5阶判断矩阵进行AHP层次法（计算方法为：和积法），分析得到特征向量为0.645、0.163、0.308、0.051、0.088，并且总共5项对应的权重值分别是：51.281%、12.897%、26.149%、3.333%、6.337%。除此之外，结合特征向量可计算出最大特征根（5.237），接着利用最大特征根值计算得到*CI*值（0.059）。*CI*值用于计算*CR*一致性检验使用。通常情况下*CR*值越小，则说明判断矩阵一致性越好，一般情况下*CR*值小于0.1，则判断矩阵满足一致性检验；如果*CR*值大于0.1，则说明不具有一致性，应该对判断矩阵进行适当调整之后再次进行分析。本次针对5阶判断矩阵计算得到*CI*值为0.059，针对*RI*值查表为1.120，因此计算得到*CR*值为0.052<0.1，意味着本次研究判断矩阵满足一致性检验，计算所得权重具有一致性。

2. 构建二级指标判断矩阵

（1）数据安全治理过程的二级指标权重。数据安全治理过程的二级指标主要包括数据采集安全B1、数据传输安全B2、数据存储安全B3、数据使用安全B4、数据共享安全B5、数据销毁安全B6。

表6-15　数据安全治理过程的二级指标判断矩阵

	B1	B2	B3	B4	B5	B6
B1	1.000	3.000	9.000	7.000	5.000	7.000
B2	0.333	1.000	7.000	5.000	3.000	5.000
B3	0.111	0.143	1.000	0.333	0.200	0.333
B4	0.143	0.200	3.000	1.000	0.333	1.000
B5	0.200	0.333	5.000	3.000	1.000	3.000
B6	0.143	0.200	3.000	1.000	0.333	1.000

第一步，构建二级指标判断矩阵。

第二步，通过SPSSAU软件计算判断矩阵的最大特征根得$\lambda_{max}=6.255$。

表6-16　数据安全治理过程的二级指标层次分析结果

项	特征向量	权重值(%)	最大特征值	CI值
B1	0.462	47.232	6.255	0.051
B2	0.251	25.326		
B3	0.030	2.916		
B4	0.062	5.839		
B5	0.133	12.846		
B6	0.062	5.839		

第三步，对一致性指标进行计算：

$$CI=\frac{\lambda_{max}-n}{n-1}=\frac{6.255-6}{6-1}=0.051$$

第四步，平均随机的一致性指标：$RI=1.26$。

第五步，计算随机一致性比率：

$$CR=\frac{CI}{RI}=\frac{0.051}{1.26}=0.040<0.1$$

从上表可知，针对数据采集安全B1、数据传输安全B2、数据存储安全B3、数据使用安全B4、数据共享安全B5、数据销毁安全B6总共6项构建6阶判断矩阵进行AHP层次法（计算方法为：和积法），分析得到特征向量为0.462、0.251、0.030、0.062、0.133、0.062，并且总共6项对应的权重值分别是：47.232%、25.326%、2.916%、5.839%、12.846%、5.839%。结合特征向量可计算出最大特征根（6.255），接着利用最大特征根值计算得到CI值（0.051），CI值用于计算CR一致性检验使用。通常情况下CR值越小，则说明判断矩阵一致性越好，一般情况下CR值小于0.1，则判断矩阵满足一致性检验；如果CR值大于0.1，则说明不具有一致性，应该对判断矩阵进行适当调整之后再次进行分析。本次针对6阶判断矩阵计算得到CI值为0.051，针对RI值查表为1.26，因此计算得到CR值为0.040<0.1，意味着本次研究判断矩阵满足一致性检验，计算所得权重具有一致性。

(2)数据安全治理组织的二级指标权重。数据安全治理组织的二级指标主要包括安全治理机构B7、职责分工B8、组织管理B9。

表6-17　数据安全治理组织的二级指标判断矩阵

	B7	B8	B9
B7	1.000	3.000	5.000
B8	0.333	1.000	3.000
B9	0.200	0.333	1.000

第一步，构建二级指标判断矩阵。

第二步，通过SPSSAU软件计算判断矩阵的最大特征根得$\lambda_{max}=3.038$。

表6-18　数据安全治理组织的二级指标层次分析结果

项	特征向量	权重值(%)	最大特征值	CI值
B7	0.633	63.698	3.038	0.007
B8	0.260	25.828		
B9	0.106	10.472		

第三步，对一致性指标进行计算：

$$CI=\frac{\lambda_{max}-n}{n-1}=\frac{3.038-3}{3-1}=0.019$$

第四步，平均随机的一致性指标：$RI=0.520$。

第五步，计算随机一致性比率：

$$CR=\frac{CI}{RI}=\frac{0.019}{0.520}=0.036<0.1$$

从上表可知，安全治理机构B7、职责分工B8、组织管理B9总共3项构建3阶判断矩阵进行AHP层次法（计算方法为：和积法），分析得到特征向量为0.633、0.260、0.106，并且总共3项对应的权重值分别是：63.698%、25.828%、10.472%。除此之外，结合特征向量可计算出最大特征根（3.038），接着利用最大特征根值计算得到CI值（0.019），CI值用于计算CR一致性检验使用。通常情况下CR值越小，则说明判断矩阵一致性越好，一般情况下CR值小于0.1，则判断矩阵满足一致性检验；如果CR值大于0.1，则说明不具有一致性，应该对判断矩阵进行适当调整之后再次进行分析。本次针对3阶判断矩阵计算得到CI值为0.019，针对RI值查表为0.520，因此计算得到CR值为0.036<0.1，意味着本次研究判断矩阵满足一致性检验，计算所得权重具有一致性。

（3）数据安全治理制度的二级指标权重。数据安全治理制度的二级指标主要包括安全规划B10、安全制度B11、安全标准B12。

表6-19　数据安全治理制度的二级指标判断矩阵

	B10	B11	B12
B10	1.000	1.000	3.000
B11	1.000	1.000	3.000
B12	0.333	0.333	1.000

第一步，构建二级指标判断矩阵。

第二步，通过SPSSAU软件计算判断矩阵的最大特征根得$\lambda_{max}=3.000$。

表6-20　数据安全治理制度的二级指标层次分析结果

项	特征向量	权重值(%)	最大特征值	CI值
B10	0.429	42.857	3.000	0
B11	0.429	42.857		
B12	0.143	14.285		

第三步，对一致性指标进行计算：

$$CI=\frac{\lambda_{max}-n}{n-1}=\frac{3-3}{3-1}=0$$

第四步，平均随机的一致性指标：$RI=0.520$。

第五步，计算随机一致性比率：

$$CR=\frac{CI}{RI}=\frac{0}{0.520}=0<0.1$$

从上表可知，安全规划B10、安全制度B11、安全标准B12总共3项构建3阶判断矩阵进行AHP层次法（计算方法为：和积法），分析得到特征向量为0.429、0.429、0.143，并且总共3项对应的权重值分别是：42.857%、42.857%、14.285%。除此之外，结合特征向量可计算出最大特征根（3.000），接着利用最大特征根值计算得到CI值（0），CI值用于计算CR一致性检验使用。通常情况下CR值越小，则说明判断矩阵一致性越好，一般情况下CR值小于0.1，则判断矩阵满足一致性检验；如果CR值大于0.1，则说明不具有一致性，应该对判断矩阵进行适当调整之后再次进行分析。本次针对3阶判断矩阵计算得到CI值为0，针对RI值查表为0.520，因此计算得到CR值为0<0.1，意味着本次研究判断矩阵满足一致性检验，计算所得权重具有一致性。

（4）数据安全治理人员的二级指标权重。数据安全治理人员的二级指标主要包括数据安全意识B13、数据安全培训B14、数据安全能力B15。

表6–21　数据安全治理人员的二级指标判断矩阵

	B13	B14	B15
B13	1.000	3.000	0.333
B14	0.333	1.000	0.200
B15	3.000	5.000	1.000

第一步，构建二级指标判断矩阵。

第二步，通过SPSSAU软件计算判断矩阵的最大特征根得$\lambda_{max}=3.039$。

表6–22　数据安全治理人员的二级指标层次分析结果

项	特征向量	权重值(%)	最大特征值	CI值
B13	0.260	25.828	3.039	0.019
B14	0.106	10.472	3.039	0.019
B15	0.633	63.698		

第三步，对一致性指标进行计算：

$$CI=\frac{\lambda_{max}-n}{n-1}=\frac{3.039-3}{3-1}=0.019$$

第四步，平均随机的一致性指标：$RI=0.520$。

第五步，计算随机一致性比率：

$$CR=\frac{CI}{RI}=\frac{0.019}{0.520}=0.036<0.1$$

从上表可知，数据安全意识B13、数据安全培训B14、数据安全能力B15总共

3项构建3阶判断矩阵进行AHP层次法（计算方法为：和积法），分析得到特征向量为0.260、0.106、0.633，并且总共3项对应的权重值分别是：25.828%、10.472%、63.698%。除此之外，结合特征向量可计算出最大特征根（3.039），接着利用最大特征根值计算得到*CI*值（0.019），*CI*值用于计算*CR*一致性检验使用。通常情况下*CR*值越小，则说明判断矩阵一致性越好，一般情况下*CR*值小于0.1，则判断矩阵满足一致性检验；如果*CR*值大于0.1，则说明不具有一致性，应该对判断矩阵进行适当调整之后再次进行分析。本次针对3阶判断矩阵计算得到*CI*值为0.019，针对*RI*值查表为0.520，因此计算得到*CR*值为0.036<0.1，意味着本次研究判断矩阵满足一致性检验，计算所得权重具有一致性。

（5）数据安全治理技术的二级指标权重。数据安全治理技术的二级指标主要包括网络安全技术B16、安全审计技术B17、安全监控技术B18。

表6–23　数据安全治理技术的二级指标判断矩阵

	B16	B17	B18
B16	1.000	5.000	3.000
B17	0.200	1.000	0.333
B18	0.333	3.000	1.000

第一步，构建二级指标判断矩阵。

第二步，通过SPSSAU软件计算判断矩阵的最大特征根得$\lambda_{max}=3.038$。

表6–24　数据安全治理技术的二级指标层次分析结果

项	特征向量	权重值(%)	最大特征值	CI值
B16	0.633	63.698	3.038	0.019
B17	0.106	10.472		
B18	0.260	25.828		

第三步，对一致性指标进行计算：

$$CI=\frac{\lambda_{max}-n}{n-1}=\frac{3.038-3}{3-1}=0.019$$

第四步，平均随机的一致性指标：$RI=0.520$。

第五步，计算随机一致性比率：

$$CR=\frac{CI}{RI}=\frac{0.019}{0.520}=0.036<0.1$$

从上表可知，网络安全技术B16、安全审计技术B17、安全监控技术B18总共3项构建3阶判断矩阵进行AHP层次法（计算方法为：和积法），分析得到特征向量为0.633、0.106、0.260，并且总共3项对应的权重值分别是：63.698%、10.472%、25.828%。除此之外，结合特征向量可计算出最大特征根（3.038），接着利用最大特征根值计算得到*CI*值（0.019），*CI*值用于计算*CR*一致性检验使用。通常情况下*CR*值越小，则说明判断矩阵一致性越好，一般情况下*CR*值小于0.1，则判断矩阵满足一致性检验；如果*CR*值大于0.1，则说明不具有一致性，应该对判断矩阵进行适当调整之后再次进行分析。本次针对3阶判断矩阵计算得到*CI*值为0.019，针对*RI*值查表为0.520，因此计算得到*CR*值为0.036<0.1，意味着本次研究判断矩阵满足一致性检验，计算所得权重具有一致性。

3. 评估指标权重汇总

综上分析，基层政府数据安全治理评估指标体系权重汇总如表6-25所示。

表6-25　基层政府数据安全治理评价指标体系权重汇总

指标层	权重(%)	指标层	权重(%)	综合权重
数据安全治理过程Z1	51.281	数据采集安全B1	47.232	0.2422
		数据传输安全B2	25.326	0.1299
		数据存储安全B3	2.916	0.0150
		数据使用安全B4	5.839	0.0299
		数据共享安全B5	12.846	0.0659
		数据销毁安全B6	5.839	0.0299
数据安全治理组织Z2	12.897	安全治理机构B7	63.698	0.0822
		职责分工B8	25.828	0.0333
		组织管理B9	10.472	0.0135
数据安全治理制度Z3	26.149	安全规划B10	42.857	0.1121
		安全制度B11	42.857	0.1121
		安全标准B12	14.285	0.0374

续表

指标层	权重(%)	指标层	权重(%)	综合权重
数据安全治理人员Z4	3.333	数据安全意识B13	25.828	0.0086
		数据安全培训B14	10.472	0.0035
		数据安全能力B15	63.698	0.0212
数据安全治理技术Z5	6.337	网络安全技术B16	63.698	0.0404
		安全审计技术B17	10.472	0.0066
		安全监控技术B18	25.828	0.0164

第七章　实践探索：基层政府数据安全治理的案例

数据作为重要的资源，对提高政府治理具有重要的作用，但是数据安全问题也日益凸显，本章从基层政府数据安全治理的宏观环境、治理结构、治理行为和治理绩效四个方面进行阐释。

第一节　基层政府数据安全治理的宏观环境

一、各国基层政府数据安全治理

从国际环境看，各国非常重视数据治理，中国通过安全隔离技术、数据脱敏技术、网络监控和入侵检测技术等技术，强化国家关键信息基础设施保护，加强数据安全监管；英国在数字化转型中广泛引入和使用了数字共享技术、数字采购技术和数字安全技术，增强了数据流动的安全性；美国通过访问控制、数据脱敏技术、数据库安全技术等，加强数据安全的整体防控能力等。为全面展示各国数据安全治理情况，本书梳理了各国数据安全技术、建设举措和建设成效。

表7-1 各国数据安全治理的现状

国家（国际组织）	数据安全建设技术	数据安全建设举措	数据安全建设成效
中国	自主可控技术、加密技术、安全隔离技术、区块链技术、数据脱敏技术、网络监控和入侵检测技术、防火墙技术、反病毒技术、数据加密技术、大数据安全保护技术等	1.制定数据安全法、个人信息保护法，完善个人信息保护制度 2.强化国家关键信息基础设施保护，加强数据安全监管 3.各部门联动协调处置数据安全事件，提高数据安全事件应急处置能力 4.增强全民网络素养和信息安全意识等	1.数据泄露事件大幅减少 2.数据安全整体防控能力增强 3.数据价值和作用得到更好的释放 4.中国在数据安全领域的话语权日益增强
英国	数字共享技术、数字采购技术和数字安全技术、安全隔离技术、数据脱敏技术等	1.识别安全和隐私威胁 2.与业务和信息风险小组密切合作 3.开展数据平台的脆弱性评估和渗透性试验 4.提供一个由可信数字身份框架管理的联合模型	1.制定完整的保护流程来应对数据风险 2.破除数字壁垒、弥合数字鸿沟 3.促进了跨部门间的合作 4.增强了数据流动的安全性
美国	强调云计算技术和大数据分析，实施“云法案”，要求科技企业配合政府调查，并严格监管外国企业在美投资并购	1.制定多项法律规范数据使用，如《澄清境外合法使用数据法案》等 2.成立专门机构，例如全国通信和信息管理局等，负责协调、执行相关政策	建立起相对完善的数据安全法规体系，但存在一定争议，部分政策可能损害企业利益和公民权利

续表

国家（国际组织）	数据安全建设技术	数据安全建设举措	数据安全建设成效
欧盟	采用数据分类分级保护技术,实施 GDPR 等严格数据保护法规,加强对跨境数据流动的监管	1.实施多项严格的法规,例如 GDPR 等,保障用户数据权益 2.支持数据本地化存储和限制跨境数据流动 3.增强对个人信息的保护力度	成为全球数据保护的领导者之一,提高了欧盟民众对数据安全的信任度,但也给企业带来一定的负担
新加坡	自主可控技术、加密技术、安全隔离技术、数据脱敏技术、数据库安全技术、反病毒技术等	1.制定“网络安全法” 2.加强国家关键信息基础设施的保护,完善个人信息保护制度 3.促进数据共享和流通,加强网络安全教育等	数据泄露事件大幅减少,数据安全的整体防控能力明显增强,数据的价值和作用得到更好的释放,在参与全球数据治理中发挥更加积极的作用
澳大利亚	基于角色的访问控制(RBAC)技术、下一代防火墙(Next—Generation Firewall)技术、多因素身份验证、云安全等	1.发布《国家数据安全行动计划》《国家利益关键技术清单》,加强个人信息保护制度建设 2.加强和协调澳大利亚政府、州和地区政府的数据安全政策制定	1.降低数据泄露风险,避免因数据泄露而导致的各种损失 2.提升合规性,符合国内外相关法律法规的要求 3.增强应急响应能力,及时应对各种网络安全事件

(一) 英国数字政府安全建设

英国在推动其数字政府转型过程中广泛引入和使用了数字共享技术、数字采购技术和数字安全技术，既有效地破除了数字壁垒、弥合了数字鸿沟，也促进了跨部门间的合作，还显著地降低了政府的服务成本、强化了用户隐私的保护和增强了数据流动的安全性。

在数字安全技术方面，个人信息保护与数据安全作为互联网治理体系的重要组成部分，是推动数字化转型的关键。随着数字化改革的开展，数据安全问题逐渐成为公众关注的焦点议题之一。为应对这一潜在问题，英国政府针对未来作出了一系列规划，涉及的主要内容包括：①加强服务平台对安全和隐私威胁的识别，并制定完整的保护流程来应对数据风险；②与业务和信息风险小组（例如，高级信息风险所有者、信息资产所有者和数据监护人）展开密切合作，确保服务符合安全要求和法规，规避交易的风险；③开展数据平台的脆弱性评估和渗透性试验以确定存在的安全漏洞，并且针对漏洞的威胁等级、被利用的可能性等进行评估，以建立更加完善的安全防护系统；④提供一个由可信数字身份框架管理的联合模型，划分出服务提供者与身份供应商的界限，保证服务提供者无法识别任何用户信息，身份供应商无法掌握用户访问服务内容，实现信息交换的双盲。此外，在获取必要的信息时对信息需求方进行身份认证，以便在发生信息泄露时能够实现责任追究。

（二）美国数字政府建设

美国在数字政府建设方面主要采取六种做法。

（1）设立首席信息官（CIO）职位，推动跨层级信息共享和业务协同。美国是世界上最早建立首席信息官制度的国家，制度中明确规定联邦及州政府部门的首席信息官的职责是，及时向政府首脑和其他高层管理人员提供政府信息化发展建议与协作、指导，监督所在部门信息技术等其他事务的实施，确保部门信息化工作顺利开展，维护一个和谐、稳定的整体化信息架构，对信息资源进行有效管理，提升本部门的信息资源管理运作效率，规范有效的工作流程。

（2）构建动态安全的数字政府网络，制定数字政府管理标准，涵盖互操作性、保护安全性和公民隐私权，有效的公共服务等多项目标，进而加强数据存储的安全，保障信息的准确可靠，增加公众对政府的信任度，确保公民关键数据的安全，如医疗保健记录、财务信息和社会保障号不会受到损害。

（3）实施国家大数据战略，构建数据驱动战略体系，通过对海量和复杂的数字资料进行收集、整理，从而提升对经济社会发展的预测能力，并利用新兴的大数据基础、技术和功能来激发联邦机构和整个国家的新潜能，加速科学发现和创新进程，并培育21世纪下一代科学家和工程师，促进经济增长。

（4）构建公私合作伙伴关系，重新构建数字政府服务采购模式，鼓励政企合作，对数字政府涉及的部分信息技术采取“外包”模式，这种技术外包手段不仅提升了政务效率，并且为政府提供了安全、可靠和经过检验的解决方案、软件和专业知识，同时也为互联网巨头公司提供了更多的商业机会，有助于实现使用“无成本”契约模式来实现公私合作。

（5）注重在公共管理中运用人工智能（AI）、物联网（IoT）等新兴技术，提高数字政府在线服务的效率，最大限度地精简投资过程，提高国家管理的效率和服务的传输速度，进而提升政府治理能力，为公众提供跨时间、跨区域、跨平台的高质量服务。

（6）发展移动数字政府，通过云计算技术，对海量数据存储、分析、研究，从而打破数据壁垒，实现信息共享，同时降低政务信息系统的开发运行及管理维护的成本，从而加大数字政府的硬件和软件系统的投资，进而改善政务服务。

（三）新加坡数字政府建设

新加坡在智慧国建设计划中提出要建设以信息驱动的智能化国家，打造“以公民为中心”的整体型政府。围绕这一目标，新加坡政府在顶层设计、数据管理、公民参与等领域开展了数字政府建设的创新实践，使其数字政府建设走在了世界前列。一是出台数字政府领域的政策法规，主要分为数字政府建设的战略规划、与数字政府建设相关的法律法规两大类型。二是建立信息化特派员数字政府管理运行制度，其主要运行机制如下：①IDA（资讯通信发展局）通过财政和评估两大工具树立其集中指导的权威性，同时再派驻专人与各部门的CIO建立信息沟通和协调的桥梁，以此确保分权执行的成效；②采取定期轮岗模式，IDA的派驻专员可直接担任某些部门的CIO，在IDA统一制定了技术方案之后，由各派驻专员负责具体执行；③在发展原则和理念上，坚持IDA统筹与指导，推进管理体制、发展规划、建设标准、平台开发四方面的协调统一建设。三是开发方便快捷的数字政务服务项目，始终坚持“以公民为中心”，不断进行技术创新，开发出了诸多便民服务的数字化项目，极大地提高了政府网络服务的质量，提升了公民的幸福感。四是推动政府大数据的开放与管理，重视数据平台的开发与管理，统筹各公共部门，整合推动数字政府建设战略，促进数字化技术向公民日常社会生活渗透，并创新与机构、部门、企业的合作机制，简化网络办事流程。五是重视公民隐私保护与数据安全，建立法律法规体系、完善相应的技术手段以确保数字化服务体系的安全运作。六是搭建公民参政议政的网络数字平台，提升政府透明度，促进公共政策更加合理合法的输出、制定。

二、我国基层政府数据安全治理

从国内环境看，本书通过PEST，即政治（Politic）、经济（Economy）、社会（Society）、技术（Technology）4个方面，用于判断宏观环境对治理的影响。政治环境包括政府的方针、政策、法令等。经济环境主要包括宏观经济和微观经济。社会文化环境包括一个地区对数字安全治理的重视程度和公众满意度。技术环境方面主要包括该地区对相关研究的投资和支持。

（一）政治环境

党的十八大以来，我国提出建设“数字中国”的宏伟战略，广东省深入贯彻落实党中央关于数字中国建设的战略部署，在全国率先启动数字政府改革建设，探索将数字技术广泛运用于政府管理服务中，促进政府高效治理的新模式。2017年12月，广东省政府正式印发《广东“数字政府”改革建设方案》，成为全国范围内率先启动“数字政府”改革建设的地方政府。2023年6月，广东省人民政府印发《关于进一步深化数字政府改革建设的实施意见》，在对建设“数字政府2.0”战略进行部署的同时，对筑牢数字政府网络安全防线也提出了要求。广东省数字政府建设水平在全国名列前茅，提出以“制度创新+技术创新”，构建起整体推进、政企合作、管运分离的“数字政府”管理新体制。[①] 为其他地区数字政府建设提供了模板。

数字安全是数字治理的基本保障，广东省陆续颁布了多项数字安全相关的监管管理条例。早在2003年，广东省出台了《广东省电子政务信息安全管理暂行办法》，对电子政务内外网的使用边界进行了界定，通过规范使用程序和建立等级保护机制来保障政务信息安全。2018年发布《广东省政务数据资源共享管理办法（试行）》，第五章专门对政务数据安全管理做了要求，要求政务数据资源安全管理实行统一领导和分级管理，在打通数据共享渠道的同时保障数据安全流

① 我国数字政府建设三种典型模式[J].机构与行政,2022(3):23-24.

通。2021年,《广东省公共数据管理办法》出台,这是广东省首部数据层面的政府规章,为规范公共数据管理,促进公共数据资源开发利用提供了制度保障。2021年,《广东省电子政务外网网络安全管理办法》出台,首次明确各地各部门网络安全工作职责,建立常态化工作机制。

广东省委、省政府坚持发展与安全并重,在深化数字政府改革建设过程中,始终将网络和数据安全作为关乎改革成败的底线和生命线。为更好推动全省数字政府网络安全能力提升,广东勇于开拓创新,从2020年起在国内率先组织开展省数字政府网络安全指数评估工作,发布《广东省数字政府网络安全指数指标体系》,编制《广东省数字政府网络安全指数评估实施指南》对指数评估工作流程加以规范,进一步增强指数评估工作的科学性。[①]通过评估,指引各地市持续加强网络安全体系建设,推动数字政府网络安全工作有效进行,提升数字安全治理水平。

(二)经济环境

广东省自改革开放以来,经济发展迅速,已成为我国经济重要地区,地区生产总值、城镇居民人均可支配收入和人均消费支出等指标均呈快速上升趋势。2022年广东省地区生产总值为129118.6亿元,同比增长1.9%,广东地区生产总值连续33年排全国第一。根据表7-1可知,广东省近10年地区生产总值呈逐年上升趋势。雄厚的经济实力为数字安全治理提供了坚实的经济保障。

数据来源:国家统计局

图7-1 广东省近10年地区生产总值

① 闫心瑶.数字政府引领公共服务变革的广东实践[D].广州:华南理工大学,2021.

广东省地方财政在公共安全的支出不断增加，包括安全设施建设、安全人才培养、安全科技研发等方面的投入。这些投入为广东省数字安全治理提供了有力的基础保障，同时也促进了广东省安全治理水平的提升。

数据来源:国家统计局

图7–2　广东省近10年地方财政公共安全支出

（三）社会环境

民众的安全意识水平以及数字化技能水平将直接影响到数字安全的实施和运行。2014年以来，广东已经连续9年举办“网络安全宣传周”，不仅推出网络安全论坛、群众性宣传作品征集、网络安全大赛与知识竞赛、网络安全进基层等系列活动，还开展校园日、电信日、法治日、金融日、青少年日和个人信息保护日等主题日活动，各部门推出网络安全进社区、进农村、进企业、进机关、进家庭等活动，以通俗易懂、喜闻乐见的形式普及网络安全知识，推广网络安全技能，除此之外，还通过地铁、公交等多重公共空间展示网络安全公益广告，大力营造网络安全人人参与、人人有责、人人共享的强大舆论声势和全社会共筑网络安全防线的浓厚氛围。

随着数字技术的发展，公众在接触数字技术的同时也要注意数字安全隐患。2022网民网络安全感满意度调查活动《广东区域报告》显示，广东网民网络安全感、满意度再度提升，其中感到安全占比40.96%，非常安全占比11.79%，比2021年均有所上升。广东省也在积极推进数字安全体系建设，加强数字安全管理，保障民众的信息安全。广东省在数字安全治理方面注重公众参与，通过开展安全宣传教育、安全知识普及等活动，提高民众的安全意识和自我保护能力。

(四)技术环境

改革开放以来，广东科学技术创新从小到大、从弱到强，取得显著进步。2022年，广东区域创新综合能力连续六年位居全国第一，“深圳－香港－广州科技集群”连续3年位居全球第二位，全省研发经费支出约4200亿元，占地区生产总值比重约3.26％，全省研发投入、研发人员、高新技术企业量、发明专利有效量、PCT国际专利申请量等主要科技指标均居全国首位。①

广东省在数字安全治理科技方面具有较强的实力，广东省处在中国科技创新前沿，技术水平和创新能力相对较高。雄厚的经济实力支撑着高新科学技术的发展，广东拥有众多的高新技术企业和研究机构，目前广东已培育高新技术企业超6.9万家，连续7年居全国首位。技术企业和研究机构为数字安全治理提供了前沿的科技支持和技术保障，广东省在技术组织的支持下积极推进人工智能、大数据、物联网等新技术在数字安全治理领域的应用，提高数字安全治理能力。

第二节　基层政府数据安全治理的治理结构

(一)组织设置

1. 成立领导小组,加强组织保障

面对数字安全这项系统性治理工程，广东省坚持高位统筹谋划，充分发挥领导力量和组织优势，利用数字政府改革建设推动数字安全治理。2017年，广东省启动“数字政府”改革建设，作为在全国范围内率先启动改革建设的地方政府，广东省将数字政府改革建设列为全省新发展阶段的引领型改革任务，由领导高位推动，全面深化改革任务，探索高起点谋划、高规格推动、高标准落实。同年10月，由时任广东省省长牵头，组织成立广东省“数字政府”改革建设工作领导小组。通过召开小组会议，分析总结改革建设经验，研究部署攻坚克难，其中多次提到并强调数字安全的重要性，遵循改革发展与安全保障并重的原则，要求在数字政府改革建设中要狠抓数据治理，强化安全管理，确保网络安全、数据安全各项措施落实到位，筑牢“数字政府”信息网络安全底线。

① 为高质量发展提供硬核支撑[EB/OL].(2023-03-02).https://www.163.com/dy/article/HUQMAR740550037C.html.

从组织层面来看，数据安全不能仅仅依靠单一部门或特定部门单一治理，还需要足够的顶层组织支撑。广东省由省领导亲自挂帅组建广东省“数字政府”改革建设工作领导小组，构建起自上而下的治理组织架构，发挥了统筹优化资源、合力攻坚克难的重要作用。通过成立领导小组，有利于统筹各环节工作，充分调动各方面力量，从顶层设计的高度，提高数字政府建设和数据安全治理的系统性、整体性、协同性。

2. 设立管理机构,加强工作指导

广东省政府以中央第八次机构改革为契机，基于当时的信息技术基础设施，把过去分散在多个不同部门内的信息化职能整合，调整了原本的各省直部门自身设立的信息化机构，将全省数据融合组建省级政务服务数据管理局。合并设立大数据与政务服务管理机构主要有两个原因：一则这是在地方党政机构限额条件下的一种务实选择，通过设置一个机构履行两方面的新职能；另外，考虑到大数据和电子政务对提升政务服务水平具有重要支撑作用，合并设立机构的两大职能业务关联较为紧密。[①]2018年10月26日，广东省政务服务数据管理局正式挂牌，标志着广东省“数字政府”改革建设迈出实质性、关键性的一步。同时在市县成立相应的政务服务数据管理局，组建起上下协同的信息化管理队伍，从而形成了上下贯通、技术与业务融合的集约化管理体制。[②]2022年伊始，省政务服务数据管理局经省委批准同意，升格为省政府正厅级直属机构。

广东省政务服务数据管理局的机构设置和职能配置属于数字政府建设引领型，省政府办公厅为上级管理部门，通过政府办公厅的统筹协调能力，提升省域大数据管理总体效能。[③]省政数局的设立，为全省各级政府及政府各部门的数据共享提供实践基础，而原信息中心的各工作人员也在这样的改革下实行了全新的编制制度，在打破了数据孤岛现象的同时，也打破了以往政府行政中存在的结构

① 张克.省级大数据局的机构设置与职能配置:基于新一轮机构改革的实证分析[J].电子政务,2019(6):113-120.

② 蒋敏娟.地方数字政府建设模式比较:以广东、浙江、贵州三省为例[J].行政管理改革,2021(6):51-60.

③ 张克.从地方数据局到国家数据局:数据行政管理的职能优化与机构重塑[J].电子政务,2023(4):58-67.

性障碍，加强了纵向工作指导与横向工作协调，形成贯彻执行改革建设新模式。广东省通过设立省级政务服务数据管理局，以数据统筹和治理为抓手，推动数字政府建设和数字安全治理工作。

3. 建立政企合作，加强技术支持

“政企合作，管运分离”是广东省数字政府建设的主要模式。数字广东公司于2017年由中国联通、中国电信、中国移动三大运营商和腾讯公司共同出资组建，并与华为签订战略合作协议，形成“1+3+1”的“政企合作”模式。该模式由政府承担管理工作，数据方面的运营则由合作企业主导负责维护，既强调政府在规划引导、业务协调、监督管理等方面的重要作用，又充分发挥互联网企业和基础电信运营商的技术优势，改变以往政府部门既是使用者又是建设者的双重角色，将部门变成服务的使用者、评价者，把原来分布在各个部门的建设能力集中起来，统一建设、统一运营、统一调度，形成建设能力的集约效应。

2022年，经广东省政府批准，数字广东网络建设有限公司加挂广东省数字政府建设运营中心的牌子。政府部门囿于自身技术能力限制，借助于企业技术优势来推动数字政府建设及保障数字安全，数字广东的系统涉及了广东省70%的电子政务系统，范围广、体量大，对于安全要求极高，需要敏捷精准的自动化安全平台提供安全运营保障和掌握先进技术的专业化团队支持。基于腾讯安全托管服务MSS，数字广东攻防演练测试平台安全完善程度中，取得重保期间0安全事件、0安全事故、0业务故障的成果，腾讯安全服务平台从原子层、流程层和可视层三大层面保障了安全服务的交付，让全省70%政务系统运行无忧。数字广东公司在政企合作过程中为政府数字安全提供技术保障，组建专业化队伍运用先进技术，严守数字政府安全底线，全力保障信息化系统持续稳定运行。

（二）人员配备

1. 首席数据官

随着移动互联网、物联网、5G等现代信息技术的飞速发展，数据生成呈现出了速度快、类型多、体量大的特征，大数据时代驱动政府数据治理的结构和模式深刻变革，政府数字化转型持续向纵深推进，首席数据官职位应运而生。[①]为

① 谭颜波．政府首席数据官制度建设试探[J]．领导科学，2022(5)：143-145.

加快推进广东省数据要素市场化配置改革，完善政务数据共享协调机制，2021年4月，广东省政府办公厅印发《广东省首席数据官制度试点工作方案》，广东省成为首个推行首席数据官的省份，《方案》聚焦数据共享开放和开发利用模式、数据治理和运营能力，选取省内6个部门，以及10个地级以上市进行政策试点。各试点单位应设立本级政府首席数据官和本部门首席数据官，推进数字政府建设，统筹数据管理和融合创新及对信息化项目实施常态化指导监督，在实现数据价值最大化的过程中保障数据安全。

作为广东省首席数据官试点城市之一，广州在2021年便选取了33个单位开展试点。试点期间，广州市率先建立“首席数据官+首席数据执行官+支撑团队”的组织模式，并在首席数据官议事协调、数字化人才培养、数据融合应用、数据流通创新等方面取得了一定成效。2023年9月，广州市正式印发《广州市全面推行首席数据官制度工作方案》，将实行首席数据官制度作为推动数字化改革的有效抓手，强调严格落实网络和数据安全责任制，加强数据资源全生命周期的整体规划和统筹协调，促进数据、业务、技术深度融合。

随后，广西、江苏、上海、四川等多省市开始借鉴广东经验推行首席数据官制度。首席数据官制度是在提高数字治理能力、提升公共部门数据价值的目标下进行的组织体系创新，是推动数字政府建设的一项重要举措，也是保障数据安全使用的制度创新，有利于优化数据资源配置，提升数据治理在政府决策、管理与服务中的地位，同时为政府建立与大数据时代相适应的文化奠定了技术和人才基础，对强化数据监管和安全保护，提升数字安全治理能力起到重要作用。

2. 数据经纪人

数据经纪人是在政府的监管下，具备开展数据经纪活动资质的机构。该机构要具备生态协同能力、数据运营能力、技术创新能力、数据安全能力和组织保障能力，围绕重点领域开展数据要素市场中介服务，推动数据流通规范化。广东省在数据经济人试点方面走在前列，2021年9月，广东省广州市海珠区人民政府办公室印发了国内首个数据经纪人试点工作方案——《广州市海珠区数据经纪人试点工作方案》，通过试点探索建立包含资格认证、执业行为规范、监督管理的数据经纪人机制，为数据交易场所的配套机构，为交易各方提供数据流通的中介服务。2022年5月23日，经广东省政务服务数据管理局批准同意，广州市海珠区率先推出全国首批数据经纪人名单。

3.“一岗双责”

深化数字政府改革建设，要始终坚持统筹发展安全两件大事，基层数字安全治理中业务人员需要肩负“一岗双责”重任，把安全和业务放到同等重要的位置，必须切实履行“一岗双责”，管业务必须管安全，要在项目规划、建设、运营、运维等重要环节落实等保、密码、个人信息保护、风险评估等有关网络安全要求，并进一步加大网络安全资金、技术、人员投入。要树立底线思维，用大概率思维应对小概率事件，增强防范化解重大风险的意识和能力。

第三节　基层政府数据安全治理的治理行为

一、“粤盾”攻防演练

目前，“粤盾”攻防演练、网络安全指数和网络安全考核形成了“相互支撑”“三方联动”，共同促进数字政府网络安全整体水平全方位提升的良好效应。近年来，广东省大力推进数字政府建设，始终将保障网络安全和数据安全作为数字政府建设的生命线，坚持整体防护、动态防护、纵深防护理念，突出实战，连续4年举办“粤盾”演练活动，以攻铸防，探索建立数字政府本质安全保障体系，为加强数字政府建设、促进经济社会平稳健康发展提供了重要保障。演练活动，系统覆盖范围广、技术对抗激烈、应急处置高效，对加强广东数字政府建设、全面提升网络安全水平产生重要影响和积极推动作用。

二、数据分类管理

2018年11月，广东省政府办公厅印发《广东省政务数据资源共享管理办法（试行）》，其中明确规定，政务数据资源共享遵循“共享为原则，不共享为例外”，政务数据资源分为3类：可提供给所有政务部门共享使用的政务数据资源属于无条件共享类，需要使用的可通过省政务大数据中心自行获取；可提供给相关政务部门共享 使用或仅能够部分提供给所有政务部门共享使用的政务数据资源属于有条件共享类，需要使用的可提出共享申请，由政务数据主管部门会同政务数据提供部门按照规定的共享条件进行审核；不宜提供给其他政务部门共享使用的政务数据资源属于不予共享类。

广东省内各单位各部门的数据迁移集中至省政务大数据中心，具体由数字广东公司负责运营。为了确保迁移来的数据安全保密，省政务数据管理局联合省保密局，与数字广东公司一同定制了《受控信息安全保密管理制度（试行）》，进一步细化数据分类管理。该制度明确规定，主动公开或根据法律法规应当主动公开的，不列入受控信息范畴（主要是指无条件共享类的信息）；受控信息（主要是指有条件共享和不予共享类的信息）分为“一般”和“重要”两个等级；依申请公开的党政信息，列入“一般”受控信息等级；对党政部门未公开的内部其他工作事项，则归类为“重要”受控信息等级。同时规定，针对不同等级的信息，采取不同的保护措施。[①]

三、数据立体防护

在分类管理的基础上，广东不断建立完善政务共享数据资源安全运营、安全管理、安全监管的三方工作机制，构建立体防护网。安全运营由数字广东公司负责，承担政务数据资源采集、传输、存储、使用、交换、销毁等全生命周期的安全保障工作，落实信息系统加密、访问认证等安全防护措施，防止数据泄露和非法获取。

省政务服务数据管理局还依托数字广东公司建设了省市一体化安全运营平台，通过连通各地云平台节点，构建了统一安全威胁情报关联、安全警告分析、预警通报、应急响应、漏洞管理、安全事件处置等安全运营体系。除此之外，广东还特别加设了另外两道防线：省政务服务数据管理局委托第三方机构负责安全管理，对数字广东公司的数据安全保障工作实施监督、评估、审计，建立安全日志留存和溯源制度，定期上报数据安全风险分析报告，对发现的重大数据安全风险问题第一时间报告并提出整改意见；会同网信、公安、保密等部门按职能共同负责安全监管，承担对省政务大数据中心接入和输出边界的安全态势监管、内容安全监管、失泄密监管，并联合建立政务数据安全事件通报预警与应急响应机制。

① 李星.数字化转型，看广东风控之变[J].中国社会保障，2021(3):84-85.

省政务服务数据管理局和省保密局联合设立了数字政府建设保密管理工作站，建立了定期沟通联系机制，确定每两周开展一次工作对接，共同分析研判保密风险隐患，共同协商应对方案，筑牢广东数字政府信息安全保密防线。[①]

四、安全宣传

广东省利用每年的网络安全宣传周，围绕“网络安全为人民，网络安全靠人民”主题，发动企业、媒体、社会组织、群众广泛参与，深入开展网络安全宣传教育活动。通过举办网络安全博览会、高峰论坛、优秀网络安全产品宣介会、网络安全知识竞赛等大型活动，展示和推广网络安全前沿技术，营造网络安全学术氛围，打造网络安全技术创新应用高地，提升全社会参与网络安全普及活动的积极性和关注度。

其中，网络安全高峰论坛，邀请到专家学者、业界大咖聚焦行业理念和实践前沿，共同探讨网络安全与数字经济发展、网络安全人才培养、技术创新应用的新思想、新观点、新成效，为维护网络安全提供可靠的技术支撑，为经济社会发展构筑坚实安全屏障。除此之外，还举办网络安全宣传进基层活动，各地各部门组织开展网络安全进校园、进社区、进企业、进网站等宣传科普活动。着眼未成年人、老年人等重点人群，聚焦个人信息保护、青少年健康文明上网、电信防诈骗等群众关切的重点领域，针对性开展宣传活动，广泛宣传网络安全知识和防护技能。

五、运动式治理——专项整治运动

实践证明，开展“清朗”系列专项行动，集中整治各类网络乱象，是网络生态治理的重要方式，也是维护亿万网民精神家园的有效手段。它为管网治网长效机制建设积累了经验，为构建清朗网络空间打下坚实基础。2021年，国家网信办针对在管网治网工作当中面临的新挑战、新问题，亟须加以解决顽瘴痼疾部署开展“饭圈”乱象整治、春节网络环境整治、用户账号运营乱象整治等15项“清朗”系列专项行动，整治网络违法违规问题，力求有效遏制网络乱象滋生蔓

① 李星.数字化转型，看广东风控之变[J].中国社会保障，2021(3):84-85.

延，在全网开展“大扫除”，累计下架应用程序、小程序2160余款，关闭网站320余家。针对App安全问题，工业和信息化部通过制定标准、技术检验、专项整治、行业自律等措施，大力整治应用安全问题，深入开展App侵害用户权益专项整治行动。2021年工信部全年累计检测208万款App，其中1549款违规App被通报批评，而514款拒不整改的App更是被作下架处理。

除此之外，为加强数据安全专业人才队伍建设，全面提升数据安全保障能力，广东省多次举办数字安全培训会议。2022年2月28日—3月3日，2022年“数据安全保障能力提升”高级研修班在广州成功举行，培训涵盖了数据安全典型案例和网络安全等级保护、数据安全和个人信息保护要求等内容，对数据安全治理体系和网络安全领域进行深入探讨，为网络安全领域发展起到积极的推动作用。2023年6月19日至20日，广东省政务服务数据管理局在深圳市组织召开了省数字政府网络和数据安全线下培训班，对全省21个地市政务服务数据管理局网络安全工作分管局领导开展网络和数据安全培训。

第四节　基层政府数据安全治理的治理绩效

广东省在数据安全治理制度方面建立了一套完善的数据安全管理制度，对数据的收集、使用、共享、存储、销毁等各个环节进行了明确规定。这些制度不仅为广东省数据安全治理提供了明确的制度保障，保证了广东省的数据安全。

表7-2　数据安全治理制度

数据安全治理制度	相关内容	具体内容
《广东省加快推进政务服务标准化规范化便利化工作实施方案》	加强政务数据全生命周期安全防护	加强安全保障。强化全省各级政务服务平台安全保障系统建设，落实安全管理主体责任，分级做好政务服务平台建设运营和网络数据安全保障工作，构建全方位、多层次、一致性的安全防护体系，不断提升全省一体化政务服务平台风险防控能力。加强政务数据全生命周期安全防护，强化政务服务和数据共享利用中的个人隐私、商业秘密保护，确保政务网络和数据安全

续表

数据安全治理制度	相关内容	具体内容
《广东省政务服务数字化条例》	保障政务服务平台的安全运营和政务数据安全	第二十八条　县级以上人民政府政务服务数据管理机构和政务服务机构应当依照法律、法规的规定和国家标准要求，建立健全政务服务数据安全管理制度，落实数据安全保护责任，采取技术措施和其他必要措施保障政务服务平台运营和数据安全。委托服务商建设、运营、维护政务服务平台的，应当监督服务商履行数据安全保护义务 政务服务机构需要通过生物识别技术核验服务对象身份的，应当具有明确、合理的目的和充分的必要性，取得服务对象的单独同意，并采取严格的数据保护措施。政务服务平台建设、运营、维护的服务商应当增强安全与保密责任意识，依照法律、法规的规定和合同约定履行数据安全保护和保密义务
《“数字湾区”建设三年行动方案》	强化网络和数据安全防护合作，促进“数字湾区”建设	推动数据要素合规高效、安全有序流通。探索建设“港澳数据特区”，实施“南数北上、北数南下”计划，运用隐私计算、安全隔离、可信验证等关键技术，加强跨境数据流通服务与分类管理，确保数据安全、使用合规和范围可控 强化网络和数据安全防护合作。推动建立大湾区网络安全协调联动机制，开展以信息共享共治为核心的基础框架研究，建立健全大湾区网络安全信息通报预警机制。探索建立大湾区网络安全标准体系，促进网络安全信息共享、推动网络安全资质互认，实现区域网络安全态势感知，共同应对重大网络安全事件，提升大湾区网络安全综合保障能力。搭建涵盖可信身份、可信数据和网络行为等关键要素的大湾区电子认证互认平台。加强重要数据和个人信息跨境流动发现、阻断和溯源等监管能力建设，切实保障数据安全

续表

数据安全治理制度	相关内容	具体内容
《广东省计算机信息系统安全保护条例》	建立计算机信息系统等级保护机制	第七条　计算机信息系统实行安全等级保护 第八条　计算机信息系统安全保护等级根据计算机信息系统在国家安全、经济建设、社会生活中的重要程度，计算机信息系统受到破坏后对国家安全、社会秩序、公共利益以及公民、法人和其他组织的合法权益的危害程度等因素确定，分为五级 第二十一条　涉密计算机信息系统按照所处理信息的最高密级，由低到高分为秘密、机密、绝密三个等级，并实行涉密计算机信息系统分级保护
《广东省数据要素市场化配置改革行动方案》	加快推进数据要素市场化配置改革，提高数据要素市场配置效率，建设“全省一盘棋”数据要素市场体系，强化数据安全保护。	22.建立数据分类分级和隐私保护制度。建立政府主导、多方参与的数据分类分级保护制度，厘清各方权责边界，制订省市两级各部门及相关行业和领域的重要数据具体目录，对列入目录的数据进行重点保护。健全数据隐私保护和安全审查制度，落实政府部门、企事业单位、社会公众等数据安全保护责任，加强对个人隐私、个人信息、商业秘密、保密商务信息等数据的保护 23.健全数据安全管理机制。健全数据安全风险评估、报告、信息共享、监测预警和应急处置机制。支持有关部门、行业组织、企业、教育和科研机构、有关专业机构等在数据安全风险评估、防范、处置等方面开展协作 24.完善数据安全技术体系。构建云网数一体化协同安全保障体系，运用可信身份认证、数据签名、接口鉴权、数据溯源等数据保护措施和区块链等新技术，强化对算力资源和数据资源的安全防护，提高数据安全保障能力

续表

数据安全治理制度	相关内容	具体内容
《广东省公共数据管理办法》	规范公共数据采集、使用、管理，保障公共数据安全，促进公共数据共享、开放和利用，释放公共数据价值	第四十四条　县级以上网信、公安、国家安全、公共数据、保密、通信管理等主管部门应当按照各自职责，做好公共数据安全管理工作 第四十五条　公共数据主管部门负责组织建立公共数据安全保障制度，制定公共数据安全等级保护措施，按照国家和本省规定定期对公共数据共享数据库采用加密方式进行本地及异地备份，指导、督促公共数据采集、使用、管理全过程的安全保障工作，定期开展公共数据共享风险评估和安全审查 第四十六条　公共管理和服务机构应当加强公共数据安全管理，制定本机构公共数据安全管理规章制度，建立公共数据分类分级安全保护、风险评估、日常监控等管理制度，健全公共数据共享和开放的保密审查等安全保障机制，并定期开展公共数据安全检查，定期备份本机构采集、管理和使用的公共数据，做好公共数据安全防范工作

一、数据安全治理组织

（一）政数局网络安全工作领导小组

广东省政务服务数据局成立网络安全工作领导小组，召开会议时强调深化数字政府改革建设，要始终坚持统筹发展安全两件大事，把安全和业务放到同等重要的位置。全体同志必须切实履行“一岗双责”，管业务必须管安全，要在项目规划、建设、运营、运维等重要环节落实等保、密码、个人信息保护、风险评估等有关网络安全要求，并进一步加大网络安全资金、技术、人员投入。要树立底线思维，用大概率思维应对小概率事件，增强防范化解重大风险的意识和能力。同时对网络安全下一步重点工作进行了部署。一要加强安全管理，完善安全制度；二要加强安全建设，提升支撑能力；三要做好重要时期、重要系统的安全保障工作，严防发生重大安全事件；四要建立健全实战化、体系化、常态化网络安全防护体系。

(二) 数据经纪人

数据经纪人是在政府的监管下，具备开展数据经纪活动资质的机构。该机构要具备生态协同能力、数据运营能力、技术创新能力、数据安全能力和组织保障能力，围绕重点领域开展数据要素市场中介服务，推动数据流通规范化。数据经纪人主要有三方面的职责，一是受托行权，即数据拥有者可以授权数据经纪人行使权力；二是风险控制，在数据流通交易过程中起到中介担保作用；三是价值挖掘，挖掘数据要素价值，充当数据价值发现者、数据交易组织者、交易公平保障者、交易主体权益维护者等多重角色。

二、数据安全治理管理

(一) 建立安全管理工作机制

广东省政务服务数据管理局牵头建立三项安全管理工作机制：①将数字政府安全工作纳入省委网信委工作议事协调机制和联防联控机制，建立数字政府安全保密联合工作站，解决涉及数字政府的重大网络安全问题；②建立了一体化安全运营日报、周报、月报机制，及时通报相关安全漏洞，组织开展核查整改，及时消除风险隐患；③围绕核心数据安全问题，建立了省政务大数据中心“建设运营方安全自查、数据管理方安全监查、审计方安全审计”的数据安全治理机制，推动建设运营方开展全员背景调查、签署保密协议，编制35项安全防护工作规范，运用商密技术对核心数据和关键场景进行管控。推动数据管理方编制11项数据安全管理规范和作业规程，加强数据全流程安全合规管理，有效避免数据滥用和超范围共享、应用。推动数据审计方梳理301个数据安全审计点和143个网络安全审计点，组织开展月度审计和专项审计，督促建设运营方和数据管理方落实各项数据安全工作的具体要求。

(二) 举办年度攻防演练活动

在国务院办公厅电子政务办公室、公安部网安局指导下，广东省连续四年组织开展“粤盾”广东省数字政府网络安全攻防实战演练，在安全可控的环境下，组织数百人的白帽子团队，对全省上万个政务信息系统进行实地、实兵、实网攻击，发现并清除了上千个安全隐患，全面体检了政务网络和平台的安全防护能力。目前，粤盾攻防演练已形成“演练前抓教育培训、巡检排查、应急预案，演练中抓攻防对抗、应急处置、追踪溯源，演练后抓结果通报、复盘总结、考核评价”的整体工作机制，为快速处置大面积政务网络攻击积累了经验。广东省加强“粤盾”攻防演练、网络安全指数评估和网络安全考核的“三方联动”。“粤盾”攻防演练结果纳入网络安全指数评估的重要内容，网络安全指数评估的结果又纳入各地党委一把手落实网络安全工作责任制考核的重要组成部分。这种“三方联动”“一环扣一环”的做法，客观上倒逼各地各部门高度重视网络安全问题的发现和整改，成为提高数字政府安全治理能力的“助推器”。

（三）开展数字安全行政检查工作

广东省通信管理局发布通知，将根据网络安全法、数据安全法、个人信息保护法、反电信网络诈骗法等法律法规，同时结合2023年全国工业和信息化工作会议部署要求，正式对广东全省电信和互联网行业开展网络安全、数据安全、个人信息保护、移动智能终端及互联网应用合规等方面的行政检查工作。对发现存在违反法律法规行为、问题逾期不改正或导致危害网络与数据安全等严重后果的，广东省通信管理局将依法依规给予行政处罚并纳入不良名单和失信名单。通知提到检查的主要内容包括：

（1）网络与数据安全制度。是否成立企业网络安全、数据安全、个人信息保护工作领导机构和负责部门，是否制定企业内部的网络安全、数据安全、个人保护相关管理制度和工作机制，制度中是否包含专项经费保障，是否制订网络安全突发事件应急预案并开展演练，是否开展相关宣贯教育培训。

（2）网络安全防护。检查是否对正式上线运行的网络和系统进行单元划分、定级并在“通信网络安全防护管理系统”进行备案，定级备案信息是否完整、准确，是否按要求开展符合性评测及安全风险评估工作。是否采取符合安全防护标准要求的安全监测、访问控制、边界防护等技术措施，及时发现和有效防范计算机病毒、网络攻击、网络入侵等危害网络安全的行为，是否存在可导致网络与系统阻塞、中断、瘫痪或者被非法控制等严重危害的高危漏洞、弱口令等重大安全隐患和木马、病毒、僵尸程序等恶意程序。

（3）数据安全和个人信息保护。检查数据的分类分级管理、重要数据相关环节安全防护、安全评估、日志审计，数据的采集与使用规范、数据合作方的监督管理、用户账号注销服务、隐私政策和个人信息收集使用合规情况等。

（4）工业互联网、车联网、物联网。检查各单位平台设备安全防护情况，重点检查重点工业互联网服务平台、联网工控资产、车联网应用与数据服务平台、物联网服务平台等相关系统、平台的安全状况。

（5）市场秩序和用户权益。检查是否存在违反《规范互联网信息服务市场秩序若干规定》（工业和信息化部令第20号）、《移动智能终端应用软件预置和分发管理暂行规定》（工信部信管〔2016〕407号）、《工业和信息化部关于开展互联网行业市场秩序专项整治行动的通知》（工信部信管函〔2021〕165号）、《关于进一步规范移动智能终端应用软件预置行为的通告》（工信部联信管函〔2022〕269号）等规定的相关问题。

（6）互联网基础资源合规：检查部署在公共互联网的网站、Web系统、移动应用程序（App）是否履行互联网信息服务备案（ICP备案），ICP备案信息是否真实有效，是否存在未履行备案变更和备案注销手续（重点检查域名过期/易主备案）的情况，网站底部是否正确标明备案号并链接；是否使用未取得相关许可主体和非法来源提供的网络资源；是否未经许可擅自设置公共互联网域名递归解析服务；是否使用或提供互联网资源从事“秒拨”、“网络代理”、虚拟货币“挖矿”等活动；是否履行防范治理电信网络诈骗活动企业主体责任。

三、数据安全治理技术

广东省在数据安全治理技术方面投入了大量资金和精力，引进了一系列先进的数据安全技术，如加密技术、身份认证技术、访问控制技术等。这些技术的应用有效地提高了广东省的数据安全水平，保障了数据的保密性、完整性和可用性。广东省建立政企合作的模式加强数据安全治理中的技术支持，通过建立完善“安全管理、安全技术、安全监管、安全运营”等四大体系，搭建网络安全体系建设总体框架，重点在政务云平台、大数据中心、政务应用等三个核心应用场景落地实施，来全面提升数字政府政务系统的监测预警、纵深防御、风险管控和应急处置能力。目前，广东省已经建设了数字政府密码资源池、政务云安全资源池，建立了涵盖网信、公安及国内顶尖安全公司信息共享互通的统一威胁情报平台。信息系统上云前风险评估、人员安全意识教育与技能培训、省市一体化安全运营、网络安全“110”应急处置等工作体系已经顺畅运行，有效形成了数字政府网络安全工作闭环。

从县级政府数据安全治理看，河南省Q县数字政府建设起步较晚，但近几年发展速度较快，数字政府发展也取得了一定成效。在数字政府建设中Q县政府部门建立了一个网站，主网页收集整合了53家县级直属部门和乡镇政务服务资源和信息数据，子网页为县级政府信息收集与整理提供便利。为完善县级政府网站的统一信息收集、线上政务活动，2018年Q县进一步升级了政府网站功能，为群众提供更加完善的线上服务。为提高政府的公信力，政府信息公开是政府工作的重要方面，也是政府安全风险治理的重要组成部分。政务信息公开使人民群众及时了解政务信息，降低群众对政府网站进行非法侵入的危险。2018年Q县率先搭建12345公共服务和民事投诉举报平台，使Q县成为河南省第一个与省、市政府完成直接对接的县。如果群众对政府的执法行为不满可随时投诉、举报，群众在监督政府执法工作中能及时发现问题，随时查漏补缺，提高政府部门的安全意识，为政府的安全风险治理工作提供了事实依据。

(一) 河南省Q县数据安全治理制度层

随着数字政府的快速发展，Q县政府信息安全风险治理机制逐渐健全。

(1) Q县初步建立数字政府安全保障体系。一是数据安全保障的规章制度进行了加强。Q县人民政府办公室印发了《Q县政府投资信息化项目管理办法》，县数据资源管理局密集出台了《Q县政务数据安全管理办法（暂行）》、《Q县电子政务外网管理办法（试行）》、《Q县政务数据资源管理实施细则（试行）》、《Q县数据资源管理局网络安全工作方案》、《Q县数据资源管理局网络安全事件应急预案》等一系列保障数据安全有序应用的政策，这些政策规范能够有效发挥指导作用。

(2) 公共服务数字化应用充分发挥。截至2020年末，Q县教育系统的信息化建设快速推进，在“宽带网络校校通、网络学习空间人人通、优质资源班班通、教育管理公共服务平台、教育资源公共服务平台”项目建设上取得较大的进展，完成了全县在线课堂建设、智慧教育云平台建设、智慧学校建设和学校联网攻坚建设等项目取得重大进展。

(3) Q县政府信息安全风险治理机制逐渐健全。为提高政府治理能力，Q县政府在安全风险治理过程中积极倡导多方主体参与，政府和非政府部门共同采取措施。政府部门作为行政机关可借助线上政务平台，及时、准确地了解群众需求，及时解决社会及群众迫切需要解决的问题。2013年出台的《Q县政府网站管理办法》对政府信息化建设作出了相关规定：“在网站开设方面，提出分类开设的原则，即政府网站分为政府门户网站和部门网站，系统化提出政府网站开办关停的流程要求；对政府网站常态化监管、业务培训、日常运维、协同联动等作出具体要求，明确建立政府网站专人负责，规范网站日常管理；要求各级政府网站要根据网络安全法等要求，落实网络安全等级保护制度，采取必要的安全防护措施。”分工明确的政府网站管理体制为政府安全风险治理提供了依据。

(4) Q县数字安全管理框架基本形成。目前Q县已建成一体化的网络平台、数据中台、政务信息资源中心、政务数据共享交换平台、“城市大脑”一期项目等为Q县数字政府建设数据安全建设提供信息化基础。人口库、法人库、电子证照库三大基础库同步推进，通过统一身份认证、应用密码服务等数字政府数据安全支撑平台也正在同步建设中。城市数据中台、城市业务中台、时空信息平台、人工智能平台、数字孪生平台正在规划建设中，同时，为切实加强对“数字Q县”工作的组织领导，Q县政府在“互联网+政务服务”基础上成立了加快推进数字Q县工作领导小组，领导小组办公室设在Q县数据资源管理局，主要负责规划、协调和管理全县信息基础设施建设；规划协调全县广播电视网络、计算机网络、移动通信网络、物联网等信息化基础设施；建设完善Q县云计算数据中心体系，负责重点领域数据安全保障，负责政务数据及其他领域的数据安全保障工作。在全县范围内针对不同的业务部门，设立了系统安全管理员岗位、网络安全管理员岗位、专职信息安全管理员等岗位，政府各部门内部成立了网络安全和信息化领导小组，负责本单位网络安全和信息化建设，各单位配备专职网络信息安全员，Q县市数据资源管理局定期对全市数字化项目进行网络安全专项检查，重点对数据安全管理制度执行、人员安全意识等情况进行监督检查。

（二）Q县数字政府建设面临的安全风险挑战

1. 数字安全体制机制运行不畅

相较于国家对于传统社会安全的综合治理，在数字政府方面，Q县目前还没有形成统一完善的数字安全运行机制。由于国家电子政务统筹协调工作职能进行了多次调整，河南省数字政府建设水平参差不齐，地方数字政府建设统筹工作情况复杂，各地做法也不尽相同，这导致地方统筹协调不畅，网络、平台、应用等资源建设管理缺乏有效配合等问题，有的地方矛盾还比较尖锐。县域数字政府还处在发展阶段，政府信息化建设不完善，信息安全风险管理制度不健全。有的县域政府建立网站只是为了完成上级任务，有的是由于其他县建设了政府网站而跟风建设，导致县域数字政府发展只是一个空口号、花架子，没有适合本地区发展的实质性措施，或者成为政绩工程、豆腐渣工程。其次，县域政府部门相比于省、市级政府部门，更贴近基层群众，工作内容也比较繁杂，难以吸引专业素质较高的人才进入。现有的县域政府部门工作人员缺乏开发和利用信息资源的能力，造成政府信息资源开发利用不够，信息不能实现共享。在县域数字政府建设过程中政出多门，各部门之间信息交流受阻，政府信息安全风险管理制度难以顾及所有部门。

2. 数字政府安全保障法律责任制度的协同参差不齐

对于违反数据安全保护义务的追究方式，数据安全法设专章对相关法律责任进行了规定，法律责体系构建的系统性和严密性，在我国数据安全法的立法中得到了明确的体现。法律责任有关条文均与数据安全保护义务一一对应，形成了“义务—责任”的闭环规定。与草案相比，正式通过版本加大了对于违法行为的处罚力度，进一步压实了数据安全法律责任，但是在政务数据安全保障法律责任的落实过程中，对于数据安全法与其他有关政务数据安全法律法规规定的衔接与协同方面还需进行更加深入的解释与探讨，对于数据安全保障责任豁免条款的设置，还有待通过制定更为详细的实施条例予以明确。

3. 传统网络安全监管制度无法适应数字政府安全维护的需要

政务数据具备在不同载体和场景下的流动性，且其安全防护需求也依据量级、周期性等因素发生动态变化，而传统的信息安全风险评估主要是面向网络环境下的数据安全载体资产，基于某个标准作为基准来设置评估项，展开相对静态、固化的风险评估，无法顺应数据流动过程中不同环境、不同目标下的安全评估要求。另外，区块链政务服务、边缘计算等采用的分布式存储处理有别于传统网络的中心化处理，集中统一的政务数据安全保障技术思路逐渐不能适应新环境下的数据安全需求，网络安全边界日趋模糊。同时，通过数据整合和数据挖掘等信息技术，从原本非结构性的、不具有敏感性的数据中也可析出重要信息，规模达到极大量级时甚至可以窥探到关涉国家安全、公共利益的信息。目前，网络安全法、数据安全法、个人信息保护法、《关键信息基础设施安全保护条例》等数据安全相关法律法规中都要求落地对重要及核心数据或者涉及个人信息、隐私数据的安全风险评估，建立政务数据安全管理制度以及时发现数据安全风险，确保数据安全可控，但对于政务数据的安全监管与评估的规定仍然缺乏场景化、动态化、体系化的具体实施规则。

4. 数字政府从业者数据安全系统性风险意识较低

数字政府从业人员数据安全系统性风险意识较低，从内容上看主要有两个层面，一是领导层在重视数据安全的系统性决策理念反应较为迟缓，没有从数字政府建设整个系统的角度进行制度设计、政策考量；二是基层管理人员数据安全意识不强，主动做好数据安全防护措施不健全。“十三五”时期，Q县数字政府建设稳步推进，数字城管、数字交警、数字气象等一期项目逐渐交付使用，伴随产生的数据体量在不断增加，公众对做好数据安全的认识也在逐渐增强，信息社会对数据安全防御能力的要求也在不断攀升。虽然Q县成立了数据资源管理局来负责规划全县信息基础设施建设，完善Q县政务安全保障体系建设，统筹制定数据安全管理制度，全面建设Q县数据安全技术支撑，指导并监督各地各部门政务数据安全保障工作，各部门仍是数据安全保障第一主体，在数字政府建设过程中的数据安全工作仍然存在各自为政的、条块分割的现象，没有形成系统协同，这些情况严重阻碍了数据安全政策法规在实践工作中的具体成效。

（三）Q县数据安全治理风险成因

1. 数字政府建设过程中数据安全配套制度缺失

Q县政府数字化转型正在稳步推进，成立了数据资源管理局来统筹推进全市数据资源安全保障体系建设。承担政务数据、重点领域数据等安全保障工作，数据安全管理本质上来说是一项极为复杂的项目，牵扯到多个部门的各方面利益，导致在具体实际工作中仍存在工作推进困难现象，究其原因主要是数据管理部门与业务部门的权责不清晰，激励和监督问责机制缺失，各业务部门之间缺乏协同管理。在以往的数据安全管理中，业务部门的管理者往往更倾向于利用技术手段的革新来保障数据的安全，而忽略在管理中的数据安全体系建设。在传统的条块分割管理体制下，各部门各自负责本单位的信息系统建设，数据安全各自负责，在数据安全故障发生时，往往会出现故障定位、问题排查、责任认定等问题上各业务主体推诿扯皮，处理结果往往是不了了之，相关责任人没有得到相应的警醒。可以说在数据安全方面缺乏清晰明确的顶层设计方案和技术建设路径，在政府业务主体部门里缺少既懂管理又懂技术的复合型人才，致使业务主体管理者受制于传统的数据治理思维，无法适应数字政府治理理念，从而导致数字政府从业者对数据安全系统性风险认识不足。

2. 数据安全立法存在空白

在数字经济时代，数据已经不仅是一种资源，而且在某种程度上成为一种新的生产要素，在经济发展中起着重要作用。同样在数字政府建设中，数据作为最基本的资源，在管理服务中起着不可替代的作用。现在各级行政主体在依法行使行政权力的过程中会收集到各种各样的数据，这些数据或涉及公民的隐私信息如公民的身份信息、家庭住址、电话号码、健康状况等，或涉及国家的敏感信息等，但是对这些国家机关依法采集的数据，我国立法机关没有出台专门的数据安全法，只是在相关法律中提及对一些信息的保护，而没有相关数据的保护和安全措施。其实这些数据不仅仅涉及公民的隐私、巨大的商业利益，而且可能关系国家安全，对国家的长治久安都能够产生影响。如果这些数据没有法律的保护，那么受到侵害的不仅仅是公民的隐私权的范畴，国家的核心利益可能受损。

3. 数据安全人才缺乏

数字政府信息安全建设中计算机技术起主要作用，但县域政府相关的信息化人才严重不足。一是政府部门能熟练掌握计算机技术的专业人员比较短缺。由于县域政府部门引进专业的信息技术人员少，很多非专业人员通过短期培训便成为信息化建设的主力。由于专业知识不扎实，政府办公中出现的相关专业问题不能及时解决。二是政府部分领导对信息化办公不够重视。有些部门领导人对数字政府缺乏了解，认为信息化只是简单记录数据、传输文件，对专业技术要求不高，对信息化专业人才的建议缺少重视，以至于出现信息安全风险时无法及时处理。此外，数据安全技术需要很长时间的研发周期，短时间内看不到产出效益，特别是企业的市场化属性增加了数据安全技术研发资金的持续投入，以至于数据安全治理行业的专门性人才较少，对于政府部门来说，既懂数字安全技术又对政府治理熟悉的专业性人才更是很少，造成政府在推进数字政府建设对信息化项目论证、可研等不够全面，政府数据安全治理复合型人才缺乏，致使数字政府建设项目交付迟缓。

第八章　现实困境：基层政府数据安全治理的“痕迹形式主义”

我国在基层政府数据安全治理方面，通过加强数据安全制度、开展数据安全意识培训、对第三方数据安全公司定期安全检查和评估、数据安全宣传活动等多种措施，推进了数据安全治理工作，但是仍面临着诸多挑战，如数据安全法律法规不完善、技术人才短缺、数据安全意识薄弱等。

由于数据自身具有零成本无限复制性、高流动性、高共享性等特征，这导致数据泄露等数据安全事件易于发生，从而增加了数据安全领域的风险。数据安全法中构建数据分类分级保护制度，建立数据安全应急处置机制和国家数据安全审查制度，增强我国数据安全领域的风险发现和抵御、处置能力提供了坚实制度保障。目前还存在数据治理能力不足、数据协同能力不强、数据技术能力有限等问题，导致无法对业务数据分类分级，构建数据全生命周期安全治理。

第一节　基层政府数据治理能力不足

数据治理能力不足主要表现为数据安全治理人员的数据安全意识较弱，数据安全治理能力不足，数据安全专业人才保障不足等。

一、基层政府工作人员数据安全意识薄弱

数据安全是数字政府的生命线，基层政府工作人员在政务数据的采集、传输、处理、存储、开放、利用等环节都发挥着重要的作用，保护基层政府的数据安全，首先需要相关工作人员有较高的数据安全意识，然而，基层政府普遍对数

据安全的思想认识不够、重视程度不高或是对数据安全的认识存在误区。受任务驱动和目标导向等基层治理观念的影响，一方面，一些基层工作人员在开展数据信息工作时在有关政策要求的理解上存在偏差，也更注重完成工作的快速性、便捷性，因此易于忽视在此过程中数据安全的保护、疏于防范，从而造成数据泄露、篡改、滥用等风险。另一方面，基层政府在数据安全治理中主动发现安全风险并采取措施的积极性和能动性不足，不能主动适应新形势，学习新的治理方法与技术，数据安全风险极易在这种消极的态度中产生。通过在基层民委系统访谈发现，部分基层工作人员在思想观念上对数据治理的意识还较弱，认为依靠多年的实践经验和民族事务管理方法就可以做好民族工作。基层民委工作人员只有7%能够熟练操作，48%的工作人员只会简单的操作。同时由于民族工作的部分数据涉密，部分工作人员对数据治理敬而远之。目前民族工作中每个部门有哪些数据？哪些部门负责采集哪些数据？哪些属于高频事项？哪些事项需要线上办理等？底数摸得还不够清晰。数据采集者、管理者及使用者之间的权责尚未明晰，数据职责尚未实现清单化管理。

各部门的安全意识不强，对于数据安全治理，各个单位感受不明显，体会不深，可能大数据中心或数产公司感受会深一些。上次我们系统被攻击，主要是安全意识不强、安全保障和级别不够。(某市某主任2023-07-20)

目前还存在的困境就是各个单位的数据安全意识薄弱，部门对于数据保护的意识不强，数据分散放在各个部门，对于数据的保护等级不够，数据资源的共享与整合仍然有很多路要走。(某市某局长2023-07-20)

二、基层政府工作人员数据安全治理技能有限

基层政府工作人员作为数据安全治理的重要参与者和执行者，其能力素质对于保障数据安全至关重要。在基层政府数字化建设水平不断提高的背景下，对基层政府工作人员的数据安全治理能力和素质要求也不断提高，数据安全治理白皮书中指出，数据安全治理人员应掌握法律法规和标准、信息安全基础、数据安全策略、数据安全技术、数据安全检测评估认证等基本知识。针对数据采集、传

输、存储、处理、交换和销毁等生命周期各环节，能够采取措施保障数据安全。针对个人信息收集、存储、使用、共享、转让、公开披露、删除等环节开展个人信息安全保护和合规管理。各级地方政府的数据治理能力呈现不平衡，一般省级层面数据治理能力较强，其次是市级层面，区县政府，尤其是街道或乡镇数据治理能力难以满足数据安全治理要求。街道或乡镇政府工作人员能力水平参差不齐且整体综合能力水平不高，掌握数据安全治理知识与技能的人对基层业务工作接触较少，熟悉基层工作业务的人员又对网络办公、网络业务不熟悉，对信息化平台的操作使用不熟练，更缺乏数据安全方面的知识储备与防范技能，因此在各种操作中容易产生数据安全问题。

> 目前我市对于数据安全保护的现有措施主要使用密码来对数据和硬件进行保护加固;还有就是利用相关制度和法律加强对人员的管理。我们自身数据治理能力不强,只能依赖上层对数据的保密系统以及数据安全等级的评估。个人信息安全的保护(如买车辆房产信息等)则大多采用外包,多依赖于开发商。(某市某局长 2023-07-20)

三、基层政府数据安全专业人才保障不足

数据安全治理离不开人才支撑。数字中国建设中，数据安全方面的专业人才资源仍然缺乏，尤其是基层政府，这不利于数字中国建设健康、可持续推进和发展。我国数据安全人才队伍建设中，人才选拔、培训机制、薪酬体系、晋升机制等方面还有较大的完善空间。首先人才选拔看，从2020—2024年公务员招考公告中，排名前十的热门专业类别包括财会类、经济类、金融类、法学类、统计学类、计算机类、新闻学、公共管理等。计算机类人才招录主要侧重网络系统的搭建、维护为主，属于传统的计算机学科（大数据技术的最新发展还不系统），集中在网信办、通信管理局、公安局、税务局等部门，数据处理和维护方面的人才选拔还未得到重视，这就导致政府部门内数据分析利用和数据开放平台等工作缺少专业人才，尤其是缺少网络和数据安全技术人才。网络和数据安全领域本身具有技术密集等特点，对人员的理论和技术实践都有较高

的要求，攻防兼备的技术型人才成为网络安全领域的稀缺资源。其次，在政府数字化转型战略的推动下，地方政府部门并未全方位改革相应的治理措施，传统的人力资源管理模式很难吸引人才、留住人才，尤其是既熟练掌握政府的办事流程规则，又具备大数据技术专业的人才，基层政府面临着“人才荒”的困境，这不利于数据安全治理和维护。最后，地方政府人力资源管理制度落后，缺乏完善的人才薪酬体系和合理的人才晋升机制。现有的公务员薪酬体系主要是依据行政职务和工作资质，对于技术能力这一要素的重视程度不够，在实际运行中存在数据与业务“两张皮”、数据开发利用深度不够、开放认识不足等问题，难以有效统筹协调数字技术与电子政务开发和管理，部分储备的人才无法发挥作用，直接阻碍数字政府建设的推进。

基层政府数据安全治理效能的提高需要具备创新思维、专业技术和实践经验的优秀人才。当前基层政府数据安全人才匮乏的主要原因是政府在数据安全人才队伍的建设中存在不足。数据安全治理需要综合掌握计算机技术、政治与行政、管理学、法学等学科知识的复合型人才，总体来看，这类人才较为匮乏。而基层政府在公务员选拔招聘中缺乏对此方面的强调和重视，未将其明确纳入人才招引目录之中，且在人才招聘引进中的政策措施、福利待遇不到位，职业发展规划、晋升通道不明确，相比之下互联网巨头企业对此类人才更为珍视，其所提供的工资待遇、工作环境、发展前景更具吸引力。因此，政府部门对此类人才的吸引和保留面临日趋严峻的挑战，政府的人力资源管理模式如战略规划、工作分析、薪酬管理、绩效管理等方面亟须做出调整。其次，基层政府部门对现有人才的数据安全治理能力的培训不到位，未能有目的、有计划、有反馈的定期开展不同主题的数据安全知识技能培训，难以筑牢基层政府工作人员的数据安全意识，难以将熟悉电子政务OA系统操作，社交媒体运营等的IT人员的知识扩充，技能增进，将其培养为能够进行数据安全治理的人才。另外，还缺乏以实践为主的数据安全功效演练等动态的培训，理论学习的应用向实践的转化难以推进。

基层现有的工资待遇和晋升通道难以留住数据安全人才，这就导致购买服务中，我们的安全环节难保障，只能以外包的方式进行，但是外包服务中又存在较大的安全隐患。比如上海某科技公司处理政务类数据违规导致泄露风险，违反数据安全法被行政处罚，这不是一个个案。(某市某局长2023-07-21)

我们能否借鉴其他地方的用人方式，比如我听说重庆采取一些有效的用人方式，一是重竞赛的毕业生，给编制(重庆市市大数据发展局举行重庆市首届大数据应用技能竞赛数据分析师赛项)；国企按项目方式进行。二是给编制，技术外包方式，采取灵活用人机制。三是承担课题研究；整体项目和设计。四是年薪制；聘任制等，这可以解决数据安全人才匮乏的难题。(某市某局长2023-07-20)

第二节　基层政府数据协同能力不强

在摸清系统数量、清理数据家底时，发现基层政府部门存在“业务协同难”“互联互通难”“数据共享难”等三难问题，具体体现在各业务部门数据系统各自独立，虽然构建了跨部门的数据共享平台，但大部分业务部门对数据共享平台的信任度不高，数据职责不明确等问题，使得责任推诿，数据壁垒和数字政府发展边界不清等现象，这些都源于条块权力体系碎片化和科层制影响，导致治理主体权责不明、数据共享难度大、数据职责的模糊性、数据协同治理效能不足等突出问题。

一、数据协同治理主体权责不明

随着全球化、数字化进程加快，治理生态的复杂性和风险性增强，对协同治理提出了更高要求。过去的一元治理是一种封闭性的治理模式，政府扮演的是单一的管理者身份，数据治理受到部门化、碎片化等局限，难以适应治理现代化的要求。随着治理场域的复杂性增强，学者们开始关注公共部门将采取怎样的行动以应对跨主体、多层次的治理体系，“协作性公共管理”的概念也应运而生并逐渐受到越来越多学者的关注。

从主体看，政府数据治理主体中的网信、公安、数据管理部门等安全责任主体的职能划分较为模糊，由谁牵头、由谁负责、由谁落实、由谁监督和考核等缺乏明确的规定。受科层制和各部门条块分割的掣肘，这些数据安全治理部门治理目标分散，组织协调不够、数据碎片化等，导致数据安全治理难以形成合力，难以解决复杂跨界的政府数据治理问题。对于数据治理重要主体之一，国家数据局的成立使我国有统一的数据治理机构，各地的大数据管理局、大数据中心等机构相继成立，但是这些机构分别隶属于发改委、政府办公厅、经信委等，其级别、归属和职能等存在差异。由于条块分割、治理目标分散、部门利益冲突等诸多原因导致跨部门、跨层级、跨地区的数据治理难度大，而部门数据的碎片化分布、数据标准不一、数据治理权责不明、数据权属模糊等都给数据治理带来难题。

从权责归属看，责任边界模糊。目前省级层面一般设有大数据管理机构，主要承担数据安全治理责任，但是县市未按照职责同构的原则设置衔接部门，目前县市的数据安全主要分布在网信办、通信管理等部门，数据安全治理责任边界模糊，一旦发生数据安全事件，各部门间容易出现相互推诿的现象，不利于数据安全事件的快速解决。随着人工智能和数字孪生城市的发展，尤其是ChatGPT（OpenAI发布的聊天机器人模型）的发展和数字人的发展，人与机器的界限越来越模糊，当出现数据安全事件时，责任边界更加模糊，责任认定难度更大。

> 说句实话，目前最大的难点问题，一是系统管理责任和责任边界问题，数据安全怎么做？二是政务系统哪条路是正确的，广州、海南、上海等不同模式，到底哪种运营模式可行？(某市某主任2023-08-10)

二、数据共享难度大

我国仍处于横纵向条块结合的碎片化数据治理模式，压力型的政绩锦标赛体制增加了跨部门数据协同治理难度。纵向的五级层级使得互动难度大、数据纵向流动效率低、数据失真风险高。同时数据采集的标准不一、统一分类分级标准的缺乏、数据碎片化存储、数据保护主义等使得数据兼容难度大，造成"数据割据"现象，数据协同共享有待加强。目前我国从信息孤岛—数据孤岛—平台孤岛过渡，部分地方建设系统和数据仅在有限范围共用，较少共享给其他相关部门。

二是数据开放与数据安全的边界把握缺少有效指导。由于政府治理的部分数据涉及个人隐私、国家安全等敏感信息，若处理不当，极有可能在处理公共事务中，间接暴露上述敏感信息。因此，对于如何把握开放与安全的边界极为重要，但目前尚未形成明确结论。三是数据确权仍未完全落地。2022年6月22日，国家出台的《关于构建数据基础制度更好发挥数据要素作用的意见》明确提出保护数据要素各参与方的合法权益，合理界定数据要素市场各参与方的权利和义务，通过权利分割的方法实现数据分类确权与授权。但是我国现行法律却缺乏对数据财产权的相关规定，数据要素市场在此背景下只能依照传统法律要求，数据利用的权利主体和权利能力难以清晰界定。

1. 体制因素导致不能共享

在条块分割的党政双重科层体制下，纵向与横向部门普遍存在职责同构、权责交叉等问题，由于条块之间权责关系不够明晰以及部门利益差异和分割等因素，纵向部门的信息系统相互独立，使得纵向与横向部门信息系统处于碎片化低关联状态。横向业务系统管理分散，部门之间数据格式、数据标准不统一、不兼容，导致供给主体缺乏整合，服务内容条块分割，业务系统自成体系，服务数据难以共享。

2. 利益因素导致不愿共享

目前数字政府建设尚未建立市场化的运行机制，在技术和专业人员不足的情况下，数字政府建设大多采取外包的形式，外包公司的技术力量对数字政府的理解差异较大，导致平台设备差异性较大，后期数据难以兼容，影响数据间的互联互通。同时各级外包公司间存在竞争关系，缺乏动力去考虑数据后期的对接和兼容问题，这些都加剧了数据孤岛，不利于数字政府的数据集成和共享。各业务部门在工作中难以打破体制障碍，部门利益和权力进一步交织，部门分割、条块掣肘带来的信息孤岛和数据烟囱问题呈现，制约了高质量发展。

3. 风险因素导致不敢共享

由于数据未确权，数据的使用权、所有权等不明晰，导致数据所有权单位不确定数据会如何流向，如何使用，担心数据共享后出现风险。一方面出现数据泄露的风险，增加被问责的概率；另一方面担心数据共享后暴露出数据的不精确、不真实而被问责；还有部门领导认为数据安全比共享重要，基于数据泄露和被问责等风险原因，采取封闭措施更稳妥，从而不敢共享数据。

> 你想要数据但是人家不给,垂直部门数据不愿意给,说有明文规定不能给,横向部门数据不愿意给,说涉及数据安全,数据共享难度太大了。(某市某主任2023-08-10)

4. 路径依赖导致不会共享

由于缺少数据共享的考核机制，以及数据共享的法律法规约束，部分政府部门在惰性驱动下仍习惯按照原有的工作路径，各自为政，将数据共享和开放作为自身的权利，缺乏数据共享的意识和动机，从而造成部门主观上不愿共享。数据共享的制度和规则不明确，各个部门对于如何共享、共享什么、共享责权等缺乏具体规定，导致部门客观上不愿共享。数字孤岛的存在一方面导致各部门在硬软件等信息系统的重复建设，浪费了人力物力和财力，增加了政府财政投入和沟通成本。另一方面加剧了纵向与横向部门的信息不对称，这就使得上级部门只能依靠定期考核与层层检查弥补信息不对称，导致数字形式主义的蔓延。对公众而言，直接导致公众在办理证明类事项或审批类事项时，需要跑多个部门，重复填写和提交多个表格，增加了公众获取公共服务的制度成本。

三、数据职责的模糊性

在政府数据权主体归属方面，管理权和使用权的归属相对比较明确。为了让政府数据具有完整性、安全性和高质量，管理权归属于政府部门和政府数据管理机构是为了让政府数据的公共价值和经济价值充分发掘，政府数据使用权不仅可以由政府部门享有，也可以由企业和公众享有。主体归属存在争议的主要是所有权和收益权，为了保护国家主权和政府数据资产保值增值，政府数据的所有权和收益权应归政府；为保障公民知情权和公共数据权，推动数据产生开放运用，政府数据的所有权和收益权也应由政府和公众共有。

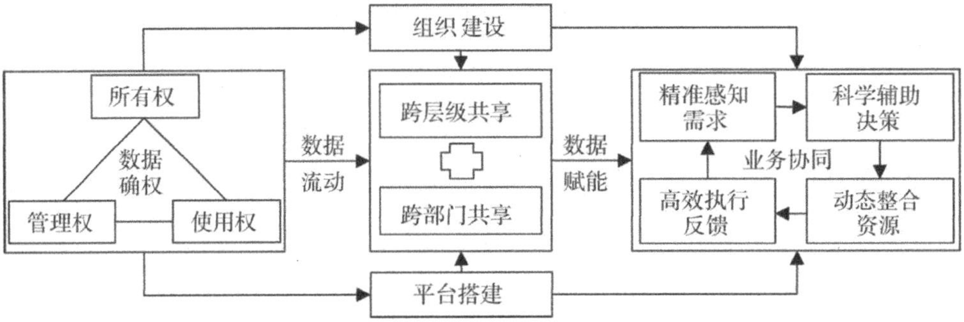

图8-1　基层政府数据安全治理的业务协同关系框架图

从我国当前基层政府数据安全治理体制机制来看，县级政府直接负责基层政府数据安全治理建设，基层政府想要实现数字化转型不仅需要整合共享本级各部门数据资源，而且需要连接市、省、国家政务数据交换平台以获取上级部门数据资源。然而，受限于碎片化和封闭化的条块治理结构，县级政府难以整合共享本级各部门数据资源受制于纵向行政权力结构的末端，县级政府统筹协调能力不足，难以获取市、省和国家政务数据交换平台的部门数据资源。县级政府难以整合运用本级和上级部门数据。导致数据赋能基层政府治理“事倍功半”，主要表现为组织改革和平台建设的成效甚微。究其原因，根本在于各级政府部门的数据没有确权，导致数据赋能基层政府治理的业务协同运行模式没有形成。

数据确权是部门数据赋能基层政府治理困境突破的前提条件，不仅为跨层级跨部门数据共享提供制度保障，而且为基层政府治理的组织建设和平台搭建指明着力方向。课题组重点关注跨层级跨部门政府数数据共享，不涉及市场化运营收益问题，因此不考虑收益权，仅研究所有权、管理权和使用权在不同层级和部门之间的归属问题。业务协同是部门数据赋能基层政府治理困境突破的关键目标，不仅是数据赋能基层政府治理的着力点，也是推进基层政府治理现代化的突破点。本书主要研究基于基层政府治理需求促成数据流和业务流融合，打造精准感知需求、科学辅助决策、动态整合资源和高效执行反馈的基层政府业务协同治理新模式。

在数据监管方面，在推进数据安全领域，呈现出行业主管部门和数据治理部门的多头管理，数据分级分类、数据监管机制不健全等问题，首先，行业主管部门和数据治理部门的多头管理，导致监管政出多门，在数据管理部门和网信部门行使监管权时，在沟通不畅和信息不对称下，容易形成监管真空，不利于数据安全风险防范和化解。数据分级分类是数据保护及标准化处理的前提。在政务系统的数据集中，存在个人数据和非个人数据，而个人数据中又涵盖个人非敏感数据，如个人社交数据（QQ微信昵称和签名档），也包括个人敏感信息（个人财产数据、个人信用数据、个人金融交易数据等），数据分级分类的不完善导致数据安全保护和监管的难度增大。其次，数据监管体系的制度短板。数字化技术发展迅猛，远快于制度更新的速度，规章制度在执行过程中落实不力，造成违规成本过低。较为典型的是移动端App过度索权，侵害数据主体的合法权益。

> 从职能看,我们对数据安全有指导和监管责任,但没有相应的法律,比如数据安全法中提到行业主管部门,对本行业的数据安全有监管职责,但是没有明确的法律规定,大家都管,其实就是都不管,目前数据监管上还是空白区。(某市某主任2023-08-10)

四、数据协同治理效能不足

从单一部门的治理效能看，政务服务与大数据管理局作为数据安全治理的主要部门，是一个嵌入式协同部门。这一部门在推进数据安全治理中存在困境。

1.从资源依赖理论来看

市政务局对其他部门存在深度依赖,这是因为业务部门的系统运行和操作水平会影响政务服务的效能,影响政务服务与大数据管理局的部门绩效,而其他业务部门的绩效并不受政务服务与大数据管理局的影响,这就导致其他业务部门目前对政务服务与大数据管理局反向依赖程度不高,这种非对称依赖导致政务服务与大数据管理局工作人员反映与其他部门沟通并不顺畅。如调研访谈中发现一些部门对智慧城市建设的配合度不高,对未来需求没有思路,影响了数字政府建设进程。

2.从权力位阶差距视角看

如县政务局为正科级部门，与其他县直部门、乡镇平级，在将纵向维度的条线与基层组织连通起来时，又涉及县、乡镇/街道等多个层级，政务服务仍处于从条线受理阶段逐步过渡到一体化受理阶段，过去条线窗口之间相互独立，只是在同一大厅合署办公的“一门受理”模式，大厅工作人员的薪酬、考核、任免都由各条线自行负责。现在专线窗口逐步转变为综合窗口，但协同主体多元，协同情景差距大，协同效果不理想。如一网通办培训中，政务局虽将政务服务网培训送到乡镇村，但市场监管、人社、医保、林业等多个业务系统的操作培训不跟上，仍无法有效地提升窗口办事人员的操作水平和服务能力。

3.从多部门协同效能看，多元主体参与缺位

数字政府治理的核心是多元主体间的协同，也就是由政府部门、非政府组织、私营部门和公民等多元主体共同参与进行治理。目前，中国的治理主体中政府部门是数字政府治理方针的制定者和举措推进的执行者，而非政府组织和私营部门则作为社会力量，能够通过与数字政府的互动促进善治状态的实现。从我国数字政府治理目前的情况来看，非政府组织和私营部门参与机制仍有不足，面临参与途径不明、数字化水平不高、政府态度冷淡和社会公众信任缺乏等问题，未能有效助推数字政府治理水平的提升。数字技术的运用提高了参与的效率、降低了成本、增加了便捷性，参与途径也十分多样化，使得公民作为治理主体参与意愿逐渐增强，但这种参与仍停留在使用网上政务服务处理事务等电子政务层面，参与的深度与质量有所不足。

仅凭政府或企业等有限主体参与无法满足多元治理诉求，主张政府、企业、社会组织、媒体、公民结成合作伙伴关系共治共享，并注重多元主体行为内容、过程及结果，科学构建社会治理共同体。①然而赋权、增能、担责、享益等问题始终制约着协同共治的绩效，科技企业通过经济行为和高新技术掌握了大量个人信息，公民的隐私自曝行为、安全信息泄露行为甚至违法买卖数据行为，媒体的过度渲染、隐私泄露、数据推送等行为，均使得公权力存在异化隐患。目前大多数认同协同治理的学者仍强调政府在各种参与者横纵向联系中的中心地位，以及在协同过程中的主导地位，但在“行政吸纳社会”的环境中，往往难以真正发挥其他主体的能动作用。如何厘清多元参与的角色和关系，拓展多元主体的参与途径，提升多元主体的参与能力，规制多元主体的参与行为等，是急需解决的一道治理难题。

---

① 徐顽强.社会治理共同体的系统审视与构建路径[J].求索,2020(1).

因此，多领域多部门协同背景下，部门间数据共享的激励、监督和问责制度不健全，导致一些数据采集部门不愿意与其他部门共享数据，只能基于非正式渠道有限度地共享。数据归属方、管理方和使用方多头重复采集、数据标准不统一、数据存储格式与系统接口制式不统一，数据共享交换难度大等，造成数据资源浪费严重，降低了数据协同效能。

目前一些单位职能重心转移，关于数据方面的主管单位较为分散，有时实施工作较为困难。后期需要加强数据安全的治理就要进行机构的改革，规范治理体系的建设。(某市某局长2023-07-20)

第三节　基层政府数据技术能力有限

以云计算、5G、人工智能等为代表的新一代信息技术与公共服务深度融合，在为政府管理和服务带来效率提升的同时，也带来了技术应用融合问题。如在人群密集的公共场所，政府利用人脸识别技术对重点人员进行识别，以此来维护社会秩序。但是，因为算法安全漏洞、敏感信息采集违规、数据存储不安全等，人脸识别技术也会给公众带来了个人信息泄露、隐私暴露等安全风险。新兴技术不仅自身会面临数据安全、算法安全、隐私泄露风险等网络安全问题，而且还会加剧数字政府传统的网络安全风险，如信息泄露、数据滥用等，甚至还会滋生出新的网络安全问题，如数据偷渡、样本偏差等问题，这些都对数字政府的网络安全风险防范提出新的挑战。目前数据安全治理的技术困境主要表现在系统平台分散低效，系统重复建设，二次录入加重了基层负担；政务外网、内网和专网的切换，数字治理系统不稳定；系统和数据标准不统一；数据泄露危险系数大等，系统整合和安全应用水平有待提升。

一、分散低效的系统平台

通过调研和深度访谈发现，系统多，系统散，系统不通。

(1) 系统多。调研发现：目前民委系统自建信息化业务系统33个，使用上级部门信息化业务系统66个，其中使用省部级系统60个，市州级部门信息系统

6个。在社区调研时发现，目前社区的有20多个系统，平均每个网格员使用2~3个系统数据录入，网格员不以区域划分，而以系统划分，甚至出现了社区疲于应付的状态。大量平台数据散落在不同层级多个部门中，形成了一座座“数据孤岛”。这是由于顶层设计的缺乏，各业务部门在问题导向和绩效导向下，倾向开发一套适用于本部门的业务系统，这就出现各部门的业务系统、小程序和App不断增多的情况，而这些系统分布在专网、内网和外网上，由不同的网络公司外包建设，大大增加了数据打通和整合的难度。

（2）平台兼容差。科层制中政府“条块”之间权责关系不够明晰，以及部门本位主义的利益分割，使得横向的块块与纵向的条条的系统未打通。因为业务系统未打通，数据未共享，村民在办理低保、死亡证明、婚姻证明、户籍证明中，数据无法调用和比对，而办事部门为规避风险，要求村民出示各种证明，这就导致村委会在是否开证明中难以选择。部门之间没有横向共享数据，更无法实现基层政府数据回流，导致基层重复采集数据并填报到各种业务系统和小程序中，增加基层的负担。基层重复化收集数据问题日益凸显，增加了基层工作负担。目前政府数据安全平台缺乏自上而下的顶层设计，数据技术标准、接口标准等缺乏统一规范，从而使得平台和平台之间兼容性不强。而各个部门“各自为政”，难以汇集多个平台数据，从而阻滞了政府全量数据资产梳理、敏感数据流转和全域风险分析，难以溯源数据安全风险。

二、系统不稳定加大了应用和推广的难度

因为系统自身不稳定，导致窗口工作人员在为老百姓办理业务时，因为系统无法打开而无法办理，或者因为系统打开速度慢而低效办理。调研过程中，民政窗口的工作人员告知并演示给我们，低保和临时救助等系统无法打开。在其他乡镇和市直部门访谈，工作人员反映原本线下几分钟可以办理好的业务，线上可能需要1~2小时，导致工作人员和群众体验感较差，“多跑网”不如“多跑路”。部分业务系统的更新，致使很多人刚开始学会操作又要重新学习摸索，增加工作难度。同时因为政务服务网是一个兼容平台，是前台统一应用的接口。中间层仍存在各个业务系统，系统缺乏稳定性，或不同平台的贯通延迟，或系统崩溃，或工作人员操作不当等多种原因，出现网办件丢失或已办件出现超时提醒等问题，

需联系不同系统的工程师予以解决，耗费了大量的沟通成本。而后台的数据存储在不同的业务系统中，呈现条块分割的数据现状。这些问题增大工作人员工作量，增加了政务服务网宣传推广的难度。

三、系统安全等级低导致数据泄露危险系数大

随着一体化政务服务平台要求部门互联互通，方便了群众办事，但是也为犯罪分子盗窃信息数据提供了渠道。政务系统正面临着巨大的威胁和挑战，这些威胁类型呈现出新颖化、隐蔽化、复杂化的特征。因为一体化政务服务平台承载着上亿公民的身份信息、各企事业单位的数据资料以及国家经济发展的重要数据等，这就备受黑客青睐，被网络攻击的频率和假冒政府单位的钓鱼网站不断增加，政务系统成了网络安全事故的高发地。如本次疫情暴发期间，政府工作人员为了有效追踪疫情动态、精准防控，需要对有中高风险地区旅居史的来鄂返鄂人员，确诊病例和无症状感染者和密切接触者的基本信息、行动轨迹、电话记录和手机漫游等信息汇集。网络黑客通过攻破健康码管理系统或冒充工作人员收集公众信息，从而导致公众的身份证号码、所在详细地址、电话号码等信息泄露。目前国内大多数政务服务与大数据管理局缺乏计算机网络、大数据和算法领域的专业人才，导致部门在网上服务平台建设和系统安全维护方面较为乏力。

四、技术应用不当导致安全漏洞凸显

随着安全防护技术的不断发展，同态加密、差分隐私、安全多方计算等隐私保护技术的快速发展，“数据可用不可见”“数据不动模型动”等防护理念的发展为数据防护提供了解决思路，但是随着政府数字化转型和数据应用场景更为丰富，为数据安全带来新的挑战。技术应用中存在过度应用、应用不足和技术滥用等风险。首先，技术过度应用。如各地社区、市民中心或组织等多个区域通过各类终端智能设备或系统过度采集公民活动的指纹、人脸等个人属性生物特征数据，而这些部门没有相应的人力和技术保障数据安全，一旦这些隐私数据被泄露或滥用，将对公民权益产生严重的威胁。其次，技术应用不足。联邦学习、差分隐私、安全多方计算等先进技术实施缓慢，难以规避数据安全漏洞，难以应对复杂数据流动风险，最终难以形成有效的数据安全管控能力。最后，技术应用滥

用。数据滥用易引发隐私保护与数据安全问题，随着人工智能的发展，尤其是生成式AI的发展，算法偏见、技术偏见、算法歧视等易引发政府数据安全和个人隐私保护问题，如数据泄露、数据过度挖掘等。对存储在政府内部的个人生物特征、行为模式、地理位置、习惯偏好等数据过度深度挖掘，通过算法生成“用户画像”“安全画像”，将每个人的行为风险、资源风险、账号风险等进行标签，这些技术滥用加剧数据泄露风险，不利于隐私保护。

第四节　数据安全治理的制度困境

法律制度是保障数据安全最有效、最根本的措施。从中央层面，我国先后颁布了《中华人民共和国网络安全法》《中华人民共和国数据安全法》《中华人民共和国个人信息保护法》《关键信息基础设施安全保护条例》等数据安全重磅法律法规。数据安全治理中涉及大量的系统、数据、部门等，如果政策法规滞后、制度不健全或制度粗放等，会导致数据安全风险。

一、政策法规滞后

我国数据安全的政策法规建设相对滞后，2017年网络安全法才正式实施，2018年5月《国家网络安全事件应急预案》出台。虽然我国现在正加快对数字政府安全相关政策法规的建设，也颁布实施了《中华人民共和国数据安全法》《关键信息基础设施安全保护条例》等法律法规，围绕数据安全各个领域，先后有2023年1月工信部等16部门发布的《关于促进数据安全产业发展的指导意见》、2023年5月工信部发布《工业领域数据安全标准体系建设指南（2023版）（征求意见稿）》、2023年7月国务院办公厅关于印发《政务服务电子文件归档和电子档案管理办法》、2023年8月国家网信办发布《个人信息保护合规审计管理办法（征求意见稿）》《人脸识别技术应用安全管理规定（试行）（征求意见稿）》以及2023年8月国家金融监管总局、中国人民银行、中国证监会等部门发布的《关于规范货币经纪公司数据服务有关事项的通知》等，但是现有的法律框架中，围绕数据安全出台的法律政策较少，大多数是围绕数据开放。在数据安全领域，现有政策大多数为指南、意见、管理办法、管理规定等，尚未通过法定程序上升为法律法规。同时由于一些重要问题疏于规定，容易到时规则适用的理解差异，从而影响数据安全治理有效执行。随着大数据、云计算、人工智能等新兴技术嵌入数字政府，势必会对政府数据安全治理的政策法规提出更高的要求，但目前我国还处于起步阶段，缺乏数据采集编目标准、责权界定、治理机制、监管标准等相关政策，数据安全治理的配套政策法规还有待健全，除此之外，还存在政策法规协调性不够、政策“打架”现象、政策可执行性差等问题，这不利于我国政府数据安全治理。

> 在基础制度建设方面，经信局或科经局负责数据经济；数据要素制度由发改委负责；数字政府由政务局负责；网信办、市宣传部负责数据智慧建设等，未来统一到一个部门，做好顶层设计会更好。（某市某主任2023-08-10）

二、政策法规缺失或粗放

数据安全制度一个系统工程，包括数据分类分级制度、数据安全风险评估制度、数据安全应急处置制度、数据安全责任追究制度、数据安全审查监管制度等。随着数字化转型和人工智能的发展，出现多领域交叉融合，对我国数据安全系统制度设计提出更高要求。目前我国中央层面已发布多个政府数据安全治理政策性文件，数据安全法中也涉及政府数据安全工作，但是一些基础和重要的问题还疏于规定，如数据质量、数据价值、数据格式、涉及领域、社会需求等对于实现数据安全治理而言十分关键，标准缺失和对这些问题的理解差异会带来数据质量低下、数据安全风险高等问题。制度实施中还存在粗放的问题。整体而系统的数据治理制度还有待完善，数据收集和加工流程、数据目录规范、数据质量保障体系、数据授权经营等制度之间的有效衔接薄弱，尤其是数据开放和数据安全制度如何平衡，现在还缺乏制度之间的有效衔接。在可行规则标准方面，如数据分级分类制度，数据安全法规定应建立数据分类分级保护制度，但是具体应该如何建？建设标准和规范是什么还缺乏具体说明。各地在数据分类分级制度上，有的分为无条件开放、有条件开放、不得开放等，有的分为普遍开放类与授权开放类等，各地对各类数据的分类标准存在加大差异，这就导致政府掌握数据分类分级的自由裁量权，一旦这种裁量权行使失当可能引发数据安全问题。

目前来说缺乏顶层的政策支持，有些工作不好把握度。因为国家连续出台的几部法律都是对数据安全、个人隐私保护进行策划。如何在保护个人隐私和加快数据流通开发上把握这二者的关系，现在还是没有政策支撑。(某市某局长2023-07-20)

三、基层政府数据安全治理制度“不可持续发展”

当前，在数字化的热浪潮之下，基层政府数据安全治理存在可持续治理的难题。一方面，部分基层政府追求具有显示度的数字绩效，这种以政绩为导向而非需求为导向的数据安全治理理念，催生了数字形式主义。在政绩驱动下，盲目与网络公司搭建平台而实际应用效果不佳，“重投入、轻运营”等问题滋生了一次性的政务系统，在系统管理方面，由于培训内容和激励考核等配套制度的缺乏，导致系统使用周期短，不利于基层政府数据安全治理的“可持续发展”。同时基层政府重要领导人的更换带来的政策的变更或政府政策的不再延续，也导致了基层政府数据安全治理制度的不可持续性。

数字技术理应成为推动国家治理体系与治理能力现代化的重要科技手段，而不应成为政府工作的掣肘与负担。但是在基层调研中发现，基层政府数据安全治理中存在一些昙花一现的政务公众号和政务新平台。这些平台开发背景存在差异，有的平台是领导想蹭新的数字概念，出新的数字政绩；有的平台脱离实际，一味追求创新；有的则缺少顶层规划，系统半路夭折。这些平台共同的特点是在数字政绩和盲目创新的驱动下，缺少基层需求调研，由于横向和纵向部门缺乏有效打通和整合，导致各个部门根据自己的业务需求建设系统，而这些系统建设后，受到基层的技术人员和财力等资源的限制，缺乏可持续维护的人员，缺乏不断更新和维护的预算，从而导致基层政务系统的不可持续。

部分领导不懂区块链、人工智能和大数据，只是通过会议或文件听说正流行这些,就想蹭新概念,做出工作亮点,我们基层就将工作都换成了新包装,后期没有评估,也没有考核,只是领导靠这些花架子换来了数字政绩。(某市某局长2021-03-05)

在基层的实际工作中，“一套班子一套系统”的情况并不少见。政府工作者追求显示度高的工作以凸显自己的政绩，而忽略了数据治理的可持续发展。在基层政府数据安全治理中，也面临着这样的问题。一方面，面对基层政府数据安全治理中，各基层都面临一个共性的问题，即“一套班子一套系统”。一套系统刚刚建成投入使用，就面临着领导班子的调整，那么新的领导班子对系统是否认同，对系统的注意力是否足够等等决定了这套系统的寿命。而一般新领导班子希望“新官上任三把火”，他们会提出自己的主张，会将注意力放在自己的主张上，这就导致原有的系统因为注意力不足，资源倾斜度不够等原因而不可持续，新旧系统更替还会出现数据迁移的难题。

由于部门各系统无法打通和整合,各做各的系统,导致我们缺乏专业人员和技术进行后期的升级和维护。同时上级部门只提了开通账号的要求,既不提供业务培训,也不列入考核激励事项,大家没有动力用,最后只能被注销。(某市某局长2021-03-16)

第九章　路径选择：基层政府数据安全治理的“四维钻石模型”

数据安全治理经历由工具层—实践层—制度层的发展历程。基层政府数据安全治理的发展需要数据安全治理主体的理念转变、数据安全治理制度完善、数据安全治理组织规范和数据安全治理的技术标准。

第一节　提升数据治理能力

一、摸清部门数据家底

摸清部门数据底数，盘点数据资产，这是保障数据安全治理的前提。每个部门的数据资源存在差异，如国家民委数据主要包括部门内部、部门之间和社会民族数据，具体包含个体基本属性数据（人口特征数据，如姓名、年龄、性别、职业、健康状况等，网络行为数据，基于位置服务的数据等）、民族政策数据、民族工作统计数据、法律法规数据、宗教事务数据等。这些数据是多样类型、全样本式、动态变化的，需要运用大数据技术，挖掘数据价值，以应对民族工作的复杂局面。湖北省推进民族事务大数据平台建设，建立覆盖全省人口、经济、文化、教育等综合信息管理和基础数据库，做到底数摸得清、能查询、可分析，坚持数据分类分级、数据安全防护、数据安全运维、数据安全风险评估等。

二、确定部门数据权责

明晰数据所有权、管理权和使用权。明确数据采集部门，数据使用部门、明确数据存储与管理的主体，规范数据共享。厘清数据管理权限和责任边界，防止安全保障中的部门推诿。[①]从国家民委的数据权责主体看，主要包括数据归属方（国家民委）、数据管理方（大数据中心）和数据使用方（其他职能部门）。数据归属方主要归属权责，数据归属方在业务牵引下完成数据采集、数据存储、数据更新、数据维护等工作；数据管理方主要共享管理责权，提供数据目录和共享记录，通过共享交换平台进行交换；数据使用方注重使用权责，使用权限和边界。同时建立健全数据安全治理制度和标准体系，推动“一数一源一标准”建设，避免重复采集，便于数据统筹和管控。国家民委较早成立专业部门，这一部门先后更名为国家民委信息化领导小组、国家民族事务委员会信息中心、国家民委舆情中心等部门，目前还有待明确各部门各岗位的采集、共享、使用的数据权责。

三、完善数据安全人才的培训机制

一方面，加大对政府内部数字化技术人才的培育力度。依托数据安全培育课程，定期对体制内的数据安全从业者进行培训，教授数字政府建设和数据安全技术专业知识，优化相应的考核和激励机制。定期不定期地开展经验交流报告会，分享先进技术与工作经验，取长补短，因地制宜。采取政企合作模式建造数字政府平台，可以让政府部门的工作人员深入到企业，深入到大数据技术应用的最前沿，和企业中的数据安全技术人员进行专业的探讨和交流。同时可以把企业内部的优秀技术人才采用聘用制的形式参与到政府数字化转型建设中来，运用专业人才的宝贵时间经验，为推动数字政府治理创新作出更大的贡献。可以探索与周边高校合作培养数字化人才，鼓励高校增开政府数字化转型相关专业。加强与科研机构交流合作，不断强化人才培养基地建设，加快培养出懂政府治理和数字化技术的综合性人才，促进数字政府建设专业化人才队伍稳定增长。[②]另一方面，加强社会公众数据安全风险意识培养。加强社会公众数据安全风险意识培养不仅是化解个人敏感数据泄露等风险的重要途径，更是提升政府数字化转型的关键环节。提升社会公众数据安全风险意识就是要提升社会公众防止个人敏感数据泄

---

① 范柏乃．新时代浙江政府职能转变再出发：“最多跑一次”改革[M]．北京：科学出版社，2020.

② Information security.Center for digital government honors colorado with cybersecurity leadership and innovation award[J].Computers networks&communications，2011(5)：85-88.

露、数据安全水平等，进而提升社会公众在大数据、网络化和数字化大环境下应对数据安全产生威胁的应急反应能力。

第二节　加强数据协同能力

基层政府数据安全治理是一个系统工程，需要多主体、多职能、多技术的协同治理，但目前我国部分基层政府在数据安全治理中存在协同效能低、权责不清等问题，因此需加强顶层设计、明晰数据权责、构建多元协同治理机制。

一、加强顶层设计，建立基层政府数据安全治理专门机构

我国数据安全治理主体包括国家安全领导机构、国家数据局、各行业主管部门、公安机关、国家网信部门等，数据安全和个人信息保护在中央层面，分别由国家安全领导机构和国家网信办负责统筹协调，而具体的监督管理工作则由分散于各领域、各行业的监管部门在各自职权范围内负责，这与数据处理的数字化场景性、跨区域性、空间不确定性等特征不甚相符，部门之间存在“权责不清、履责不力、追责不严”的现象，由于数据安全治理是一项具有复杂性和综合性的工作，如何廓清各监管部门之间的职责界限，如何协调属地管辖冲突还需要理论和实践界探讨。明确政府各部门、各层级数据安全治理主体权责关系，建立政府数据安全治理专门机构，对于数据安全治理由谁来牵头、谁来负责、谁来落实、谁来监督以及谁来考核等问题均需进行详细的规定。

1.明确各级机构数据安全治理目标，建立政府数据安全治理专门机构

从宏观上对各级政府数据治理机构所拥有的权力边界和活动范围进行统一规定，明确各级政府数据安全治理机构的职责权限。①由中共中央网络安全和信息化委员会办公室和国家互联网信息办公室联合建立中央数据安全治理领导小组，联合各级政府部门的数据管理机构和治理机构共同组建统一的政府数据安全治理体系。在各级政府部门设立相应的数据安全保护部门，专门负责政府数据安全治

① 彭海艳，何振.人工智能背景下政府数据安全治理的现实困境与应对策略研究[J].云南社会科学，2022(3)：29-37.

理工作。我国可考虑同时在各个省、自治区和直辖市设立专门的数据保护机构，专职专责，监督各地区对数据安全法、个人信息保护法等数据安全相关法律的应用，协助地方政府制定并实施地区数据安全政策与计划，管理规范各部门在数据处理过程中的行为，及时对危害到数据安全的行为进行处置，积极实施补救措施。[①]此外，成立由各级党委、政府主要领导牵头的数据安全治理工作领导小组，加强集中统一领导。设立政府数据安全治理委员会、政府首席数据保护官、数据安全管理专员等，负责相关政府数据安全保护措施的监督和落实。

2. 建立科学合理的组织程序

通过科学合理的组织程序，可以确保数字政府建设的各项任务得到有效落实，提高政府管理的透明度和公众满意度。政府应对数据安全治理工作涉及的组织程序、人员、管理范围等进行一体化设计，厘清并界定各级政府部门在安全治理中的权责，分工明确，明晰数据安全治理机构结构，完善网络信息安全、人工智能、大数据安全等各领域分工，数据安全治理全流程从问题确认、政策规划设计、组织执行到评估终结，每一职能部门相互支持、协调沟通，协同推进数据安全治理各环节。划定各个部门和人员的责任界限，提升各级机构数据安全治理的效率。按照权责统一的原则，明确责任主体，科学、系统地对数据安全治理主体的责任权属进行精确定位，能够明确安全责任，有助于政府承担起责任，提出针对性的治理举措，快速提升数据安全治理的效率。

3. 建立合理的权限管理机制

划清领导干部和工作人员在数据安全治理中的职责，制定严格的内部安全管理制度和安全监管标准，将日常安全管理形成常态化，政府数据采集使用的流程责任到人，形成权威有效的安全管理体系。在数据安全管理中，数据使用用户权限管理是一种重要的信息管理系统工具，它根据用户的角色和职责来分配相应的数据访问和使用权限，限制不同岗位人员对系统中敏感信息的访问权限。这种管理方式可以确保只有经过授权的用户才能访问特定的数据资源，从而保护数据的安全性和完整性。对于政府工作人员因工作岗位变动如转岗、升职等导致数据使

① 吕明元，弓亚男.我国数据安全治理发展趋势、问题与国外数据安全治理经验借鉴[J].科技管理研究，2023，43(2)：21-27.

用权限发生变化，需要及时地对这些用户的权限进行变更。当政府工作人员离职时，为了保护数据的安全，需要及时地注销他们的用户账号和所有的数据访问和使用权限。

4.优化监督执行和问责制度

主管部门、各相关部门应当定期进行安全监督检查、安全管理自检、安全风险评估，在检查过程中，发现有安全风险的地方，应当立即对其进行整改。政府应该制定具体的数字政府安全评价体系，以量化的方式考核各部门的安全管理工作执行水平，并对考核结果进行公开通报，对考核表现优秀的部门予以表彰和激励，对表现不佳的部门予以批评和惩罚，以推动各部门加强数字政府安全管理工作，提高政府数字政府安全管理的整体水平。

二、明确数据权责，赋权数据管理部门

从技术层面，首先实现数据镜像，即数据仍然归属到各个职能部门，但是大数据中心能够将各个部门的数据镜像，拥有数据VIP权限，能够给各个部门分配权限，实现各个部门数据的逻辑整合。未来逐步确定各个部门的数据权归属和数据职能，明确各个部门各个岗位数据采集、数据共享、数据使用的权责；明确数据治理责任的关系和分工、责任链条。从过去的定职能、定机构、定编制的三定中进一步优化为四定方案，增加部门的数据权责。或者在原有的三定方案的定职能中明确各部门数据采集、数据共享、数据使用的权责。

其次是进一步理顺财权，基层数据整合和存储经费都划拨到数据管理部门，建设由数据管理部门统筹，其他部门的数字化项目要从财政局和政务局批费用，拿经费，资金从数据管理部门划拨，由数据管理部门划拨给国库，国库再划拨给其他职能部门。从管理层面，实现各个部门数字技术人员的整合。参考广州模式，将数字技术人员整合到数据管理部门，实现人员的工资、考核等由这一部门统一调配和使用。政务服务领域可以采取类似环保督察模式，建立和扩大政务局督查室的权限，明察暗访，凡政务服务不达标、不合格的，采取一票否决制，每个季度每年作排名，综合排名后对年终考核，职级晋升等一票否决制。

最后，推进政府职责体系适应数字治理要求。引导部门将核心业务职能映射到数据层面，建立与履行业务职能相对应的数据体系，实现核心业务的数字化，

逐步解决数据与业务之间的配套协调问题，让数据更好地赋能业务。未来还需要将业务数据及时归集，目前湖北政务服务网是一个兼容平台，是前台统一应用的接口。中间层仍存在各个业务系统，而后台的数据存储在不同的业务系统中，呈现条块分割的数据现状，未来我们需要通过权责关系明确，或部门强势地位要求业务部门将数据汇总到大数据中心，大数据中心对条块分割的数据进行整合，如人口信息，围绕每个人，将公安部门的人口数据、民政部门的婚姻状态信息、人社部门的社保信息、受教育程度，房子数量，车子数量，林地数量、医保信息等进行整合成一个人一条信息，并授权公安部门修改人口数据，民政部门修改婚姻状况信息的权限，用于返贫监测，低保认定等。

三、强化部门间的协同，构建纵横联动的多元协同治理机制

国家安全法明确规定，“中央国家安全领导机构实行统分结合、协调高效的国家安全制度与工作机制”，并分别提出构建“跨部门会商工作机制”和“国家安全协同联动机制”，为我国构建政府数据安全多元协同治理机制提供了法律依据。在“宏观发展一安全监管一具体领域”的三元协同格局[①]下，我国应加快建设以国家数据局为数据安全治理的核心机构，发挥各地区、各行业、各领域中数据管理机构的职能，整合网信、工信、科技、教育、发改委、市场监管以及公安机关、国家安全机关等众多部门的多元主体力量优势。通过跨区域、跨部门、跨领域的信息资源开发和共享机制，实现信息由单一系统共享向多系统共享的转变，构建跨区域的协同治理共同体，搭建数据化、智能化、网络化的跨区域协同治理平台。除此之外，还可以适当赋予网络空间安全协会等第三方数据安全监管机构承担一定的数据安全风险审查职责[②]，吸纳企业、行业组织以及社会公众等不同主体广泛参与到基层政府数据安全治理中来，发挥不同主体在基层政府数据安全治理中的创新和监管作用，为数据安全治理注入新的活力，形成“纵向联动、横向协调”的协同治理体系。

① 李爱君．组建国家数据局释放哪些关键信号[J]．人民论坛，202(39):54-58.

② 徐瑛晗，纪孟汝．“三同时”制度:个人数据跨境流动风险监管之创新[J]．情报杂志，2022,4(17):84-90.

在基层政府数据安全治理中，因经济发展、政策先行、行业布局等差异因素，不同区域的基层政府之间也呈现明显的差序格局态势。根据上文不同省份数据安全指标收集表可以清晰地观察到，较之其他地区，浙江、广东等地的数据基础设施建设更为完备，政府发挥作用明显，数据安全应用场景丰富且多样化，为我国数据安全治理提供了新的范式。因此需要加强不同区域基层政府之间的沟通联动，树立优秀基层政府数据安全治理全国模范并加以宣传，对于数据安全问题较为频发、面临风险更为严峻却又治理能力较弱的地区辅之以一对一帮扶，以充分填补基层政府在数据安全治理中的治理经验空白，最有效地发挥治理体系互联互动的作用。自上而下打通跨地区、跨部门、跨层级的数据壁垒，推动基层政务服务“一网覆盖”，构建湖北政务服务“一张网”，从而推动全国“一张网”，以标准化规范化助推部门协同。各市直部门、乡镇（办），按照国家、省、州关于政务服务平台的标准规范要求，开展政务服务事项办事指南规范化编制，对每一事项的“事项名称、设定依据、申请条件、办理材料、办理地点、办理机构、收费标准、办理时间、联系电话、办理流程、投诉渠道”进行认真审查。以利益共享机制推动部门协同。数据安全治理提升需要靠理念、行为、技术、制度“四轮驱动”。以标准统一助推部门协同，其中事项标准化是前提，平台标准化是基础，共享标准化是目标。

第三节　增强数据技术能力

在“技术优化制度”的经典命题中，我们经历数字治理1.0到数字治理2.0阶段，“技术优化制度”命题也转化为“数据优化制度”命题，但是数字化应用究竟能否超越既有的制度框架，推动跨部门、跨层级、跨区域的多元主体协同，从而提升公共服务质量，还有待数据连接、流程驱动和结构再造等。数字化转型背景下，数字技术从工具连接、业务协同、数据共享、主体协同和组织重构等层面赋能基层公共服务，推动基层公共服务的供给方式、服务模式、动力机制、服务内容等创新。过去我们强调技术层面在公共服务效率和质量的作用。而现在更强调技术嵌入组织中，在技术一组织适配基础上，技术赋能受到组织结构、制度、文化等多因素影响，在多因素影响下，构建“立体防护、多方联动”的安全管理体系，持续完善安全管理体制机制，强化自主可控技术支撑，增强安全管理、安全保障等全方位防护能力。

1. 完善安全管理体制机制

通过设置管理机构、完善工作机制、强化考核评估等方式，持续完善安全管理体制机制。建立“边界明确、权责清晰”的统一安全管理机构，定义并明确数字治理各参与方的安全职责，配备安全岗位人员，建立人员和岗位管理相关制度，明确各地各部门各系统的安全职责及边界。进一步强化统筹规划，完善“纵向监督、横向联动”的网络安全工作机制，在网络安全、数据安全、系统安全等层面实现统一、协同联动的安全监管和应急机制。制定数字治理安全工作总体方针，规范数字治理安全管理流程，建立和完善日常管理操作规程、手册等。在满足网络安全法、《信息安全等级保护》等相关法律法规要求的基础上，充分考虑安全风险、业务流程等因素，落实标准规范、风险评估、检查指导、考核监督等制度，定期开展数字治理网络安全专项督查，实现安全工作可量化，安全绩效可视化的目标。

2. 加快安全管理系统建设

健全集安全监测、威胁预测和态势感知于一体的安全态势分析机制，为统一的网络安全态势感知和故障排除提供支持。建设省安全监测与感知平台，实现数据采集、数据分析、态势展现和预警通报等核心功能，并与国家信息中心安全监测平台及各市（州）监测平台对接，达到情报共享和应急联动的目标，实现从基础层、数据层、支撑层到应用层的全方位安全态势感知及快速的故障排除。在此基础上，构建数字治理安全管理平台。建设省市县三级全域安全态势与预警处理、云安全能力平台、安全数据分析平台、终端安全管理系统、攻防演练平台、密码支撑体系等。

3. 强化自主可控技术支撑

根据国家法律、政策法规、文件要求采用国产密码及自主可控的技术和产品，建设数字治理国产密码基础支撑体系，开展国产密码应用安全性评估工作、建立健全密码应用及自主可控安全性评估审查制度，助推云操作系统、数据库、中间件、大数据等方面国产化替代进程，推动安全可靠技术和产品在重要领域的应用。面对此次疫情必需的人员信息采集和流动跟踪工作，政府通过增强技术安全建设，有力地保障民众的信息能够安全进行网上填报与收集，部门间在网上实现的信息互通也能放心进行。并且在专业技术人员的后台有力监控以及防盗处理，也为此次疫情期间，群众的信息安全保障提供了有力地支撑。

4. 整合新一代信息技术将为政务服务高质量发展提供核心动力

2020年3月，中共中央政治局常务委员会召开会议强调要“加快5G网络、数据中心等新型基础设施建设进度”。湖北省作为中部地区政务服务体系和能力现代化建设的中坚力量，要着力发展新型基础设施建设，为政务服务体系和能力现代化建设提供优良的技术保障。把数字治理和技术创新有机统一，通过5G、大数据、区块链等新兴技术保障一体化政务服务平台有效运行，推动政务服务体制机制变革创新。打通实体政务大厅、湖北省政府门户网站网上办事大厅、“鄂汇办”App、自助终端四位一体政务服务体系，用技术保障四位一体有效运行，打造指尖政务模式。2020年以来，北京、湖南、贵州等地陆续发布区块链发展规划，积极推动“政务上链”。新冠疫情之下，政务区块链技术助力复工复产中企业备案信息和核准信息的保存，确保流程公开透明。国家信息中心智慧城市发展研究中心2020年4月发布的研究报告显示，政务区块链涵盖数字身份、电子存证、电子票据、产权登记、工商注册、行政审批等多个领域。对此，湖北省要投入区块链技术的研究与创新，跟上“政务上链”热潮，推动政务数据开放共享，实现数据变化实时探知、访问全程留痕、共享有序关联。在发展技术的同时，保留实体政务大厅，为电子政务失灵提供应急保障。实体政务大厅是网上办事大厅、移动客户端、自助终端的根本，实体政务大厅为政务服务电子化、智慧化提供现实基础、服务底色、框架依据、数据来源，做好实体政务大厅是办好网上办事大厅、移动客户端、自助终端不能逾越的基础。

5. 全生命周期保证数据安全

在硬软件配置方面，通过“硬件+软件”联防策略来保证安全，采购国家认证的安全硬件设备（防火墙、网关、交换机和路由器等网络设备）；软件层面主要是人和技术，通过聘用制公务员形式，高薪聘用专业人士，对聘用制公务员加强安全管理，分密级管理（不同级别人员接触相应等级数据），签订保密协议，脱密期内不得从事相关工作；技术层面，持续使用和学习最先进的安全技术。在数据传输和存储安全方面，国家民委主持建设国家级民委数据中心，负责全国各级民委数据的存储和汇总，所有数据传输应采用专线形式，由县级及以上民委将数据直传国家民委。数据采集和处理人员采取专人专岗，负责到底。保障数据存储安全，采用镜像技术、冗余技术和备份技术等做好数据多重保护，在北京设主数据中心，武汉、成都等地设分中心，做好异地容灾和异地备份措施；数据在异地要采用物理隔绝，分区分块存放，减少分区分块存储的数据耦合问题。最后按国家相关法律对相应的数据和文件进行保密级别设定，指导基层工作的具体实施。同时增强数据安全保密意识，加强工作人员安全保安教育，学习相关文件《中华人民共和国国家安全法》《中华人民共和国保密法》《中华人民共和国网络安全法》《中华人民共和国数据安全法》《互联网宗教信息服务管理办法》等，通过培训教育，加强工作人员对数据分类等级制度、数据安全保护义务、数据安全应急处置等制度的深刻理解，明确其在数据安全治理方面的责任和义务，从而从被动防御到主动保护数据安全。

第四节　完善数据治理制度

我国数据安全治理制度还有待完善，因为静态的法律政策分析难以呈现数字治理动态的复杂演进关系，伴随着信息化时代的发展，数字鸿沟、数据安全、信息孤岛等问题逐渐凸显，数据安全治理政策体系也不断反映出政策制定、主体责任、政治执行与评估等多方面困境。从制度视角看，为实现数字中国与数据治理的建设目标，首先需要顶层设计的指引，通过自上而下的统一标准，构建科学规范的基层政府数字治理制度规则，完善与数据安全治理相适应的法律法规框架体系，以法治思维和法治方式规范数字政府建设中数字技术应用的界限以及数字时代公共权力行使的边界，既要防止技术理性全面碾压公共理性，又要防止权力与技术的合谋而引发对公民权利的侵害。

一、构筑“国家省级建平台，其他层级用平台”的制度保障

制度建构的过程中应以强化顶层设计为引领，地方探索为主，自上而下、由内至外发力，加强体制机制建设。在顶层设计方面，要统筹协调政府数字化转型与安全之间的关系，将数字中国战略与“放管服”改革以及“十四五”规划中的建设要求进行统合。从数据治理、平台建设、规制完善等方面入手，以数字政府建设中的重点问题为导向，搭建集政府数字化履职能力、安全保障、制度规则、

数据资源、平台支撑为一体的数字政府体系框架。由国家和省级层面建统一数字治理平台，制定统一的数据标准；市、县、乡镇主要接受数字化培训和应用平台。基层政府数据治理的重点在于应用，而非开发和维护，主要源于两方面因素：一是基层政府财力人力有限，只应用统一的系统而非开发新系统，有助于避免基层一次性系统建设，也避免地方各自为政，重复投入。二是减少基层政府部门用不同网络公司的信息化产品带来的整合成本。因为网络公司的规模差异，数据格式和标准存在差异。因为公司的利益驱动，其没有动力与其他公司开发的系统对接。因此从中央层面和省级层面自上而下顶层设计和统一的建设标准，确定数据的属性数量、属性名和属性值；即要考虑常态下的智慧城市和智慧社区建设规划和设计，还需要思考如何使已经建成和将要建设的各种智慧化运作平台和机制，能匹配和弹性应对非常态下的工作环境。

其次，要厘清顶层设计、议事协调、主管与执行部门的职责分工，以整体化的思路划分部门职能，以节点化的权限划分推动形成边界清晰、分工合理、权责一致、运行高效、法治保障的政府机构职能体系。将安全建设的原则和具体要求与政府数字化转型紧密结合，以数据权属、数据采集使用、数据开放共享、数据安全等为重点内容，围绕数字化决策、数字化服务、数字化监管、数字化执法等多个领域中的新问题加强制度规范供给，建立行之有效的数据安全管理制度，建立权责统一的数据安全保护责任，明确责任主体、责任内容；另一方面，也要注重数字政府建设中数据开发利用、系统整合共享、共性办公应用、关键政务应用等重点领域关键标准的制定，以技术标准的实施规范实际建设，与法律法规体系相互补充，共同形成多元规范体系。

二、推广一体化线上政务服务平台，增加平台在线办理事项的数量

建立相关规章规范，监督一体化政务服务平台运行，让事项办理的完整流程都能通过线上政务平台解决，形成一体化网上政务服务闭环。政府权力清单、公共服务清单要透明化，让百姓办事有地方可查，有依据可依，对政府和社会组织起到监督作用。其次，要统一技术支持，针对省市县三级的政府门户网站布局设计，要制定出一套人性化、合理化的统一标准，方便公众在使用时快速适应、快速着手使用。依托城市大脑等智慧城市建设平台，继续完善落实统一门户、统一认证、统一申报、统一查询、统一互动、统一支付、统一评价原则，建设覆盖省

市县三级组织的一体化政务服务平台，建设发展政务事项办理总窗口。

三、构建统一政务数据库,打通数据共享渠道

实现让数据多跑路，公众少跑腿。搭建省市县三级架构、分域管理、安全可靠的统一政务数据库，明确各部门原则上不再另外单独建立数据库等互联网政务系统，新建的系统统一接入政务数据库，已有的系统逐步向政务数据库迁移。围绕“一号申请、一窗受理、一网通办”建设应用目标，大力推动电子政务集约化建设。其次，充实政务数据库内容。依托城市大脑等智慧城市建设基础设施，收集汇总人口综合库、企业综合库、电子证照综合库等一批办事常用材料基础库，为省内各部门优化业务流程、实现业务协同提供数据支撑。自下而上的电子证件采集和应用。采集的证明材料可以分为三大类：第一类是服务申请人已经取得的各种证件，如身份证、驾驶证、社会保障卡、学历学位证书等；对已经取得的证明材料，通过政府部门之间信息共享的方式进行审核，不再要求服务申请人提供。第二类是服务申请人在工作和生活中已经形成的材料，如劳动合同、租房合同；只要求其提供一套材料，政府部门之间通过信息共享的方式进行审核。第三类是要求服务申请人首先向其他政务服务主体申请取得的材料，如前置行政许可、前置开具的证明。直接从中查询的方式进行审核，不再要求服务申请人提供。采集电子证照后，实现电子证照的管理目录化和应用便民化。

四、着力区域协同共享,完善配套制度

湖北省可联合华中地区各城市共同构建华中“区域通”，实现区域协同治理。利用信息技术将政务流程进行再造，下沉审批事项，集成审批程序，将政务服务中心逐渐转变为公共服务的“块块”机构，与其他条条部门共同搭建起智慧政务服务的治理体系。要在以人民为中心的发展思想指引下，着力建设一体化网上政务服务平台，通过协同整合为公众提供“极简化”的公共服务以省域为单位，自上而下、系统推进，探路政务服务模式的深刻变革。整合多方力量，确定各个部门的数据权归属，从数据所有权、数据使用权等方面着手，形成稳定合理的数字治理生态，实现各数字机制间的耦合。加强基层政府数字治理的相关制度，在组织结构、资源配置、流程重组、绩效考核等配套措施方面进行进一步细化和完善。

参考文献

[1] 埃瑟·戴森.2.0版数字化时代的生活设计[M].胡泳,范海燕,译.海口:海南出版社,1998.

[2] 彼得·德鲁克.后资本主义社会[M].张新岩,译.上海:上海译文出版社,1998.

[3] 陈光,伍红建,杨一帆.电子政务:政府治理能力现代化的新途径[J].电子政务,2014(8):11-18.

[4] 邓剑伟,杨添安.当代治理模式下公共组织的变化和趋势[J].北京理工大学学报:社会科学版,2016(3):92-97.

[5] 邓理,王中原.嵌入式协同:"互联网+政务服务"改革中的跨部门协同及其困境[J].公共管理学报,2020(4).

[6] 杜伟泉.基层社会治理数字化转型研究[J].情报理论与实践,2021(2):109-114.

[7] 傅荣校.智慧城市应成为智慧治理的场域支撑[J].国家治理,2020(27):40-42.

[8] 高锡荣.电子政府跨部门信息共享的激励机制设计[J].中国管理科学,2007(5):132-138.

[9] 高圆.智慧治理:互联网时代政府治理方式的新选择[D].长春:吉林大学,2014.

[10] 葛天任,裴琳娜.高风险社会的智慧社区建设与敏捷治理变革[J].理论与改革,2020(5):85-96.

[11] 郭振雪.新时代统一战线参与网络空间治理的现实逻辑和基本路径[J].湖南省社会主义学院学报,2021(2):84-91.

[12] 韩志明,李春生.城市治理的清晰性及其技术逻辑:以智慧治理为中心的分析[J].探索,2019(6):44-53.
[13] 河贤凤.电子政府在韩国:发展历史及其经验[J].中国行政管理,2002(3):48-49.
[14] 赫伯特·马尔库塞.单向度的人:发达工业社会意识形态研究[M].上海:上海译文出版社,2014.
[15] 洪延青.推进“一带一路”数据跨境流动的中国方案:以美欧范式为背景的展开[J].中国法律评论,2021(2):30-42.
[16] 简·芳汀.构建虚拟政府:信息技术与制度创新[M].北京:中国人民大学出版社,2010.
[17] 江小涓.大数据时代的政府管理与服务:提升能力及应对挑战[J].中国行政管理,2018(9):6-11.
[18] 姜宝,曹太鑫,康伟.数字政府驱动的基层政府组织结构变革研究:基于佛山市南海区政府的案例[J].公共管理学报,2022(2):72-81.
[19] 金成波,王敬文.数字法治政府的时代图景:治理任务、理念与模式创新[J].电子政务,2022(8):67-76.
[20] 孔繁斌.行政管理理性化的追求与困境:马克斯·韦伯的官僚制理论分析[J].南京大学学报:哲学·人文科学版,1998(1):177-182.
[21] 劳伦斯·莱斯格.代码2.0:网络空间中的法律[M].李旭,沈伟伟,译.北京:清华大学出版社,2018.
[22] 李楠.“互联网+”与国家治理现代化[M].济南:山东大学出版社,2016.
[23] 李文艳.基于目标分解的电子政务绩效评估模式研究[J].电子政务,2008(10):5.
[24] 李云新,韩伊静.国外智慧治理研究述评[J].电子政务,2017(7):57-66.
[25] 凌霄.互联网应用于社会治理创新的研究[D].镇江:江苏大学,2017.
[26] 刘星.行政裁量中的技术控制:基于政务服务应用场景的实践观察[J].公共行政评论,2022,15(1):51-68+197.
[27] 娄策群.推进我国政府信息化的若干政策建议[J].图书情报知识,2002(1):6-8+5.
[28] 马连杰,胡新丽,张晓莲等.论我国电子政务绩效评估体系的构建[J].

湖北社会科学,2005(11):40-42.
[29] 马伊里.集中控制与非集中控制:政府再造的一种制度安排[J].探索与争鸣,2005(5):17-19.
[30] 孟令辉,徐红.英国网络空间治理的逻辑变迁:基于治理主体、理念与方式三重维度的分析[J].情报杂志,2021(9):19-25.
[31] 明承瀚,徐晓林,张梓妍.数字政府信息基础设施安全风险的特征研究[J].行政论坛,2022,29(3):41-48.
[32] 欧晓聪,王祯学,胡勇,等.基于GB/T20984的信息安全风险评估模型与综合评价方法[J].四川大学学报:自然科学版,2010(3):4.
[33] 彭法.新时代网络善治的建构逻辑[J].人民论坛,2020(7):112-113.
[34] 戚学祥.区块链技术在政府数据治理中的应用:优势、挑战与对策[J].北京理工大学学报(社会科学版),2018(5):105-111.
[35] 阙天舒,莫非.总体国家安全观下的网络生态治理:整体演化、联动谱系与推进路径[J].当代世界与社会主义,2021(1):65-72.
[36] 斯蒂芬·戈德史密斯.网络化治理公共部门的新形态[M].北京:北京大学出版社,2008.
[37] 孙松儿.主动安全:数字经济时代的安全基石[J].中国信息安全,2018(12):38-39.
[38] 滕宏庆,吴铄生.我国数字政府建设的政务数据安全保障制度研究[J].探求,2023(2):88-97.
[39] 田先红,张庆贺.新时代的互联网与基层社区治理:机遇、挑战与超越[J].湖北社会科学,2018(1):36-44.
[40] 王操.我国城市智慧社会治理的模式分析与系统实施建议[J].城市观察,2018(5):120-131.
[41] 王国华,骆毅.论互联网时代社会治理的转型[J].江汉论坛,2015(7):39-44.
[42] 王毛路,陆静怡.区块链技术及其在政府治理中的应用研究[J].电子政务,2018(2):2-14.
[43] 王明国.全球互联网治理的模式变迁、制度逻辑与重构路径[J].世界经济与政治,2015(3):47-73.

[44] 王庆德,吕欣,李阳,等.数字经济时代区块链在政府治理中的创新应用研究[J].信息安全研究,2020,6(5):468-472.

[45] 王伟玲.加快实施数字政府战略:现实困境与破解路径[J].电子政务,2019(12):86-94.

[46] 王莹,孟宪平.论“互联网+社会治理”背景下国家治理能力现代化的建设[J].电子政务,2017(9):93-100.

[47] 吴善鹏,李萍,张志飞.政务大数据环境下的数据治理框架设计[J].电子政务,2019,(2).

[48] 吴晓林,谢伊云.基于城市公共安全的韧性社区研究[J].天津社会科学,2018(3):87-92.

[49] 吴旭红.智慧社区建设何以可能:基于整合性行动框架的分析[J].公共管理学报,2020,17(4):17.

[50] 武长海.数据法学[M].北京:法律出版社,2022.

[51] 徐海军.新时代如何走好智慧治理之路[J].人民论坛,2020(26):50-51.

[52] 徐英瑾.数字拜物教:“内卷化”的本质[J].探索与争鸣,2021(3):57-65.

[53] 许可.放宽数据安全治理的视野[J].中国信息安全,2019(12):49-51.

[54] 薛澜,赵静.走向敏捷治理:新兴产业发展与监管模式探究[J].中国行政管理,2019(8):28-34.

[55] 杨雷.电子政务效益的经济分析与评价[M].北京:经济科学出版社,2004.

[56] 杨晓东.时刻不忘“人民是阅卷人”[N].中国社会科学网.2019-09-25.

[57] 袁建军.从智慧城市迈向智慧治理[J].群众,2019(8):54-56.

[58] 翟云.智慧治理“互联网+”时代的政府治理创新[M].北京:国家行政学院出版社,2016.

[59] 翟志勇.论数据信托:一种数据治理的新方案[J].东方法学,2021(4):61-76.

[60] 翟志勇.数据主权的兴起及其双重属性[J].中国法律评论,2018(6):196-202.

[61] 张成福,唐钧.电子政务绩效评估:模式比较与实质分析[J].中国行政

管理,2004(5):21-23.
[62] 张成福,唐钧.电子政务绩效评估:模式研究与中国战略[J].探索,2004(2):36-40.
[63] 张会平,胡树欣."互联网+政务服务"跨部门数据共享的推进策略研究[J].情报杂志,2018(12):168-174.
[64] 张楠迪扬.区块链政务服务:技术赋能与行政权力重构[J].中国行政管理,2020(1):69-76.
[65] 张锐昕.政府上网与行政管理[M].北京:中国大百科全书出版社,2003.
[66] 张毅,王宇华,王启飞."互联网+"环境下的智慧监管模式[J].上海行政学院学报,2020,21(2):18-27.
[67] 赵建宏.服务型电子政府的实践与思考[J].中国行政管理,2009(4):82-83.
[68] 赵宇.驻村第一书记嵌入式治理的困境与优化路径分析[J].领导科学,2021(20):99-102.
[69] 郑跃平等.我国数字政府建设的主要模式:基于公私合作视角的对比研究[J].治理研究,2021(4):38-50.
[70] 周文彰.数字政府和国家治理现代化[J].行政管理改革,2020(2):4-10.
[71] 周心捷,马建文.公共安全与大数据视域下社会治理组织架构的特征[J].武汉理工大学学报:社会科学版,2020(1):22-28.
[72] 周媛.大数据时代西安市政府的智慧治理问题研究[D].西安:陕西师范大学,2018.
[73] 朱国玮,黄珺,龚完全.电子政府公众满意度测评研究[J].情报科学,2006(8):1125-1130.
[74] Boulos M N K. Creating Self—aware and Smart Healthy Cities[C]. Invited Plenary Keynote Address Followed by sub—Plenary Round Table at: WHO 2014 International Healthy Cities Conference, Athen, Greece, 2014.
[75] CAPRA C F. The Smart City and its citizens: Governance and citizen participation in Amsterdam Smart City[J]. International Journal of E—Planning Research (IJEPR), 2016, 5(1): 20-38.

[76] CERTOMA C, CORSINI F, RIZZI F. Crowdsourcing urban sustainability. Data, people and technologies in participatory governance[J]. Futures, 2015, 74: 93-106.

[77] CONNER F W, COVIELLO A W. Information security governance: A call to action [R]. National Cyber Security Summit Task Force, USA, 2004: 5-8.

[78] EjERSBO N, LæGREID P, RYKKjA H, et al. Unpacking nordic administrative reforms: Agile and adaptive governments[J]. International Journal of Public Administration,2019(8): 697-710.

[79] GALDON—CLAVELL G. (Not so) smart cities: The drivers, impact and risks of surveillance—enabled smart environments[J]. Science and Public Policy,2013,6(6):717-723.

[80] Gunter, Christopher. Participation and Policy: Exploring the Social Action Museum[D]. THE UNIVERSITY OF OTTAWA .2018.

[81] HENDRIKS F .Understanding Good Urban Governance: Essentials, Shifts, and Values[J].Urban affairs review,2014,50(4):553—576.

[82] HOLLANDS G R .Will the real smart city please stand up?[J].City, 2008,12(3):303-320.

[83] ISLAM M S. Towards a sustainable e—Participation implementation model[J]. European journal of ePractice, 2008, 5(10).

[84] JANOWSKI T. Digital government evolution: From transformation to contextualization[J]. Government information quarterly, 2015, 32(3): 221-236.

[85] JORDAN T. Cyber power:The Culture and Politics of Cyberspace and the Internet [M].London:Rutledge,1999:82.

[86] KARLSSON M. Democratic legitimacy and recruitment strategies in eParticipation projects[J]. Empowering open and collaborative governance: Technologies and methods for online citizen engagement in public policy making, 2012(4): 3-20.

[87] KIM H M. A study on the residents′ participation in the development pro-

cess of rural village—focused on the Namsa Traditional Theme Village [J]. Journal of Korean Society of Rural Planning, 2006, 12(3): 1-11.

[88] KIM S , LEE J. E—Participation, Transparency, and Trust in Local Government[J].Public Administration Review,2012,72(6):819-828.

[89] KUDO H, GRANIER B. How are citizens involved in smart cities? Analysing citizen participation in Japanese "Smart Communities"[J]. Information Polity: The International Journal of Government and Democracy in the Information Age, 2016.

[90] LEE J Y , WOODS O , KONG L . Towards more inclusive smart cities: Reconciling the divergent realities of data and discourse at the margins[J]. Geography Compass, 2020:1-12.

[91] MATTHEW H. The Myth of Democracy [M]. Princeton, NJ: Princeton University Press. 2009.

[92] MEIjER A, BOLíVAR M P R. Governing the smart city: a review of the literature on smart urban governance[J]. International review of administrative sciences, 2016, 82(2): 392-408.

[93] MERGEL I, WHITFORD A, GANAPATI S. Agile: A new way of governing[J]. Public Administration Review, 2020, 81(1): 161-165.

[94] NAM T , PARDO T A. Smart city as urban innovation: Focusing on management, policy, and context[C]//International Conference on Ice-gov.DBLP, 2011.

[95] OSELLA M, FERRO E, PAUTASSO E. Toward a methodological approach to assess public value in smart cities[J]. Smarter as the new urban agenda: A comprehensive view of the 21st century city, 2016(7): 129-148.

[96] PASKALEVA K. 3 E—governance as an enabler of the smart city[J]. Smart Cities: Governing, modelling and analysing the transition, 2013 (8): 33.

[97] PORTNEY E,BERRY J M. Participation and the Pursuit of Sustainability in US Cities[J].Urban Affairs Review,2010,46(1):119-139.

[98] SANCHEZ—TORRES, J.M Miles I The role.of future—oriented technology analysis in e—Government: a systematic review [J]. European Journal of Futures Research, 2017(1):1-18.

[99] SENDER G, NOBRE G C, ARMAGAN S, et al. In search of the Holy Grail: a 20—year systematic review of the happy—productive worker thesis [J]. International Journal of Organizational Analysis, 2021, 29(5): 1199-1224.

[100] SINGH K, KIRAN R. E—Governance Success Factors: an Analysis of E—Governance Initiatives of Ten Major States of India[J]. International Journal of Public Sector Management, 2013, 26(4):320-336.

[101] STRATIGEA A, PAPADOPOULOU C A, PANAGIOTOPOULOU M. Tools and technologies for planning the development of smart cities[J]. Journal of Urban Technology, 2015, 22(2): 43-62.

[102] VASSILARAS S, YOVANOF S G .Wireless Innovations as Enablers for Complex Dynamic Artificial Systems[J].Wireless Personal Communications, 2010, 53(3):365-393.

[103] VELSBERG O , WESTERGREN U H , JONSSON K . Exploring smartness in public sector innovation—creating smart public services with the Internet of Things[J]. European Journal of Information Systems, 2020(1):1-19.

[104] WASHINGTON V .Local Government, the Internet, and Sustainability[J].Public administration review: PAR, 2014, 74(1):99-100.

[105] WEHN U, MCCARTHY S, LANFRANCHI V, et al. Citizen observatories as facilitators of change in water governance? Experiences from three European cases[J]. Environmental Engineering & Management Journal (EEMJ), 2015, 14(9).

[106] WEILL P, ROSS J. IT governance: How top performers manage IT decision rights for superior results [M]. Boston: Harvard Business School Press, 2004: 87.

[107] WHITE J M. Anticipatory logics of the smart city's global imaginary

[J]. Urban Geography, 2016, 37(4): 572-589.

[108] Williams R .Towards 2000[M].Chatto & Windus : Hogarth,1983.

[109] YIGITCANLAR T , LEE H S .Korean ubiquitous—eco—city: A smart—sustainable urban form or a branding hoax? [J]. Technological Forecasting Social Change,2014,89:100-114.

附录一：　我国各省份数据安全治理现状

地区	制度设计		组织设置			人员配置		数据安全行为				数据安全应用		
	地方性法规	地方规范性文件	领导小组	大数据局	数据交易所	首席数据官	数字人才引进	数据安全攻防	数据安全宣传	数据安全评估	数据安全监管	数据安全应用场景	数字安全应用技术	数字安全应用部门
广东	1	1	1	1	1	1	1	1	1	1	1	12		9
北京	1	1	1	1	1	1	1	1	1	1	1	12	12	12
天津	1	1	1	1	1	1	1	1	1	1	1	4	4	4
河北	1	1	1	1	1	1	1	1	1	1	1	2	2	2
山西	0	1	1	1	1	1	1	0	1	1	1	0	0	0
辽宁	1	0	0	1	0	1	1	0	1	1	0	0	0	0
吉林	1	0	1	1	1	0	0	0	1	0	0	0	0	0
黑龙江	1	1	0	1	0	0	0	1	1	0	0	0	0	0
上海	1	1	0	1	1	1	1	1	1	1	1	0	0	0
贵州	1	1	1	1	1	1	1	1	1	1	1	3	4	1
江苏	1	1	1	1	1	1	1	1	1	1	1	4	1	1
西藏	1	0	0	1	0	0	1	0	1	0	1	3	0	1
海南	0	1	1	1	1	0	0	1	1	1	1	3	0	0

续表

地区	制度设计		组织设置			人员配置		数据安全行为				数据安全应用		
	地方性法规	地方规范性文件	领导小组	大数据局	数据交易所	首席数据官	数字人才引进	数据安全攻防	数据安全宣传	数据安全评估	数据安全监管	数据安全应用场景	数字安全应用技术	数字安全应用部门
河南	1	1	1	1	1	1	1	1	1	1	1	4	4	4
湖北	1	1	1	1	1	1	1	1	1	1	1	9	8	9
湖南	1	1	1	1	1	1	1	1	1	1	1	4	4	4
广西	1	1	1	1	1	1	1	1	1	1	1	6	6	6
青海	0	1	1	1	0	0	1	1	1	1	1	2	2	2
宁夏	1	0	1	1	0	0	1	1	1	0	1	2	2	2
陕西	1	1	1	1	1	1	1	1	1	1	1	3	2	3
重庆	1	1	1	1	1	1	1	1	1	1	1	10	10	7
四川	1	1	1	1	1	1	1	1	1	1	1	2	4	2
云南	1	1	1	1	1	1	1	1	1	1	1	4	4	1
陕西	1	1	1	1	1	1	1	1	1	1	1	2	2	1
内蒙古	1	1	0	1	1	0	1	0	1	1	1	2	1	2
甘肃	0	1	1	1	0	0	1	1	1	1	1	2	0	0

附录二： 我国各省份数据安全治理制度

应用场景	数据范围	省份	制度文件	侧重点	颁布单位	法律效力位阶	实施时间
数据管理	政务数据	贵州省	《贵州省政府数据共享开放条例》	政务数据共享开放	贵州省人大常委会	地方性法规	2020年12月1日
		陕西省	《西安市政务数据开放管理办法(征求意见稿)》	政务数据开放	西安市大数据资源管理局	地方规范性文件	2022年6月25日
	公共数据	浙江省	《浙江省公共数据条例》	公共数据管理	浙江省人大常委会	地方性法规	2022年3月1日
			《浙江省公共数据和电子政务管理办法》		浙江省人民政府	地方政府规章	2017年2月1日
		广东省	《广东省公共数据管理办法》		广东省人民政府		2021年11月25日
		江苏省	《江苏省公共数据管理办法》		江苏省人民政府		2022年2月1日

续表

应用场景	数据范围	省份	制度文件	侧重点	颁布单位	法律效力位阶	实施时间
数据管理	公共数据	山东省	《山东省公共数据开放办法》	公共数据开放	山东省人民政府	地方政府规章	2022年4月1日
		广东省	《广州市公共数据开放管理办法》		广州市政务服务数据管理局	地方规范性文件	2023年4月10日
			《深圳市公共数据开放管理办法(征求意见稿)》		深圳市政务服务数据管理局		2023年9月26日
		上海市	《上海市公共数据开放实施细则》		上海市经济和信息化委员会		2022年12月31日
		浙江省	《杭州市公共数据授权运营实施方案(试行)》	公共数据授权	浙江省人民政府	地方政府规章	2021年3月1日
		北京市	《北京市公共数据专区授权运营管理办法(征求意见稿)》		北京市经济和信息化局	地方规范性文件	2023年7月18日
	大数据	陕西省	《陕西省大数据条例》	大数据发展应用	人大常委会	地方性法规	2023年1月1日
		安徽省	《安徽省大数据发展条例》				2021年5月1日
		福建省	《福建省大数据发展条例》				2022年2月1日

续表

应用场景	数据范围	省份	制度文件	侧重点	颁布单位	法律效力位阶	实施时间
数据管理	大数据	四川省	《四川省大数据发展条例(草案征求意见稿)》	大数据发展应用	四川省司法厅	地方规范性文件	2022年3月23日
		辽宁省	《辽宁省大数据发展条例》		人大常委会	地方性法规	2022年8月1日
		广西壮族自治区	《广西壮族自治区大数据发展条例》				2023年1月1日
		山东省	《山东省大数据发展促进条例》				2022年1月1日
		海南省	《海南省大数据开发应用条例》				2019年11月1日
		贵州省	《贵州省大数据发展应用促进条例》				2016年3月1日
		山西省	《山西省大数据发展应用促进条例》				2020年7月1日
		天津市	《天津市促进大数据发展应用条例》				2019年1月1日
		吉林省	《吉林省促进大数据发展应用条例》				2021年1月1日
		黑龙江省	《黑龙江省促进大数据发展应用条例》				2022年7月1日
	数据	上海市	《上海市数据条例》	数据处理			2022年1月1日
		广东省	《深圳经济特区数据条例》				2022年1月1日

续表

应用场景	数据范围	省份	制度文件	侧重点	颁布单位	法律效力位阶	实施时间
数据管理	数据	河南省	《河南省数据条例(草案)(征求意见稿)》	数据处理	河南省大数据管理局	地方规范性文件	2022年3月7日
数据管理	数据	福建省	《厦门经济特区数据条例(草案征求意见稿)》	数据处理	福建省厦门市司法局	地方规范性文件	2022年6月1日
数据管理	数据	重庆市	《重庆市数据条例》	数据处理	重庆市人大常委会	地方性法规	2022年7月1日
数据管理	数据	江西省	《江西省数据条例(征求意见稿)》	数据处理	江西省发改委	地方规范性文件	2022年4月8日
数据管理	数据	四川省	《四川省数据条例》	数据处理	人大常委会	地方性法规	2023年1月1日
数据管理	数据	江西省	《江西省数据应用条例(草案)》	数据处理	人大常委会	地方性法规	2022年11月28日
数据交易	数据	河南省	《河南省数字经济促进条例》	数字经济	人大常委会	地方性法规	2022年3月1日
数据交易	数据	广东省	《广州市数字经济促进条例》	数字经济	人大常委会	地方性法规	2022年6月1日
数据交易	数据	河北省	《河北省数字经济促进条例》	数字经济	人大常委会	地方性法规	2022年7月1日
数据交易	数据	江苏省	《江苏省数字经济促进条例》	数字经济	人大常委会	地方性法规	2022年8月1日

续表

应用场景	数据范围	省份	制度文件	侧重点	颁布单位	法律效力位阶	实施时间
数据交易	数据	山西省	《山西省数字经济促进条例》	数字经济	人大常委会	地方性法规	2023年1月1日
		北京市	《北京市数字经济促进条例》				2023年1月1日
数据安全	政务数据	河南省	《河南省政务数据安全管理暂行办法》	政务数据安全	河南省人民政府	地方政府规章	2022年4月21日
		宁夏回族自治区	《银川市政务数据安全管理办法（试行）》		银川市人民政府		2023年10月13日
	公共数据	浙江省	《浙江省公共数据开放与安全管理暂行办法》	公共数据开放安全	浙江省人民政府		2020年8月1日
		广东省	《广东省公共数据安全管理办法（征求意见稿）》	公共数据安全	广东省政务服务数据管理局	地方规范性文件	2022年2月7日
	大数据	贵州省	《贵州省大数据安全保障条例》	大数据安全	贵州省人大常委会	地方性法规	2019年10月1日
	数据安全	天津市	《天津市数据安全管理办法（暂行）》	数据安全	天津市互联网信息办公室	地方规范性文件	2019年8月1日

附录三： 数据安全治理制度梳理

文件名称	颁布部门	时间	目的	内容
《人脸识别技术应用安全管理规定（试行）（征求意见稿）》	国家网信办	2023.8	面向社会公众提供人脸识别技术服务的相关技术系统应符合网络安全等级保护第三级以上保护要求，并采取数据加密等措施保护人脸信息安全	使用人脸识别技术应当遵守法律法规；采取严格保护措施的情形下，方可使用人脸识别技术处理人脸信息
《个人信息保护合规审计管理办法（征求意见稿）》	国家网信办	2023.8	面向社会公众提供人脸识别技术服务的相关技术系统应符合网络安全等级保护第三级以上保护要求，并采取数据加密等措施保护人脸信息安全	采取相应技术措施和其他必要措施，保障数据安全
《关于规范货币经纪公司数据服务有关事项的通知》	国家金融监管总局、中国人民银行、中国证监会、国家网信办等	2023.8	规范货币经纪公司提供数据服务，鼓励数据依法合理利用，确保数据安全，提升市场信息透明度，促进市场公平竞争，推动行业高质量发展	构建覆盖数据全生命周期和应用场景的安全保护机制，开展数据安全风险监测评估

续表

文件名称	颁布部门	时间	目的	内容
《政务服务电子文件归档和电子档案管理办法》	国务院办公厅	2023.7	全面提升政务服务规范化便利化水平，促进跨地区、跨部门、跨层级政务服务电子文件与电子档案规范、协同和一体化管理	各级政务服务机构应当在符合国家网络安全、数据安全等有关法律法规要求的前提下，依托政务服务平台积极推进本单位政务服务电子文件和电子档案共享利用
《工业领域数据安全标准体系建设指南（2023 版）（征求意见稿）》	工信部	2023.5	确定数据安全防护技术产品标准重点建设方向	将多方安全计算、联邦学习等作为数据共享安全技术产品标准重点建设方向，明确工业领域数据安全标准的体系框架由基础共性、安全管理、技术产品、安全评估与产业评价、新兴融合领域、垂直行业六大类标准组成
《数字中国建设整体布局规划》	中共中央 国务院	2023.2	数据要素价值有效释放	“两大基础”：夯实数字基础设施和数据资源体系 “五位一体”：推进数字技术与经济、政治、文化、社会、生态文明建设五位一体 “两大能力”：强化数字技术创新体系和数字安全屏障 “两个环境”：优化数字化发展国内国际两个环境
《关于促进数据安全产业发展的指导意见》	工信部等部门	2023.1	优化升级数据识别、分类分级、数据脱敏、数据权限管理等共性基础技术，加强隐私计算	加强数据质量评估、隐私计算等产品研发。推进安全多方计算、联邦学习、同态加密等数据开发利用支撑技术的部署应用

续表

文件名称	颁布部门	时间	目的	内容
《国务院关于加强数字政府建设的指导意见》	国务院	2022.6	推进国家治理体系和治理能力现代化的重要举措，对加快转变政府职能，建设法治政府、廉洁政府和服务型政府	构建协同高效的政府数字化履职能力体系，构建数字政府全方位安全保障体系
《国务院办公厅关于推动12345政务服务便民热线与110报警服务台高效对接联动的意见》	国务院办公厅	2022.5	为推动12345与110高效对接联动，科学合理分流非警务求助、快速有效处置突发警情，提升协同服务效能	推动高效对接联动；加强能力建设，提升12345和接办质效和110接处警工作效能
《国务院关于加快推进政务服务标准化规范化便利化的指导意见》	国务院	2022.3	加快推进政务服务标准化、规范化、便利化，更好满足企业和群众办事需求	推进政务服务标准化、规范化、便利化；提升全国一体化政务服务平台服务能力
《国务院办公厅关于印发全国一体化政务服务平台移动端建设指南的通知》	国务院办公厅	2021.11	推动更多政务服务事项网上办、掌上办，不断提升企业和群众的获得感和满意度	强化政务服务平台支撑能力，推动移动政务服务规范管理和协同服务等

续表

文件名称	颁布部门	时间	目的	内容
《国务院关于深化“证照分离”改革进一步激发市场主体发展活力的通知》	国务院办公厅	2021.7	深化“放管服”改革、优化营商环境,深化“证照分离”改革	大力推动照后减证和简化审批;强化改革系统集成和协同配套等
《国务院办公厅关于印发全国深化“放管服”改革着力培育和激发市场主体活力电视电话会议重点任务分工方案的通知》	国务院办公厅	2021.7	持续一体推进“放管服”改革,打造市场化法治化国际化营商环境,激发市场活力和社会创造力	围绕市场主体关切,科学精准实施宏观政策,落实好常态化财政资金直达机制和货币政策直达工具,并强化全链条监控
《湖北省发改委关于深入推进转供电改革持续优化营商环境实施案的通知》	湖北省发改委	2021.7	深入推进转供电改革,清理规范转供电环节不合理加价行为,进一步降低用电成本,打造一流电力营商环境,确保政策红利惠及终端用户,增强市场主体和人民群众获得感	深化转供电收费体制改革、严格控制新增转供电主体、加快推进转改直改革持续提升电力服务水平

续表

文件名称	颁布部门	时间	目的	内容
《中共中央国务院关于新时代推动中部地区高质量发展的意见》	中共中央国务院	2021.4	推动中部地区高质量发展	坚持创新发展，构建以先进制造业为支撑的现代产业体系等
《国务院办公厅关于印发2021年政务公开工作要点的通知》	国务院办公厅	2021.4	加快转变政府职能，推动政府决策和管理服务更加透明规范	紧扣宏观政策落地见效深化政务公开；强基础抓基层深化政务公开等
《中共中央国务院关于加强基层治理体系和治理能力现代化建设的意见》	中共中央国务院	2021.4	统筹推进乡镇(街道)和城乡社区治理，是实现国家治理体系和治理能力现代化的基础工程	完善党全面领导基层治理制度；加强基层政权治理能力建设；健全基层群众自治制度等
《国务院办公厅关于服务“六稳”“六保”进一步做好“放管服”改革有关工作的意见》	国务院办公厅	2021.4	优化就业环境，稳固和保证居民就业	推进工程建设项目审批增速提效，破解企业和群众的堵点难点问题。

续表

文件名称	颁布部门	时间	目的	内容
《湖北省人民政府办公厅关于印发湖北省“店小二”自助服务体系建设实施方案的通知》	湖北省人民政府办公厅	2021.3	加快政务服务方式优化创新，聚焦高效办成一件事，推动更多服务事项自助办理。不断深化线上线下融合，提供丰富便捷的政务服务渠道，实现政务服务“就近办、马上办、一次办”的便民利企目标	对现有自助终端运行和使用情况进行摸底，结合实际制定自助服务体系建设实施方案、统一标准规范、梳理服务事项、建设服务平台、拓展覆盖范围、加强数据共享、强化数据感知、保障信息安全
《湖北省优化营商环境“清、减、降”专项行动实施方案》	湖北省人民政府办公厅	2021.3	提升市场主体和人民群众办事便利度、满意度和获得感，打造政务环境、市场环境、法治环境、开放环境	开展“清文件”专项行动；“减审批”专项行动；“降收费”专项行动
《湖北省优化政务环境工作方案》	湖北省人民政府办公厅	2021.1	实现事项管理全统一、业务系统全联通、统一受理全覆盖、重点事项办理全提速，全面提升企业和群众的获得感、满意度	围绕高效办成“一件事”，实现“一事联办”主题事项全省推广落地；全面推行省市县乡村五级线下政务服务大厅
《省人民政府关于推进基层政务服务“一网通办”的指导意见》	湖北省人民政府	2021.1	提升基层政务服务和社会治理能力，优化营商环境	完善基层政务服务体系；创新基层政务服务模式；提升基层政务服务能力；夯实基层政务服务基础

续表

文件名称	颁布部门	时间	目的	内容
《湖北省全面推行证明事项告知承诺制工作实施方案》	湖北省人民政府	2021.1	全面推行证明事项告知承诺制，创新政府管理方式，最大限度减轻企业和群众办事创业负担	明确实行告知承诺制的证明事项范围，告知承诺制的适用对象，统一规范工作流程
《湖北省深化“一事联办”工作方案》	湖北省人民政府办公厅	2021.1	以市场主体需求为导向打造一流营商环境，制定深化“一事联办”工作方案	“一事联办”是指跨部门、跨层级、跨区域多环节多事项联办，通过“减材料、减流程、减时限、减跑动”方便企业、群众办事
《省人民政府关于加强和规范事中事后监管的实施意见》	湖北省人民政府	2021.1	提升事中事后监管法治化、规范化、精准化、协同化水平，为推进高质量发展打造公平竞争的市场环境	加强事中事后监管，落实监管责任，健全监管规则，创新监管方式，加快构建权责明确、公平公正、公开透明、简约高效的事中事后监管体系
《公共企事业单位信息公开规定制定办法》	国务院办公厅	2020.12	提升公共企事业单位服务水平，更好维护人民群众切身利益，助力优化营商环境	公共企事业单位信息公开的适用主体、公开方式、公开内容等
《国务院关于实施动产和权利担保统一登记的决定》	国务院	2020.12	提高动产和权利担保融资效率，便利企业融资，促进金融更好的服务实体经济，优化市场化法治化国际化营商环境	确定动产和权利担保登记制度、登记范围等

续表

文件名称	颁布部门	时间	目的	内容
《国务院办公厅关于进一步完善失信约束制度构建诚信建设长效机制的指导意见》	国务院办公厅	2020.12	提高社会信用体系建设法治化、规范化水平	进一步规范和健全失信行为认定、记录、归集、共享、公开、惩戒和信用修复等机制
《湖北省推进政务服务"跨省通办"实施方案》	湖北省人民政府办公厅	2020.12	为进一步深化"放管服"改革，转变政府职能，优化营商环境，制定"跨省通办"实施方案	坚持"省际、省内"通办双着力，推进政务服务事项"四级四同"，开辟省际"跨省通办"新模式，建立"省内通办"新机制
《湖北省"互联网+监管"工作推进方案》	湖北省人民政府	2020.12	健全监管工作规范体系，逐步实现全省监管事项全统一、监管系统全联通、监管数据全共享、监管业务全覆盖、监管行为全留痕，探索推进联合监管、风险预警、移动监管，提升监管规范化、精准化、智能化水平	统一事项管理，夯实"照单监管"基础、加快系统应用，构建"一网通管"平台、强化数据支撑，提升"精准监管"能力、推进信息公开，实现对监管的"监管"

续表

文件名称	颁布部门	时间	目的	内容
《国务院办公厅关于全面推行证明事项和涉企经营许可事项告知承诺制的指导意见》	国务院办公厅	2020.10	全面推行证明事项和涉企经营许可事项告知承诺制，推进政府治理体系和治理能力现代化	全面推行告知承诺制的主要任务。全面推行告知承诺制工作的领导和组织实施工作
《国务院办公厅关于加快推进政务服务“跨省通办”的指导意见》	国务院办公厅	2020.9	转变政府职能、提升政务服务能力，提升国家治理体系和治理能力现代化水平	明确政务服务“跨省通办”重点任务、业务模式和服务支撑
《湖北省优化营商环境办法》	湖北省人民政府	2020.8	为了持续优化营商环境，激发市场活力和社会创造力，推进政府治理体系和治理能力现代化，推动经济高质量发展	优化法治环境、政务环境、市场环境
《关于更大力度优化营商环境激发市场活力的若干措施》	中共湖北省委 湖北省人民政府	2020.5	坚持问题导向、需求导向、目标导向、结果导向；积极推进关键领域改革再突破、创新再深入、政策再完善，推动营商环境整体水平	围绕政务、市场、法治三大关键领域，出台30条措施

续表

文件名称	颁布部门	时间	目的	内容
《中共中央国务院关于构建更加完善的要素市场化配置体制机制的意见》	中共中央国务院	2020.4	中央首次明确数据成为继土地、劳力、资本、和技术之外的第五大生产要素	推进土地要素市场化配置；引导劳动力要素合理畅通有序流动；加快培育数据要素市场等
《优化营商环境条例》	国务院	2019.10	为了持续优化营商环境，推动高质量发展	主要分为市场主体保护、市场环境、政务服务、监管执法、法制保障等
《国务院关于加强和规范事中事后监管的指导意见》	国务院	2019.9	进一步加强和规范事中事后监管，加快打造市场化法治化国际化营商环境	夯实监管责任、健全监管规则和标准、创新和完善监管方式、构建协同监管格局
《省人民政府关于加快推进“互联网+”行动的实施意见》	湖北省政府	2015.12	打造湖北经济升级版，加快实现“建成支点、走在前列”的战略目标	围绕重点行动、保障措施等提出“互联网+”先进制造、现代农业、普惠金融、高效物流、电子商务、智慧旅游
《加快推进智慧湖北建设行动方案(2015—2017年)》	湖北省政府	2015.8	为科学务实、高效有序推进智慧湖北建设各项任务落地实施	信息基础设施提升行动、产业转型升级行动、社会管理创新行动、信息惠民服务保障行动

续表

文件名称	颁布部门	时间	目的	内容
《恩施州政务数据共享管理规范》	恩施州大数据中心	2020.9	为规范和促进恩施州政务信息资源归集、整合和应用，加快培育数据要素市场，完善社会治理、政务服务等作用	数据归集和治理；数据共享和利用；数据安全与保密等内容
《恩施州“一事联办”推进工作方案》	恩施州政务局	2020.7	提升政务服务效能，加快推进恩施州“一事联办”工作	工作任务、职责分工、实施步骤和工作要求等
《恩施州贯彻落实全国深化“放管服”改革着力激发市场活力电视电话会议重点任务工作方案》	恩施州政务局	2021.10	落实深化“放管服”改革，激发市场活力	重点工作任务、组织保障措施等内容
《恩施州（市）政务服务中心工作人员行为规范》	恩施州政务局	2016.9	为转变工作作风，提高政务服务质量	从仪表规范、举止规范、语言规范等规范政务服务中心工作人员，并确定首问负责制、一次性告知制、限时办结制、AB角工作制等
《恩施州直单位信息化建设项目审批流程》	恩施州数据安全治理领导小组办公室	2020.6	提高审批质量和效率，促进信息化项目共享整合和集约建设	信息化建设项目的流程审批九个步骤

续表

文件名称	颁布部门	时间	目的	内容
《恩施州进一步优化政务服务便民热线工作方案》	恩施州人民政府	2021.7	深化“放管服”改革，畅通政务互动渠道，优化营商环境，增强人民群众对政务服务的满意度和获得感	主要包括工作目标、归并方式、工作任务、实施步骤、工作要求等
《恩施市全面推进“高效办成一件事”实施方案》	恩施市政府	2021.4	为深化“放管服”和“一次办好”改革，满足群众和企业办事便利化需求	确定“高效办成一件事”的任务目标、实施步骤和工作要求，“我要开药店”、“我要开网吧”等12项联办事项

附录四： 湖北省恩施州的数字化系统现状

州直单位	垂直数量	垂直系统	自建数量	自建系统	数据汇集
州公安局	88个	湖北省交通安全综合服务管理平台；湖北公安云；警务综合应用平台；视频共享平台等信息化系统数量130个，部级56个；省级32个	42个	恩施州阳光信访大厅；平安恩施等	垂直数据无汇集；部分自建收集汇集
州市场监管局	37个	湖北省市场监督管理局行政审批系统；湖北省市场监督综合业务管理平台；特种设备动态管理信息系统等	2个	恩施州食品溯源系统；企业登记档案服务系统	部分证件类信息汇集；自建系统暂未汇集
州农业农村局	35个	农业农村部综合业务系统；农业综合统计信息采集；农机购置补贴办理服务系统	0个	无	数据信息未汇集
州交通运输局	20个	湖北省通行费清分校核系统、联网数据应用管理系统、联网收费运营监测系统等	6个	恩施州交通运输系统；监控系统等	数据信息未收集
州人社局	19个	湖北省社会保障卡管理信息系统；湖北省公共就业服务信息系统；城乡居民社会养老保险信息系统；湖北省专业技术人才网上申报系统等	0个	无	垂直系统统一收集，自建系统未收集

续表

州直单位	垂直数量	垂直系统	自建数量	自建系统	数据汇集
州民政局	10个	全国残疾人两项补贴信息系统；湖北省社会救助信息平台；湖北省居民家庭经济状况核对系统；医疗救助信息系统；湖北殡葬管理信息系统；湖北婚姻登记服务系统；全国养老服务信息系统等	0个	无	垂直系统部分证件类信息汇集
州政法委	9个	应急指挥平台；维稳情报平台；舆情监测中心；综治网格化中心；见义勇为信息管理；法治工作管理；涉法涉诉信访督查等	1个	综治网格化平台	垂直系统数据无汇集，自建系统收集汇集
州交警	7个	公安交通管理信息安全监管平台；六合一系统（交通管理综合应用平台）；驾驶人理论考试系统和驾驶人考试培训监管系统；移动警务通等	7个	重点车辆监管平台；交通管理数据融合；交通流诱导及信息发布系统等	数据信息未收集
州应急管理局	4个	湖北省应急管理综合应用平台；湖北省危险化学品安全生产风险监测预警系统；湖北省应急救援指挥调度系统；湖北省工贸安全监管信息系统	7个	视频监控系统；森林防火视频监控系统；'防汛抗旱决策支持系统等	数据信息未收集
州教育局	6个	视频会议系统；三个课堂，远程教育系统；教育移动互联网应用程序备案管理系统；全国教育信息化工作信息系统；全国教师管理信息系统；学籍系统	1个	恩施州智慧教育大数据平台	数据信息未汇集

续表

州直单位	垂直数量	垂直系统	自建数量	自建系统	数据汇集
州金融局	3个	全国典当行业监督管理信息系统;湖北省融资担保行业监督信息系统;湖北省小额信贷综合信息服务管理平台	0个	无	数据信息未汇集
州林业局	1个	国家森林资源智慧管理平台	0个	无	数据信息未汇集
州医保局	3个	湖北省医疗保障信息平台;价格检测平台;监管系统	0个	无	数据信息未汇集
州自然资源与规划局	2个	国土空间基础信息平台与一张图实施监督系统;自然资源调查 监测评价系统	1个	不动产等级系统	垂直系统未收集,自建系统统一收集
州住建局	3个	房地产市场管理平台;人防系统;工改系统	0个	无	数据信息未收集
州水利和湖泊局	4个	湖北省水利建设市场主体信用信息平台;水利工程动态监管系统;湖北省水库信息系统;湖北省农村水电站和水库生态流量下泄监测平台	1个	恩施州防汛抗旱决策支持系统(一期)	数据信息未收集
州文化和旅游局	0个	无	1个	一部手机游恩施	数据信息未收集
州政务服务和大数据管理局	1个	湖北政务服务网	2个	恩施统一受理平台;恩施一件事平台	垂直数据无汇集,自建系统统一收集

附录五：湖北省恩施市的数字化系统现状

单位(委办局)	业务系统	系统归属或数据
恩施市教育局	全国教师信息管理系统	教育部
	中国教师资格证网	教育部
	全国改善贫困地区义务教育薄弱学校基本办学条件项目系统	教育部
	幼儿园治理工作进展监测系统	教育部
	基础教育改革发展专项调查系统	湖北教育厅
	湖北省学籍管理服务系统	湖北教育厅
	恩施市中小数字化图书馆	市县平台
	恩施市教育局学校视频监控系统	市县平台
	恩施市智慧校园安全管控平台	市县平台
	恩施市校园一键报警	市县平台
	恩施市义务教育招生服务系统	市县平台
	恩施市互动教学管理平台	市县平台
	教学诊断&质量监测平台	市县平台
恩施市文化和旅游局	全国旅游监管平台	部委平台
	全国文化市场监管平台	部委平台
	智慧景区视频监控系统	市县平台
恩施市卫健局	医疗服务智能监管平台	恩施州平台
	远程医疗服务平台	恩施州平台
	智医助理平台	湖北省平台
	国家基本公共卫生服务项目管理信息平台	国家平台

续表

单位(委办局)	业务系统	系统归属或数据
恩施市卫健局	基层医疗卫生机构管理信息系统	湖北省平台
	新冠疫苗接种管理系统	国家平台
	计划免疫预防接种管理系统	国家平台
恩施市医保局	恩施州金保工程	恩施州平台
	湖北省城乡居民基本医疗保险管理系统	湖北省平台
	湖北省医疗保险异地就医结算平台	湖北省平台
	机关事业养老保险信息系统	湖北省平台
	湖北省卫生健康委员会政务办公系统	湖北省平台
	恩施玉露茶叶追溯管理系统	市县平台
	恩施市农产品质量安全追溯平台	市县平台
恩施市农村农业局	中国农技推广信息平台	国家平台
	全国蔬菜信息采集系统	国家平台
	基层农技推广体系管理系统	国家平台
	国家农产品质量安全追溯管理信息平台	国家平台
	湖北省农机安全监理系统	湖北省平台
	农产品仓储保鲜冷链系统	湖北省平台
	恩施市农产质量安全监控信息系统	恩施市
恩施市林业局	全国林木采伐管理系统	国家平台
	全国林草种苗管理系统	国家平台
	国家林业和草原局林业有害生物防治检疫服务管理平台	国家平台
	湖北省林业行政审批系统	湖北省平台
	湖北省林业局协同办公平台	湖北省平台
	全国林木种苗许可证管理信息系统	国家平台
	林业植物检疫管理信息系统	国家平台
	全国林木种苗许可证管理信息系统	国家平台
	湖北省林权流转管理信息系统	湖北省平台
	恩施市森林防火预警监测系统	市县平台
恩施市住建局	领导干部房屋查核系统	湖北省平台

续表

单位(委办局)	业务系统	系统归属或数据
恩施市住建局	恩施市住宅专项维修资金管理系统	市县平台
恩施市城管局	恩施市智慧城管	市县平台
恩施市公安局	平安城市视频监控系统	市县平台
恩施市科经局	湖北省工业和技术改造项目管理系统	湖北省平台
	湖北省工业经济运行平台	湖北省平台
	湖北省商务发展项目库管理系统	湖北省平台
恩施市机关服务中心	公车调度系统	恩施州平台
恩施市水利局	国家水土保持重点工程项目管理信息系统	湖北省水利厅
	全国水土保持信息管理上报系统	湖北省水利厅
	湖北省大中型水库检测系统	湖北省水利厅
	全国农村水电信息系统	水利部
	湖北河湖长制信息填报系统	湖北省水利厅
	小型水库动态监管系统平台	湖北省水利厅
	全国水库移民后期扶持管理信息系统	水利部
	水利安全生产监管信息系统	水利部
	水利部应用门户	水利部
	水资源三级连报系统	水利部
	国家水资源管理系统取水许可登记子系统	水利部
	水资源年报软件系统	水利部
	国控点水资源监测系统	水利部
	恩施州河道水文检测系统	恩施州平台
	恩施市山洪灾害预警系统	市县平台
	恩施市城区河道视频监控系统	市县平台
	恩施市小型水库检测系统	市县平台
恩施州生态环境局恩施市分局	全国环评审批信息联网系统	国家平台
	全国排污许可证管理信息平台	国家平台
	湖北省辐射监管平台	湖北省平台
	湖北省危险废物监管物联网系统	湖北省平台
	湖北省污染源监测信息管理共享平	湖北省平台

续表

单位(委办局)	业务系统	系统归属或数据
恩施州生态环境局恩施市分局	全国生态环境信访投诉举报管理平台	国家平台
	湖北省生态环境综合信息共享平台	湖北省平台
	湖北省生态环境执法综合管理系统	湖北省平台
	湖北省污染源自动监控管理系统	湖北省平台
	环境行政处罚案件办理信息系统	湖北省平台
	湖北省企业环境信用评价信息系统	湖北省平台
	水生态环境管理日常工作调度	湖北省平台
	全国农村集中式水源地基础信息调查系统	国家平台
	湖北省机动车辆环境管理综合业务管理平台	湖北省平台
	入河排污口系统	湖北省平台
	中央生态环境资金项目管理系统	国家平台
	全国排污许可证管理信息平台	国家平台
	恩施州汽车尾气监测平台	恩施州平台
	恩施州环保局行政审批系统	恩施州平台
	重型运输车辆及非道路移动机械环保监管系统	市县平台
恩施市民政局	湖北省社会救助信息平台	湖北省平台
	全国民政政务信息系统	国家平台
	全国儿童福利信息系统	国家平台
	全国农村留守儿童和困境儿童管理系统	湖北省平台
恩施市退役军人事务局	全国优抚信息管理系统	国家平台
	退役军人事务综合管理系统	国家平台
恩施市总工会	恩施市总工会职工服务平台	市县平台
恩施市融媒体中心	恩施硒都网	市县平台
	云上硒都	市县平台
恩施市政法委	恩施州政法委网格化平台	恩施州政法委
恩施市发改委	恩施州信用信息汇集系统	恩施州发改委
	湖北省信用信息公共服务平台	湖北省发改委
	国家重大建设项目库	湖北省发改委
	湖北省PPP项目全生命周期管理监测服务平台	湖北省发改委

续表

单位(委办局)	业务系统	系统归属或数据
恩施市发改委	湖北省预算内固定资产投资项目管理平台	湖北省发改委
	国家企业信用信息公示系统	湖北省发改委
恩施市乡村振兴局	全国防返贫监测信息系统	国家乡村振兴局
恩施市统计局	国家统计联网直报平台	国家统计局
恩施市司法局	湖北省社区矫正管理系统	湖北司法厅
	法律援助案件录入系统	湖北司法厅
	公证行政管理和行业管理系统	司法部
	司法行政系统信息平台	司法部
	公共法律服务软件平台	湖北司法厅
	全国人民陪审员选任系统	司法部
	司法行政人员统计管理系统	司法部
	司法行政计财装备统计报表	司法部
	全国行政复议工作平台	司法部
	恩施州公共法律服务平台	恩施州司法局
	恩施州社区矫正管理平台	恩施州司法局
恩施市人力资源和社会保障局	社保卡管理系统	湖北省平台
	城乡居民医保系统	湖北省平台
	机关养老保险	湖北省平台
	人力资源社会保障统计报表系统	湖北省平台
	社保基金报表管理系统	湖北省平台
	劳动用工备案系统	恩施州平台
	金保系统	恩施州平台
	恩施州建设领域保障农民工资支付管理系统	恩施州平台
恩施市应急管理局	国家生产安全事故直报系统	国家平台
	国家自然灾害灾情管理系统	国家平台
	湖北省安全生产网络培训系统	湖北省平台
	行政执法与刑事司法衔接信息共享平台	湖北省平台
	“互联网+监管”监管事项目录清单动态管理系统	国家平台

续表

单位(委办局)	业务系统	系统归属或数据
恩施市委宣传部	舆情秘书软件	市县平台
恩施市财政局	恩施市财政局内网收发文传阅OA系统	市县平台
	恩施市国有企业资产管理系统	市县平台
	部门预算管理系统	市县平台
	财政综合管理信息系统	市县平台
	预算财务管理系统	市县平台
	中科江南预算财务管理服务平台	市县平台
	广联达政府投资评审管理系统	市县平台
	非税收入管理系统	市县平台
	用友T3财务通软件	市县平台
恩施市住建局	智慧物业	市县平台
	智慧水务、智慧泵房	市县平台
恩施市自然资源和规划局	恩施市自然资源和规划局云平台	湖北省平台
恩施市人民检察院	全国检察机关统一业务应用软件	国家平台
恩施市交通运输局	湖北省固定资产投资项目“三库”管理平台	湖北省平台
	湖北省公路水路建设市场信用信息服务系统	湖北省平台
	OA系统	恩施州平台
	广联达财政投资评审管理系统	恩施州平台
恩施市道路运输管理局	全国道路货运车辆公共监管与服务平台	交通运输部
	交通运输部客车类型划分及等级评定查询服务平台	交通运输部
	道路运输车辆燃料消耗量检测和监督管理信息服务网	交通运输部
	道路运输从业人员继续教育信息管理系统	湖北省运管局
	道路运政管理信息系统	湖北省运管局
	湖北省IC卡道路运输证件管理系统	湖北省运管局
	恩施州道路运输管理处办公自动化系统	恩施州运管处

续表

单位(委办局)	业务系统	系统归属或数据
恩施市委组织部	大组工网	省委组织部
	党内统计年报系统	中央组织部
	全国离退休干部信息系统	湖北省委老干部局
	公务员管理信息系统	中央组织部

后　记

本书经过四年多的时间，在研究团队和学生团队的通力合作下，最终得以完成。在书稿的构思和理论框架方面，感谢公共管理学院吴开松院长和方付建教授的帮助。在政府数据安全治理体系的案例收集、整理和编码中，感谢研究团队的成员们，每周的组会和书稿撰写工作的推进离不开他们的努力，他们在书稿完成中付出了很多心血，其中王美悦主要负责第九章的撰写，钟梦圆负责第七章的撰写，陆星雨负责综述部分和第八章的撰写，牛佳伟负责第六章的撰写，孔维尊和牛佳伟负责第五章的撰写，罗佳婧负责第三章的撰写，纪贞娴负责第八章的资料收集和撰写，杜琦祺、于冰、王泓负责第四章的资料收集和撰写。感谢刘晨晓、王妍妍、吴星星、曹旭杰、杨生蓉、阳一绪、李聪莉等研究生的积极参与。感谢在湖北省各地县市调研数据安全意识、安全能力、安全治理做法、安全治理经验、数据安全问题和发展路径中，荆州、恩施等地的政务服务与大数据管理局、网信办、大数据中心给予的支持。

本书在中共中央、国务院联合印发《中共中央国务院关于构建数据基础制度更好发挥数据要素作用的意见》（“数据二十条”）和中共中央、国务院印发了《数字中国建设整体布局规划》“2522”的整体框架布局下，思考在各省数据安全治理的空间梯度差序格局下，如何在高质量政务服务、数据安全和隐私保护之间如何保持平衡。目前在制度层面和实际操作层面还缺少数据安全和数据开放如何平衡的相关研究。本书主要从数据安全治理的国内外综述出发，基于数据安全治理的界定、特征和理论基础上，从制度演化——政府数据安全治理的“注意力转移”进行制度梳理；结构框架——数据安全治理的条块体制；行为特征——基层政府数据安全治理的路径依赖；绩效评价——基层政府数据安全治理的成效评价；实践探索——基层政府数据安全治理的案例；现实困境——基层政府数据安全治理的“痕迹形式主义”；路径选择——基层政府数据安全治理的“四维钻石模型”等方面进行阐述。

最后，感谢我的爱人、女儿和儿子，感谢我的公公、婆婆和父母亲，感谢他们一直以来无微不至的关心以及全心全意的扶持。我还要感谢湖北人民出版社的刘天闻编辑对本书出版的大力支持，他们从具体文字，到版式安排，到封面设计与选择，都一丝不苟，他们细致而专业的编辑工作不但完善了本书的细节，还为本书增色良多。

2023年12月于中南民族大学南湖